2020年度『全国文化遗产十佳图书』

国土与文化资源研究中心文库

化遗产价值论探微

是文化遗产的灵魂

知识产权出版社

全国百佳图书出版单位

——北京——

图书在版编目（CIP）数据

文化遗产价值论探微：人是文化遗产的灵魂/杜晓帆著. —北京：知识产权出版社，
2020.12（2025.1 重印）

（复旦大学国土与文化资源研究中心文库）

ISBN 978－7－5130－5012－8

Ⅰ.①文… Ⅱ.①杜… Ⅲ.①文化遗产—研究 Ⅳ.①G112

中国版本图书馆 CIP 数据核字（2020）第 002809 号

内容简介

本书主要从价值、国际、实践与活用四个方面，展开对文化遗产价值的探索。全书从
理论到实践、从国内到国际、从物质到精神等均有涉及，并以文化遗产的核心价值思考贯
穿全书，形成主题鲜明且视角多元的论述，其中以作者对文化遗产的核心价值辨析和乡村
遗产的思考最为深刻。本书可供文化遗产研究者、城乡规划建设的管理者及实践者及大中
专院校的师生参考阅读。

责任编辑：张雪梅   责任印制：刘译文

封面设计：张 冀

文化遗产价值论探微——人是文化遗产的灵魂
WENHUA YICHAN JIAZHILUN TANWEI：REN SHI WENHUA YICHAN DE LINGHUN

杜晓帆 著

出版发行：知识产权出版社 有限责任公司	网 址：http：//www.ipph.cn
电 话：010－82004826	http：//www.laichushu.com
社 址：北京市海淀区气象路 50 号院	邮 编：100081
责编电话：010－82000860 转 8171	责编邮箱：laichushu@ cnipr.com
发行电话：010－82000860 转 8101	发行传真：010－82000893
印 刷：北京中献拓方科技发展有限公司	经 销：各大网上书店、新华书店及相关专业书店
开 本：787mm×1092mm 1/16	印 张：18.75
版 次：2020 年 12 月第 1 版	印 次：2025 年 1 月第 2 次印刷
字 数：290 千字	定 价：98.00 元
ISBN 978-7-5130-5012-8	

| 自序 |

在我国目前的学科体系中，文化遗产学还没有任何名分，未来能否成为一门独立的学科，也还常常遭到一些学者质疑。但是，在实际生活中，文化遗产似乎已经超越学界，成为社会关注的热点。现在，研究文化遗产的相关论著逐渐增多，不少高校开设了文化遗产学的课程，有的还设置了文化遗产学专业、文化遗产学系、文化遗产学院等。然而，关于文化遗产学研究的对象、方法和目标，学术界似乎还没有一个较为一致的认识。

在过往的学习和工作中，我总是有意或无意地思考、解读文化遗产的价值，但真正把它作为自己研究文化遗产的主要方向，还是在 2015 年就职于复旦大学之后。回想五年来的教学和研究，我突然意识到，自己对文化遗产的所有认知都与我的生活经历和工作实践有关系。所以，在此通过对自己学习和工作经历的简要回顾，梳理一下我对于文化遗产的认识过程，希望对读者更好地理解我的一些观点和看法能有所帮助。

从 1980 年考入南开大学历史系读书，至今已过了 40 年，无论是学习还是工作，虽然各个时期的重心会有所变化，但都没有离开过文博行业。这 40 年大致可以分为入门、入行、入道三个阶段，而这三个阶段也可以说是我逐步了解认识历史、文物、考古、博物馆和文化遗产的过程。

1. 入门

从大学到我出国前的十年，是我从学习专业知识到走入社会与实践相结合的第一个阶段。进入南开大学历史系后，我选择了博物馆学专业。1984 年大学毕业后，我被分配至甘肃省博物馆，到 1991 年出国，做了六年讲解员。四年的本科学习使我打下了比较扎实的专业基础，培养了分析问题、认识问题的能力。我们是国内第一届博物馆学专业的本科生，尽管当时学校的课程设置和自身的师资有所不足，但是南开历史学科的强大优势、专业课老师的认真尽责，以及从中国历史博物馆（现国家博物馆）、文化部文物保护技术研究所（现中国文化遗产研究院）、故宫博物院等机构聘请的授课老师为我们打下了较为科学和扎实的知识基础。六年的博物馆讲解工作主要是将课堂和书本上的知识与博物馆陈列相结合，向观众进行传播。当时也只是从传递知识的角度去考虑，从来没有思考过我们工作的意义。当然，也就从来没有想过，那遥远的过去及其遗迹、遗物对今天、对未来有什么价值。然而，这一时期对历史学、博物馆学、考古学、文化学、美术史学、美学、民族学等基础学科的学习、积累和实践奠定了我今天分析、理解和认知文化遗产的基础。任教复旦后，在教学过程中，我也总是和同学们强调，研究文化遗产的保护和传承，首先要加强历史学、考古学和物质文化史等基础学科的学习，没有这些基础学科作支撑，面对文化遗产，我们将很难辨识其价值。

从1991年5月去日本，到2001年年底回国，是我入门后的第二个阶段。刚到日本首先要学习语言，平日9点到下午3点半在语言学校上课，但因需要赚取学费和生活费，课后及周末都要去打工。我也总会自嘲，到日本的第一年是年中无休。学习和生活虽然紧张艰苦，但作为人生的一种经历也有不少收获。我不仅体验了很多不同工种的体力劳动，也接触到了日本社会最基层的劳动者。在与他们的交流中，我了解到了普通民众对于异国文化的兴趣和态度，这也影响了我后来面对一些文化现象时观察、思考的视角。

1993年我进入神户大学研究生院，师从百桥明穗老师学习美术史。先生是著名的佛教美术史学者。我申请入学时，曾以1986年参与过《中国美术全集·炳灵寺等石窟雕塑》的编写为由，向百桥老师表示愿意转方向攻读佛教美术。当先生了解了我的兴趣和研究成果后，让我安心专注于自己感兴趣的领域和基础研究，不必追随他的方向，因为研究生期间最重要的是摸索、掌握学习和研究的方法。大学期间和工作后，虽然我学习过美术史和物质文化史，但当时主要关注的是一个时代或某个时期共性的东西，较少关注个体。六年多的研究生留学生活开阔了我的视野，更重要的是我学会了从不同角度去观察某个个体。研究生期间，除了课堂教学和讨论，先生几乎每周都会带我们看展览或者去实地考察。关西地区留存了大量的佛教艺术品和古迹遗址，我们经常会去大大小小的博物馆和寺庙，在相关的艺术品前围坐下来，静静地悉心观察。有时，师生之间、同学之间也会交流，但更多的时候是自己与作品进行对话。这样的训练让我学会了不管是面对一件艺术品还是面对一处遗址、一个村落、一座城市，要用自己的眼睛去观察，用大脑去体会和思考，用心去找到共鸣。这样的训练也使我在遇到问题时会从实际出发，从自己的认识出发，避免仅仅依赖经验和观念。这也对我后来识别和认知文化遗产的价值产生了重要影响。

在我学习硕士课程期间曾有过一段特殊的打工经历，增加了我对日本社会和国际交流的认识与了解。我当时在一个物流中心打临工，因为工作比较卖力，被老板认可，1993 年暑假盂兰盆节时，他推荐我去一家高尔夫球公司经营的女子足球俱乐部做翻译。20 世纪 90 年代初，足球在日本刚刚有了一些市场，开始有了专业联赛，特别是女子足球，但影响力还很小。一些企业组建了女子足球队，并且从女子足球实力比较强的国家引进队员。中国女子足球当时正值盛势，国家队有十几个队员在日本的多个俱乐部踢球，我就是在一个叫作玉兔的女子足球俱乐部为当时的国家队守门员等球员做翻译。这个足球队除引进了两名中国球员外，还有来自美国和巴西的球员，加上后来来自德国的主教练，俨然是一个小型的国际社会。在球队两年半的翻译工作除了基本解决了我在日本的生存问题，对我人生还有两点重要的影响。一是我切身感受到了竞技体育之激烈，胜利后的喜悦固然让人难以忘怀，但失败后的苦楚更让人刻骨铭心，甚至让人寝食难安。有的运动员永远只是陪练的角色，直到退役也打不上一场比赛。这让我想到，与球员相比，我们研究文化遗产的这些人虽然往往难以得到社会的关注，但是只要坚持，日积月累的获得感却会远远高于一般的球星、明星，因此也不会轻易为当下的所谓"网红"效应所动。二是在与不同国籍的球员、教练、管理人员的交流甚至摩擦中，对于国家荣誉、平等交流、文化自尊等内涵有了更深切的感受，这也为我之后在国际组织工作积累了一些经验。

学习博士课程期间，百桥老师把我介绍给了时任奈良国立文化财研究所埋藏文化财中心主任的泽田正昭先生，希望为中日文物保护学术交流做一些翻译方面的事情。本来这只是一份临时性的工作，主要是接待访日的中国学者，或者陪同日方学者赴中国调研交流，此外还会有些协调方面的事务。在百桥老师的指导下，我的硕士、博士论文都是以古代欧亚大陆动物造型艺术为主题，而且我自己也是计划回国后从事美术史和美术考古方面的研究或教学工作。然而，就是这断断续续的翻译工作却改变了我的研究方向，让我走上了一条从未想过的学术和人生之路。在博士论文写作的后期，泽田先生常和我谈起美术史对于文物保护的意义。当时，奈良国立文化财研究所与陕西历史博物馆、陕西省考古研究所在壁画保护方面的合作交流非常密切，双方人员频繁互访，还经常举办各种形式的学术交流会。泽田先生鼓励我从美术史的角度，特别是通过古代壁画绘制技艺的学习，对壁画的保护修复技术做一些思考和研究。虽然大学三年级的时候我选修过文物保护技术方面的课程，授课老师还是著名的文物保护专家王丹华先生，但真正接触到实际的时候，一切还要从头学起。记得当时参加一些会议和交流活动的时候，我总会带着三四本词典，以保证翻译的准确。在做翻译的过程中，不仅我的文物保护技术知识有了增长，也逐渐对其产生兴趣，特别是对于古代壁画和饱水出土竹木器的保护。

1999 年 9 月，我结束了在神户大学六年半的硕士、博士课程，取得了文学博士学位。在征得百桥老师的同意后，我应泽田先生的邀请，以特别研究员的身份加入了奈良国立文化财研究所的一个重大课题组，负责东亚文物的色彩研究。当时，在文化遗产保护领域，无论是设施、设备还是技术、理念等方面，日本在国际上都具有领先地位，而且与亚太地区、丝绸之路沿线国家及欧洲、美国、智利等的交流也十分活跃。在奈良国立文化财研究所两年多的研究工作有三个方面的收获：一是从理论和实践两个层面，对文物保护与科学技术的关系有了基础的、比较清晰的认识；二是认识到分析检测技术在解读文物资料时的作用和局限；三是有机会向国内及日本、欧美的文物保护专家当面请教。前两点让我这个文科生不再过分迷信科技，后一点让我从步入文化遗产保护领域之初就有机会接受许多专家学者宝贵的指导，少走了很多弯路。

这一时期，泽田先生宏观、多元且具有前瞻性的学术理念及做人的态度也对我影响很大。泽田先生 1969 年毕业于东京艺术大学研究生院文物保护专业，直到 2003 年调往筑波大学，其间一直就职于奈良国立文化财研究所。30 余年来，他长期负责平城官及其周边遗址和出土文物的保护，还负责全日本各都、府、县（相当于省）、市文化财中心的人员培训和文物保护方面的技术指导。泽田先生不仅具有很高的文物保护理论素养，更有着非常丰富的实践经验，在日本、韩国及国际文物保护界具有很高的声望。面对我这样一个刚刚步入文物保护领域的新人，泽田先生一直是以平等交流的姿态对待。他去日本各地及其他国家出差的时候经常会带上我，一来让我了解日本及其他国家文物保护的现状和课题，二来为我介绍当地的专家学者，帮助我搭建学术资源。在不同地区的文物保护中，泽田先生非常尊重和重视现场工作人员和当地专家的意见，同时又会毫无保留地贡献出自己的知识、技术和智慧。先生总是从实际出发，因地制宜地寻求解决问题的方法和路径。为了让我能够理解存在的问题和不同的解决方案，泽田先生总会避开我不太熟悉的科技术语，通过图画或者浅显易懂的比喻让我进入工作状态。在奈良国立文化财研究所的两年，由于泽田先生无微不至的关照，加上研究室其他几位老师的日常指导，我对文物保护的一般技术有了基本了解，对文物保护原则如何与实践相结合有了一定认识，算是进了文化遗产保护领域的门。

2. 入行

2001 年 5 月，联合国教科文组织驻华代表处组织了新疆库木吐喇千佛洞修复保护工程立项前的最后一次调研。因为该项目是联合国教科文组织日本信托基金资助的，日本外务省组织了由顾问牵头的专家组，他们需要充分听取中方相关机构及专家的意见后编写项目计划书。作为专家组成员的泽田先生，在征得教科文组织的同意后，推荐我随同专家组一同前往新疆考察。这次调研活动又一次改变了我的人生轨迹。

在库木吐喇千佛洞考察期间，我利用自己的语言和专业背景，在中、日、教科文组织三方的沟通和交流中发挥了作用，使三方过去迟迟确定不了的一些问题得到了解决。考察结束时，当时教科文组织驻华代表处的文化官员埃德蒙·木卡拉先生邀请我到北京工作，负责驻华代表处的文化遗产保护项目。这一提议得到了中、日两国专家的支持，我因此改变了原来回国后当老师或者去研究所的计划，从 2001 年 12 月起开始了在教科文组织的工作。最初我只想把它当作回国后过渡性的一份工作，最多也就做一年半载，可没想到竟然做了 15 年！

代表处的工作基本上有两个方面：一是项目管理，二是为教科文组织在文化领域的主张做宣传。项目管理不只是要管理资金使用和项目进度，更重要的是要协调中外专家之间、管理部门与专家及资金捐赠方之间的关系。因此，文物保护及工程施工等方面的专业知识也就成了必须学习的内容。大明宫含元殿遗址保护修复工程、库木吐喇千佛洞保护修复工程、龙门石窟保护修复工程等项目在 21 世纪初的中国文物保护工程中都属于比较重要和资金量大的项目，项目专家组中的中外专家都是各领域具有代表性的学者。在那段时间我有幸与这些专家朝夕相处，从他们身上不仅学习专业的文物保护知识，同时学习对人、对事的态度和原则。

我回国工作的时候，大明宫含元殿保护修复工程虽然已经进入施工的后期，但由于含元殿遗址考古工作的复杂性，以及保护修复理念中存在多种意见，依然有许多工作需要沟通和协调。含元殿保护修复工程立项阶段，国内和日本许多著名的考古学家、建筑史学家和文物保护专家参加了论证和设计。西安大明宫作为唐长安城的三大皇宫之一，充分体现了唐代的宫廷风貌和当时的政治、文化、科技状况。含元殿是大明宫的第一座正殿，也是唐长安城的象征性和标志性建筑，更是中国古代建筑史上的经典作品。含元殿在唐朝晚期被战乱毁废后，经过 1000 多年历史烟尘的洗礼，含元殿遗址有幸得以较为完整地保存至今，成为珍贵的唐代代表性文物。但是，在长期的自然营力和人类活动的影响下，含元殿遗址本体破损十分严重，保存环境日益恶化，亟待采取有效措施进行抢救性保护。联合国教科文组织从 1992 年至 2003 年利用日本信托基金对大明宫含元殿遗址进行了保护和修复，利用长达十年的时间，对大明宫遗址的整体保护起到了重要的推动作用。起初，日方专家比较倾向于一定程度上的复原性修复，但这在当时的国内完全得不到考古学者的理解和支持。据几位参加了初期工作的中日专家介绍，保护修复方案的制订反反复复讨论了好几年，一方面这体现了学者们求真谨慎的态度，另一方面也反映出文物保护理念的重要性。含元殿的台基保护修复工程以现存遗址为依据，并以到目前为止的发掘结果和文献资料为基础，在可能的条件和确凿的依据情况下再现当年含元殿台基的规模和形式。在保护工程实施的过程中，专家们考虑到社会教育功能的发挥问题，确立了复原含元殿建筑台基基本布局的方案，使实施保护工程后的含元殿遗址具有了观赏性。作为一项国际合作的文物保护工程，虽然在一些原则问题上取得了共识，但是在考古发掘和施工过程中，总是会出现一些新的发现和新的问题，需要大家不断探讨研究来解决。我有幸与来自中日双方和教科文组织的考古学家、建筑史学家、文物保护专家及国家文物局、省市文物局等主管部门的负责人就一些保护理念和保护技术都具有前沿性的问题进行讨论，真的是受益匪浅！例如台基复原后，从安全角度和作为一个建筑遗址的完整性考虑，可否根据麟德殿出土的栏杆做一些复原？因反对的意见比较多，最后还是没有实施。大明宫遗址公园开放后，我去参观过几次，每每远眺含元殿遗址，总觉得作为一个建筑基址，没有栏杆的台基让观者难以想象建筑的宏伟；再登上台基，走到四周边缘，没有栏杆和有效的保护设施，向下俯瞰距地面7米多的距离，心中多少还是有些安全方面的担忧，同时感到遗憾，惭愧于自己的能力所限，没有在各方面的沟通中发挥更积极的作用。

与此同时，龙门石窟和库木吐喇千佛洞保护修复项目也开始进入实质性的操作阶段。库木吐喇千佛洞的保护修复工作主要是档案整理和五连洞的岩体加固。在计划书制订之初，教科文组织、中日专家三方之间有比较多的交流和沟通，大家的意见比较一致。虽然前往库车和工作现场的路途很艰辛，黄克忠先生、泽田正昭先生、中泽重一先生等当时已经年过花甲，但是他们不顾年龄和现场的艰苦、危险，从来都是站在第一线，表现出了对事业的热爱和对每一个具体问题的认真和执着。他们的精神也感染了三方的工作人员，更影响了龟兹石窟研究院的一批年轻研究人员。库木吐喇项目在近十年的实施过程中让中日专家之间建立了非常友好的和相互信任的关系，在一些有分歧的问题上也能够心平气和地进行讨论，应该是国际合作项目中的典范。库木吐喇千佛洞档案整理工作是日方顾问组提出的，由于要求对现存的112个洞窟全部进行测绘和考古学调查，起初没有得到研究院研究人员的完全理解。工作进行了一段时间后，调查组的成员对档案工作有了非常积极的认知，每天从驻地到洞窟现场要爬坡行走近一个小时，中午只吃一点儿带着的干粮，经过近三年的努力，完成了全部洞窟的档案资料的收集整理工作。当时，库木吐喇千佛洞应该是国内唯一一个全面完成了所有洞窟档案资料整理工作的石窟寺。今天，石窟寺保护工作得到了前所未有的重视，库木吐喇项目依然有其值得借鉴的经验。这也让我树立了一个认识：即使是文物保护工程，基础资料的收集、整理和研究也是很重要的，而且是必不可少的。

虽然龙门石窟项目也是由联合国教科文组织主导的，但是在项目计划书起草的过程中，基本上是项目顾问（由日本外务省经教科文组织同意后聘任）请日方专家组来完成的，而且中方专家组的构成也不尽合理，所以一些项目的设置与实际需要解决的问题有些距离。我开始负责项目后，觉得首先需要调整中方专家组的构成。在征得国家文物局和河南省文物局的同意后，聘请黄克忠、曲永新、冯永滨、方云等几位对龙门石窟和在石窟治水方面都非常有经验的专家加入了龙门石窟项目专家组。由于中方专家大多在龙门石窟做过长期的防渗水工作，对龙门石窟的渗水原因有更多的实际经验，所以对于项目计划书中通过钻探八个 100 多米深的钻孔探测渗水来源的方案提出了反对意见。在初期的几次协调会议上，双方专家就是否通过钻孔来分析研究渗水来源产生了较大分歧，有时甚或到了会议进行不下去的程度。经过半年多的反复讨论，最后中方专家同意实施一半的钻孔方案。事实证明，投入巨大、具有较高科技含量的钻孔探测渗水来源的方法基本上并没有取得可供应用的成果。这件事情让我明白，文物保护作为一门实践性非常强的学科，从实际出发，从实践积累的经验出发，比起盲目相信一些检测数据更为重要。同时，这些经历不仅让我学到了项目管理和专业知识，更重要的是让我明白了国际合作项目中人与人之间交流和理解的重要性。

在教科文组织工作的 15 年中，除了信托基金几个比较大的项目外，在中国华夏文化遗产基金会的支持下，还实施了由中、日、韩、朝鲜和蒙古五国共同参与的“东亚纸质文物保护和传统造纸”“平遥古城民居修缮和环境治理导则编制”等项目。东亚纸质文物项目进行了八年左右，让我对日本、韩国和国内的传统造纸技艺的保存情况及各国的纸质文物保护技术有了比较全面的了解，同时让我对保护材料、传统技艺和现代科技之间的关系有了比较深刻的理解，对后来思考文物保护与价值延续等问题有很大的帮助。

在教科文组织的日常工作中，对联合国教科文组织的文化策略，特别是《保护世界文化和自然遗产公约》《保护非物质文化遗产公约》和《保护和促进文化表现形式多样性公约》的宣传和解读是非常重要的任务。这些工作开阔了我的视野，让我学会把一个独立的事件或者一种理念、一个观点放在更广阔的时空背景下去认识、去思考，同时对全球、全人类这些概念和含义有了更深的认识和理解。

3. 入道

2015 年我到复旦大学文物与博物馆学系任教后，根据系里的要求，承担了原来就开设的本科生课程"文化遗产导论"、硕士研究生课程"文化遗产研究"专题，并新开设了博士生课程"文化遗产价值论"。由于没有现成的教材，加上自己缺乏教学经验，最初的教学基本上没有什么理论体系可言。我就设法将自己的工作实践与思考做成案例，结合文化遗产保护史和保护理论，试图向学生解释清楚人类保护文化遗产的目的和意义。在课堂上我和同学们讨论最多的话题是：为什么要保护文化遗产？为谁保护？谁来保护？保护什么？怎么保护？其实，这些问题也是我自己每次遇到文化遗产保护对象时首先在考虑的。对于大学二年级的学生和许多来自不同专业方向的研究生来说，最初，这些问题总是会让他们很茫然。用他们的话讲，每个人头都大起来，常陷入自我怀疑。当然，经过一段时间的学习，有一些同学也会乐此不疲，进入实践、思考、再实践、再思考的良性循环。通过给几届学生授课，加上与同学们的互动和交流，我自己对文化遗产学的研究对象、目标、内容和方法有了更多的思考和认识，似乎渐渐进入了门道。

乡村遗产的调查和研究是我近几年带领学生和团队所做的最多的实践。通过编制《全国重点文物保护单位楼上村古建筑群保护规划》，将文化景观作为一种方法论，使之成为我们认识乡村遗产价值的重要手段。2016 年以来，我们以住房和城乡建设部委托课题"传统村落管理办法编制草案研究"为契机，对全国 630 余个传统村落进行了调研。调研过程中，我一直和同学们强调，要忘记眼睛最容易看到的物质形态，更多地关注人、关注事、关注村落形成的历史过程和未来的发展趋势。通过这几年的调查和实践，我们逐步形成了挖掘、提炼乡村遗产核心价值的方法和理论。例如，我们在福建永泰持续开展田野考察与学术研究，对永泰的乡村遗产与庄寨文化形成了多角度、深层次的认知。我们认为永泰庄寨所承载的中国传统家文化所焕发出的强大的时代生命力成为当地遗产保护与文化传承的有力助推，也正是其核心价值之所在。而对于贵州，我们在更多元的维度思考和探索乡村遗产的价值及社会历史影响。我们认为，贵州以山地聚落为主的乡村遗产是生态文明时代鲜活的典范。如何进一步挖掘其中的生态内涵和文化意蕴，做好工业文明向生态文明的转变，则需要更多的社会关注和在地实践。如何认识中国传统乡村社会？在当代中国，乡村社会有哪些遗产是需要我们去传承和守护的？乡村里的"小家"如何与国家这个"大家"互动关联？这都是我们行走在乡村中随时在思考的问题。

通过乡村遗产和世界遗产等相关课题的研究，我对文化遗产的价值有了更深刻的体会和认识。一个国家的形象不仅体现在经济、军事和科技力量的进步，同样包括文化的引领。文化遗产保护已经成为国际趋势，不少国家已经将其作为重要的国家发展战略工具。我国作为人类命运共同体的倡导者，理应担负起守护人类文明的重任。为了实现以上目标，我们要加强文化遗产核心价值的研究，建立有效的阐释传播体系。尽管对遗产核心价值的探究属于基础研究的范畴，但它对遗产保护工作会产生长远的影响。但是目前的价值研究只考虑了遗产固有的历史、科学和艺术价值，没有深入考虑遗产对当下及未来人们的作用和意义；或者一提到遗产价值就会与经济价值挂钩，忽略了精神需求作为遗产最本质的功能所在。当下许多对于遗产的研究和做法看似面面俱到，实则没有解答为什么要保护遗产这一根本问题，人们并不清楚为什么要保护文化遗产，或保护下来作何用处。我国遗产数量众多，文物保护单位、历史文化名城名镇名村、传统村落等保护名录比比皆是，要想每一处遗产都按照全面保护的原则来实施，不现实也没必要。关键在于要保留住核心部分，建立有效的阐释传播系统，传承核心价值。

近年来，"让文物活起来"似乎成为文博行业内的一种共识。然而，没有核心价值的基础研究，没有科学合理的社会功能定位，这也只会成为"运动式"的保护利用，很难具有可持续性。因此，要对文化遗产进行社会功能性分级分类，辨清遗产特征与性质，明确社会功能定位。要从文化遗产的社会功能类型与层级出发，分析遗产当代功能所涉及的不同人群，区分社区、民族、地区、国家与国际等层级的遗产功能，分析遗产功能与管理、利用工作的相关性，建立合理、可实施的管理与利用原则。这些认识有的已经比较成熟，有的还需在今后的研究和实践中进一步完善。

本书收集了我 20 年来在不同场合和不同领域发表的文章与讲演稿 34 篇，

由于时间跨度长、涉及的内容广，多少会显得繁杂而缺少逻辑。不过大多数文章是围绕着文化遗产的核心价值这个主题，一些观点、认识还希望与同行继续探讨，因此愿意结集出版，接受大家的批评。感谢我的学生徐婉君、全轶先、王一飞、初松峰、刘邵远等同学的协助，才使这些零散的文章得以集结成册。

杜晓帆

2020 年 12 月 21 日于河南新县

| 目录 |

价值篇

理念篇

实践篇

价 值 篇

文化遗产的核心价值辨析

一、文化遗产是文化多样性的载体

40 年来，改革开放使中国社会发生了翻天覆地的变化。在逐步融入世界大家庭的过程中，和大多数发展中国家一样，中国也在不断创新和引进新生事物，也在为中华传统文化所面临的压力而忧虑。同时，国人对文化遗产的认知也在发生着巨大的变化，由最初对古董、文物、民间民族文化艺术、传统技艺等单一的认识逐步向文化遗产、非物质文化遗产和文化景观等范围更广、内涵更丰富的层面发展，对文化多样性和"人"的关注度也在逐步提高。

过去，对于文化遗产的保护，人们常常更多地关注具象的部分，而忽视了那些看不到、摸不着的历史文脉等人文因素。但正是这些看不到的部分却往往决定着文化遗产的价值和命运，因为这些部分才是文化遗产最具生命力的因子，也最值得人们关注和重视。同时，文化遗产的保护还应将对人性的思考和关怀纳入考量。从这个意义上说，保护文化遗产其实就是在保持一个地域和民族由来已久的、独特的生活氛围、人文环境和文化历程，是在保护文化多样性。

2001 年第 31 届联合国教科文组织大会通过的《世界文化多样性宣言》（以下简称《宣言》）就把文化看作一个社会或族群的一整套精神的、器物的、智力的和情感的特征，除文学、艺术之外，还包括生活方式、共同生活准则、价值体系、传统和信仰等。《宣言》指出，文化多样性对于人类来讲就像生物多样性对于维持生物平衡那样必不可少。这样就把对文化多样性的保护提升到"道德律令"的高度，认为保护文化多样性意味着对人权、自由和尊严的承诺,特别是对少数族群和土著居民权利的承诺。保护文化遗产应当从当代人和子孙后代的利益发展方面进行考虑,所以我们必须保护、改善和传承那些记录着人类经验和理想的一切形式的文化遗产,以便提升多种多样的创造力,鼓励文化间真正的对话,使不同国家、不同地区、不同民族得到全面、均衡的发展。

在人类的发展历程中,文化多样性是普遍而恒久存在的。任何一种文化只有在它与其他文化相区别的时候才能被辨识,才有存在的价值和意义。哈佛大学经济学家斯蒂芬·玛格林认为:文化多样性可能是人类这一物种继续生存下去的关键。他将文化多样性的价值上升到了人类的生存这一高度。

纵观人类的发展,特别是当面对不可预知的未来时,应该清醒地认识到,发展可能远比人们所预料的要复杂得多,因为它不是按照人类的意愿,沿着单一的、整齐划一的、直线形的路径进行的。许多发展项目之所以失败,其根本原因在于忽略了人的因素,忽视了由人际关系、信仰、价值观和各种动机所组成的复杂网络,而组成这一复杂网络的基础就是文化。忽视这些就会限制人类的创造力,所以发展并不是仅仅局限于物质形态上的,而是要给人类以更多选择的形式。没有人文背景的发展只能是一种没有灵魂的经济增长,缺乏可持续性,也不会有发展潜力和远大未来。

改革开放40年来,中国的综合国力得到巨大提升,国际影响力特别是文化影响力已经今非昔比。中国"和平崛起"的观念具有接续传统、开创局面的重大战略意义,也从另一个方面证明了文化多样性的重要价值。我们应该思考如何根据自身的条件和特点,提出更加科学的理念,做好文化遗产和文化多样性的保护,为全人类文化的繁荣和发展做出贡献。

二、文化遗产是人类的精神需求

在文化遗产的保护与传承得到越来越多关注的过程中,文化遗产的内涵和外延得到了充分拓展,人们对遗产类型也有了更多的认识。以杭州西湖和红河哈尼梯田为代表的文化景观、以京杭大运河和丝绸之路为代表的文化线路相继列入《世界遗产名录》,成为世界遗产。而工业遗产、乡村遗产、21世纪遗产等新兴遗产类型正被学术界热烈讨论，政府也相继颁布了一系列遗产保护措施，为遗产保护助力。

文化遗产为何如此重要？

人们对文化遗产的日益关注是特定社会经济条件下的产物，深刻地反映了人们历史观和文化观的转向，是民族认同感不断增强的体现。但是文化遗产范围的扩大不代表保护和传承的问题已经解决了。例如，最近几年流行的工业厂房改造，模式大同小异，大都是将原有厂房进行整饬改造，然后引入文化创意、餐饮、购物等业态。其实，厂房改造并无不可，它在一定程度上盘活了废弃的场所和空间。然而问题也恰恰出在这里，文化遗产保护的直接目的就是保留原有的历史信息，但厂房改造仅仅把原有的工业遗产视为可利用的场所和空间，大规模的干预使得依附于它们的历史信息消失殆尽，新引进的业态则是商业复制的产物。从这样一个角度出发，它实际上违背了文化遗产保护的基本原则，它可能是优秀的厂房改造案例，但并不一定是成功的遗产保护案例。这样的现象背后反映的，是我们对文化遗产在当下能够发挥何种功能的困惑。

过去的遗存被视为文化遗产，从客观上来讲，就是因为它和原生社会文化环境产生了分离，进而来到了当下的语境，成为一项有待保护和继承的文化资源。近代欧洲历史性纪念建筑的保护实践中，人们所熟知的巴黎圣母院、古罗马斗兽场等建筑开始被作为遗产对象来进行保护和修复。尽管那时的保护理论与技术尚不成熟，但这种有意识的保护行为体现了人们对历史的敬畏和向往。如果再往前追溯到西方文艺复兴时期，也会发现，人们在追寻古希腊、古罗马文化遗产的过程中，强调的是一种人文关怀，满足了人们重新认识自我的精神需求。所以从一开始，过去的遗存作为文化遗产进入人们的视野时，首先满足的是人类的精神需求。

认识到文化遗产首先要满足的是人类的精神需求，可以让我们在遗产范围扩大的今天更好地认识和理解遗产的复杂性、文化的多样性，而不是给它们贴上某一个刻板的标签或者套上某个雷同的利用模板。

2013 年，红河哈尼梯田作为文化景观入选《世界遗产名录》，这种彰显人与自然和谐关系的生计智慧得到了世界的肯定。但是与人们熟知的文物古迹不同，梯田不仅是农业文化的象征，也与当地村民的生产生活紧密相关，它的开辟与维护是当地村民世代耕种的结果。今天，随着城市化进程的不断加快和农村地区生计方式的改变，不少年轻劳动力离开家乡去城市打拼，农耕的转型已经在一些地区发生。哈尼梯田的保护就面临类似的问题，如果不能很好地解决当地村民的发展问题，原来保护的主体将不断流失。在现有的保护条例下，人们对哈尼梯田所代表的农耕文化的美好想象尽管还能在物质的景观中寻得，但看得见山，看得见水，却看不见乡愁。在当代语境下，遗产的复杂性已经超越了物质形态的去留、新旧等讨论，直指人们的精神世界。

在中国，像这样的乡村遗产还有很多。至 2016 年，在由国家住房和城乡建设部及国家文物局等部门联合发布的中国传统村落名录中，传统村落的数量已达 4000 余个，其中仅贵州省黎平县就有 93 个中国传统村落，它们大多古朴秀丽，但发展滞后。在乡村振兴战略的背景下，传统村落不能因为保护掣肘了发展，也不能因为发展冲破保护最后的底线。振兴不是简单的经济提升，而应当是全方位的复苏。尽管千百年传承下来的农耕生活遭遇了现代化的巨大冲击，物质的更新速度也不断加快，但蕴含在遗产中的内在发展动力并未消耗殆尽，它固有的美好仍然在吸引着人们前去耕耘。

在文化遗产的保护和传承中，无论是从哪一个学科和行业出发，最终要达到的目的，不是让文化遗产成为一个个当下时兴的 IP（知识财产），被市场和学术快速消费掉。事实也证明，对于大部分文化遗产来说，这条路并不好走。在物质生活渐趋丰裕的今天，文化遗产之于人们最大的意义就是一种精神的力量，它是文化自信的体现。

文化遗产首先满足的是人类的精神需求，它承载着的是人们的想象力与前进的信念。真正支撑我们走下去的往往是蕴藏在文化遗产中的精神力量，而这种精神力量反过来会真正促进文化遗产的保护与传承。

三、人是文化遗产的灵魂

在中国历史上，上海是一座具有特殊地位的城市，特别是在近现代中国，它总是与"时尚""海派"这些字眼相关联。谈到上海，多数人心目中的印象就是外滩、南京路、石库门新天地、浦东等这些富丽堂皇和充满着商业氛围的地方，但是说起提篮桥，了解其历史和现状的人大概就不多了。

如果单从建筑形态来看，位于舟山路和霍山路上的提篮桥居民区并无太大的特色，倒是当前这里亟待改善的居住条件更容易成为人们关注的焦点。不过，当笔者听取了上海社会科学院潘光教授对当年犹太人在提篮桥避难历史的讲解后，这些形貌普通的民居和商铺顿时让我肃然起敬。在第二次世界大战最艰苦的时期，在日本军队严控下的提篮桥地区却有近3万名犹太难民与中国人民和平相处。在这里，犹太难民有自己的宗教会堂、学校、医院、出版机构和政治团体，并开设了各种商铺及娱乐场所，形成了远东最大的犹太社区。这在全世界所有城市中是唯一的。犹太学者克兰茨勒曾说："上海这个名字，对千千万万个犹太人来说，已经成为一种护身符。"值得关注的是，这一保存完整的区域至今仍居住着上海的普通市民，他们就生活在文化遗产之中。

战争可以说是人类历史发展中的伴生物。关于战争，人们更多想到的是恐怖和灾难，是对人性罪恶的反思。"二战"中惨绝人寰的大屠杀曾让多少人心中充满了绝望。波兰奥斯维辛集中营、日本广岛原子弹爆炸地都是以"二战"为主题而进入《世界遗产名录》的。中国很多战争主题的遗产地也是侧重于这方面的，如南京大屠杀遇难同胞纪念馆和哈尔滨"七三一"遗址等，这些遗存是战争遗产的重要组成部分，但并不全面。发生在提篮桥的这段历史让我们看到了人性的善良和美好，也对世界的未来充满了信心。提篮桥的这一段历史之所以可贵，就是因为当时中国人民也生活在苦难之中。因而，提篮桥作为特殊的战争遗产，是上海人民的骄傲、中华民族的骄傲，更是人类良心的见证。

提篮桥的历史提醒着我们回归到对文化遗产本质问题的思考，那就是：文化遗产到底是什么？遗产的价值究竟在哪里？我们需要保护什么？

历史文化遗产并不都是辉煌的建筑和艺术品，也并非单指那些看起来似乎冷冰冰的遗址和遗迹。保护文化遗产更应该重视文化遗产与人类之间的血脉关系，以及二者之间的真实状态。在目前的城市建设中，对遗产的保护我们过多考虑了外表的规模和样式，忽略了其现实功能和历史发展的持续性。我们不仅要注重对整体环境原有历史风貌的保护，更要注意保护贯穿于其中的历史文脉和珍贵的人文元素。

文化遗产与人们的生活息息相关，它不是凝固的一个点，而是动态的、发展的，有着不同时代的印痕。文化遗产不仅记录着过去，也存在于今天人们的生活中，更为人类未来的发展提供借鉴和有益的参考。从这一意义上来看，风貌平凡的提篮桥历史街区恰恰为我们提供了一个鲜活而有力的例证。

四、文化遗产核心价值辨析

将文化遗产作为一项文化资源进行经济价值的评估在国际上并不少见，尤其是在欧洲和日本，遗产经营学的研究已经进行到了一定阶段，其中不乏相应的理论方法和实践案例作为支撑。党的十九大报告提出要加强对文物的保护利用和对文化遗产的保护传承，这体现了新时代对文物和文化遗产的要求，它们的活化利用方式将走向多元化，辅助认知的手段也会有新的突破。从对象上来讲，狭义的文化遗产囊括了文物所指的范围，而"遗产"二字则深层次地体现了文化遗产作为沟通过去、现在和未来的桥梁的作用。如前文所言，对遗产进行资源评估，作为一种正面的手段帮助人们更好地认知和管理遗产未尝不可，但归根结底，我们的最终目的是要更好地传承这些文化遗产，并让更多的人从中受益。

那么文化遗产要传承的是什么？对这一问题的讨论与研究离不开它产生的背景和蕴含的核心价值。数百年前，欧洲的遗产保护实践对于当时欧洲国家国民身份认同的塑造具有重要的意义，这与文化遗产的经济价值没有直接关系，而是与整个国家和民族的精神需求密不可分。因而在对文化遗产最初的关注中，不仅物质形态得到了保护，而且人们对文化遗产的需求在根本上体现的是一种精神的需求。换句话说，文化遗产概念的出现是人们精神需求进阶下的产物，而不是经济认知下的产品。

中国古代向来有追思历史的传统，虽然不像西方一样重视对遗存物质形态的保留，但人们在史书中、在遗迹中的追索本质上也反映了对历史延续性的重视。中国文化遗产保护体系的建立可以说是特定时代背景下的产物。对历史遗存的关注可以帮助人们在日益开放和联系越发紧密的世界和社会中重新观照自我，并向前发展。在最近几十年里形成的一系列新型遗产类型，如文化景观、文化线路、工业遗产、传统村落等，都是人们在时代发展过程中精神需求和认知方式不断多元化的体现。

再回过头来看今天人们热议的文化遗产的经济价值，可以明确，它是核心价值衍生出来的另外的价值属性，或者说是特定时代下的另外一种认知角度。一方面，文化遗产应该被合理利用，这是其社会功能的体现，但不应是简单地转换成一种经济效益层面的利用，而可以采用包含多种前提的可能方式；另一方面，文化遗产的分类方式有很多种，可移动和不可移动文物的划分只是一个初步的判断。新产生的文化遗产类型提醒我们，如果要对作为文化资源的文化遗产进行评估，就需要根据其可能具备和延伸出来的社会功能进行分类研究。

文化遗产的核心价值体现了人类精神的丰富维度，与文化遗产的类型、保护级别、相关人群、历史沿革、规模、地域等方面都息息相关，这就使得它所具备的核心价值及能发挥的社会功能可被划分为不同的层次。缺乏对文化遗产的社会功能性分类研究，没有区分哪些文化遗产只能作为文化记忆存在而难以产生经济效益，哪些具备可开发与利用的潜力和价值，就会在文化遗产的保护与活化利用过程中造成文化资源的浪费。"一刀切"和单向度的价值认知无疑会让遗产的内涵窄化，很有可能因不恰当的开发利用使文化遗产遭到破坏。

因此，在把握文化遗产核心价值的基础上对文化遗产进行功能性的分类，是认识文化遗产的价值内涵和社会功能以及进一步将其作为文化资源进行评估的重要前提，有利于加深人们对文化遗产经济价值的认知。

（本文综合整理自作者《文化多样性与我们的未来》《文化遗产的精神认知》《人是文化遗产的灵魂》及《文化遗产核心价值的传承》四篇文章）

价值哲学视野下的文化遗产保护理念

　　我于 2001—2015 年任职于联合国教科文组织，期间正值中国文化遗产发展最快、观念转变最剧烈的时期，《中国文物古迹保护准则》也发生了很大的变化。价值是文化遗产的核心问题，真实性、完整性、延续性是联合国教科文组织对世界遗产进行评价时提出的标准，但是不同的人对真实性和完整性的认识存在差距，特别是东西方之间，这种差距更大。文化遗产的价值评判存在很多疑惑，这给文化遗产保护工作带来了很大的困难。

　　例如，关于文物的修复中传统技艺与现代科技之间的关系，学术界一直争论不休。在中国，20 世纪 80 年代后期至 90 年代，由于西方理念的进入，社会普遍认同现代科技手段，2008 年之后，恢复传统技艺的观念又占据了主流地位。我认为，从来没有什么传统是绝对的，无论是技术还是材料，都是一直在变化的，因此"传统"的时代很难界定：什么是真正的传统？什么是现代科技？传统技艺是否就一定高于现代科技？实际上，采用何种技艺是要根据文物本身的情况而定的，而非单纯地取决于修复技艺是传统的还是现代的。

　　举一个实例，在东方，日本的纸质文物修复技术较为领先，中国很多文物修复人员曾在日本学习，韩国书画装潢研究会的会长朴智善教授也曾在日本学习修复技术。她回到韩国后，试图恢复韩国的传统纸质修复方法，但是由于韩国曾长期处于日本的统治之下，一直采用日本的修复技术，自己的传统技艺已丧失。她告诫我，中国千万不能重蹈韩国的覆辙，学习了日本的技术却把自己的传统舍弃了。她还说，中国现今所收藏的那些经历了几百年的书画作品正是靠着中国自有的方法保存下来的，而不是靠着别人的方式。

　　苏州的一位书画修复师曾对我说，传统的修复是要把书画在留传过程中形成的一些污迹去除，但是博物馆为了体现历史的痕迹会将其保留。其实去除比保留更难，而如果都不进行处理，传统的修复技术也将消失。

文物保护工作中出现的这些问题使我们认识到，在看待传统的修复方法或现代文物保护理念和原则的时候到底什么更重要，这就涉及对价值的判定和认识，对于一处文化遗产保护地或一件文物的核心价值的评判，决定了所要采用的保护方式。

随着我们与国际组织的交往越发密切和频繁，价值的问题在日常工作中越来越得到重视。要想用价值理念来管理文化遗产，对于价值的判断很重要，但是判断的过程却十分复杂。

传统的文化遗产价值包括历史价值、艺术价值、科学价值这三大价值，现代保护准则又提出了文化价值和社会价值。三大价值是文化遗产的客观属性，是长期以来人们在文化遗产保护工作中达成的基本共识，而文化价值和社会价值更趋向于文化遗产的人文判断，人们对此二者的认识存在很大分歧。其实这两者在不同的情况下会有所侧重，而针对每一项文化遗产或文物遗存，应该找出其真正的核心价值。

文物保护理念的三大价值和新增加的两个价值形成了文化遗产价值构成的标准，而在实际的文物保护和修复工作当中，判断文物的价值是一件非常困难的事情。像故宫、敦煌、秦始皇陵兵马俑、长城这样著名的历史文化遗产，它们的价值很容易被认识，而对一些不是很著名的历史遗迹进行判断则要困难很多。

例如，2016年发生的锥子山长城事件，也就是"最美野长城被抹平"事件，对于这件事的认识，专家团队强调的是前面三个客观价值，社会的质疑则来源于对其审美价值和历史价值的考虑，也就是对同一处古迹的价值认定有所不同和侧重，因而产生了严重的分歧。

到复旦大学之后，我一直在思考文化遗产的价值问题，尤其是审美价值在文化遗产保护中应占多大比重的问题。我国在文物保护或修复过程中比较注重实际的案例，较少考虑哲学层面的价值问题。价值分析的核心是什么？我一直在寻找，希望能够在中国传统哲学里寻求答案，然而，中国传统哲学如何看待古代的文化遗迹或生存轨迹，目前还缺乏清晰的梳理。

因此，我与我带的第一位博士研究生周孟圆通过对文物保护案例的梳理试图找到一些哲学层面的联系。

关于价值哲学，曾有不少哲学家进行过阐述。海因里希·李凯尔特（Heinrich Rickert）认为，价值凌驾于一切存在之上，是在主体和客体之外形成的一个独立王国。拉尔夫·巴顿·培里（Ralph Barton Perry）认为，价值是个人兴趣之所在。尼采则认为，哲学家必须解决价值难题，必须确定各种价值的档次。杜威则是在情境分析中慎思前因后果，用实验的经验主义方法作出价值判断。

约翰·杜威（John Dewey）是活跃在 19 世纪末到 20 世纪中期的美国哲学家，他见证了美国从内战到"冷战"的全部过程，也经历了两次世界大战中翻天覆地的社会变革。在这场现代化价值哲学的相关讨论中，杜威推翻了传统哲学将终极目的和最高准则作为伦理评价的标准，致力于重建一种实用的、能够提高人们价值判断力的方法。他所提倡的价值哲学摒弃了个人喜好一说，强调基于理性和因果关系作思辨判断，是能够解决实际问题、实事求是的经验主义方法论，对 20 世纪美国社会的价值观产生了深刻影响。提炼杜威的价值哲学作为思想基础，与文物保护领域中的价值判断实践相对照，恰好能构成人类价值判断哲学层面和应用层面的交叉探讨，这既能帮助我们深入理解文物保护中价值判断的意义，也利于从哲学思想层面反观现行文物保护领域政策和理论的不足之处。

通过对杜威价值哲学的梳理，我们找到了三个与文物保护理念相关的价值哲学观点。

一、没有永恒不变的价值

杜威提出"没有永恒的价值"的概念，将变化的观念推及所有价值判断的本质。杜威反对用"内在固有价值"来定义任何事物，因为他认为这实际上是将事物及其性质与时空完全隔离开来，从而使它们绝对化的手段，一旦将对象的价值界定为"固有的"和"自在的"，便让价值成了一种客观的性质，也因此失去了和其他情境之间的经验联系。因此，杜威反对将价值看作永恒的、不变的、理想的，提出了"价值在行动中产生"和"不同的情境造就变化的价值"两个概念，而"价值是被赋予的，而不是内在固有的""价值始终在发生变化"是他的价值观的核心。

相似地，将文物的价值看作笼统的、固有的、不变的，并不能为我们面对切实保护对象制定修复方案提供更有力的指导。

例如，伊朗巴姆城遗址在 2003 年发生地震后，古城中 70% 的住宅被夷为平地，有着 2500 多年历史的著名砖体建筑的古城堡在地震中基本坍塌。日本仙台的著名文化景观在 2011 年的地震和海啸中亦不复存在。这些文化遗存在遭受自然力的破坏之后被重新修复，在自然历史变化中所形成的价值不断发生变化，而永恒的价值是很难保留的。

中国贵州堂安侗族村寨生态博物馆，由鼓楼、村落、农田、生活、节庆活动交织形成的侗寨生态环境，也曾遭受过一次火灾。另一个当时贵州规模最大的侗寨，在一次火灾中几乎化为灰烬。这些著名的侗寨在历史中也并非一次形成而保留至今的，而是在不断的焚毁、重建中构建起来并延续下去的。

这些遗址和村落在遭受毁坏并修复的过程中，其原有的价值部分消失，新的价值出现，也就是"价值在行动中产生"。

（一）价值在行动中产生

"价值在行动中产生"可以理解为将目的和手段看成一个无法割裂、相互依存的整体：在行动中人们赋予了对象目的，而通过评估手段的实现，人们再次检验目的的合理性。

尽管在全球文物保护领域，文物修复工作的潜台词是不应该也不允许改变保护对象的具体意义，但在实际操作中，无论是对文物的清洗、结构加固，还是修复材料的选用，这一系列操作都切实地影响着一件物品或一处古迹被人类理解、运用、保存的方式，也决定了其继续传递给下一代时的面貌。

一件破损的青铜器，修复之后被赋予了新的价值，修复者参与的修复过程也是让其价值重生的过程。上海博物馆的一个瓷器修复案例很好地说明了这一问题。一件在原烧造过程中就被烧坏了的瓷器，工作人员修复时，修补的地方正是原来烧坏的地方，这件修复后的瓷瓶呈现出来的价值是经过了修复者的作用被赋予的新价值，而不是瓷瓶本身原有的价值。20 世纪 90 年代，陕西法门寺出土了一批精美的金银器，陕西省考古所和德国合作进行修复，修复的理念是建立在德国专家对金银器的认识上的，他们将这些金银器修复得鲜亮无比，遭到了国内专家的质疑。

在一系列的文物修复过程中，人赋予文物的价值在不断地变化，有增加也有减少，修复者的知识水准、审美趣味及修复理念都左右着被修复的文物的价值，也影响了后来的参观学习者对其价值的认识。

建筑的修复也是如此。举一个东京火车站的修复案例。1914 年建成的东京火车站是一座三层的欧式建筑，1945 年在美军的轰炸中，最上层被炸掉了。战后东京市政府决定修复这个火车站，由于经费不充裕，最后决定在二层的上面直接加屋顶，将其改造成了一栋两层的建筑。2005 年，东京市政府决定重新改造，人们对修复方案产生了很大争议，讨论再三，最后决定恢复始建时的原始状态。在这座建筑的修复过程中，由于人们对事物认知的不同，文物修复呈现出来的价值也就产生了变化。

因此，保护行为本身即是文物价值发生变化和重构的一大动因。

（二）不同的情境造就变化的价值

杜威认为，在不同的情境下，同一件物品也会被赋予不同的价值，这也对应着我们看待文物的方式与保存它们的手段。

例如，北美各大博物馆均收藏着早期美洲印第安文化中的出土遗物，并把它们当作参观者欣赏学习的对象，以及学者开展学术研究的物质材料。在这样的语境下，作为藏品的印第安遗物当然需要妥善保存，避免发生腐朽或损坏，而它们所提供的年代和文化信息则构成了博物馆藏品的历史价值。但同时，对于美洲印第安原住民群体来说，这些具有民族志意义的物品则是祖先墓葬中的陪葬品，将它们陈列在博物馆中，不仅凸显了白人群体对原住民群体的不尊重，而且剥夺了这些陪葬品在原本墓葬环境中所具有的精神意义。因此，印第安原住民群体多次发起行动，要求博物馆归还具有重要文化意义的部落物品。当获得这些遗物之后，他们就遵循印第安传统精神再次将它们下葬入土。在这里，文物的文化价值代替了历史价值，成了美洲原住民心中最重要、最珍视的特质。

我国的麦积山石窟是早期佛教僧侣为了避世清修而留下的宗教景观。在历史传统中，石窟的修复维护都以信徒、地方官吏和供养人的捐资为主要的资金来源，以雇佣工匠的手艺为审美主导，以佛像的偶像崇拜为功能目的。但在今天的中国，这些石窟建筑作为重要的文化遗产，早已失去了原本的宗教语境。麦积山石窟甚至被誉为"东方雕塑馆"，游客前往参观的目的也不再以进香礼佛为主。它们在1500年前的社会中的价值和在当今社会中的价值一定有所不同，以现在的文物保护理念修缮下去，其将来所传达的价值与原先的价值也一定是不同的。

又如，贵州有一个苗族、汉族、土家族共生的村落，我们曾筹集资金对它进行保护，当时我们的规划和保护工作是基于文化遗产保护的角度进行的。然而，当地村民的认识并没有因为我们几年来的文物保护理念的灌输而改变，他们关心的仍是能够改善个体生活困难的资金问题，这与我们的认识是有差异的。这个村落还保留了一项非物质文化遗产——声势浩大的牯脏节。对于这个屠杀公牛节，也存在不同的认识：人类学、民族学的专家非常认同这种传统节日，认为它是人类传统的延续；而更多的学者则持有不同的看法，认为公牛是当地最重要的劳动力资源，杀公牛是对生产力的极大破坏。当地的村民对于屠杀公牛的看法也是不同的，老人们认为他们很快就要与祖先见面，杀牛是他们与祖先沟通的方式，因此认同杀牛的行为，而中年人、年轻人则有不同的想法。

这些文化遗产保护实例说明，同一件物品在不同情境中可以产生不同的价值，也进一步说明了价值并非物体本身所具有的永恒内在属性，而是由人类主观赋予的评价判断。认识到"文物的价值并不是永恒不变的"这个基础概念，能让我们更全面地正视每个时代的客观局限性。承认文物在过往历史生活和当下环境中的价值差异，更能够帮助我们辨析传统修复手段和现代修复手段之间的关系。

二、价值判断需要明确主体和客体

杜威价值理论中第二个非常重要的观点是，主体和客体是价值判断中不可或缺的联系部分。或者可以说，杜威将主体、客体及价值判断视作一个不可分割的整体。杜威既肯定了主体的重要性，又引入了对客体的理性思考。他认为价值判断是主体基于对过往经验的理性思考，对客体所作出的渴望、厌倦、欣赏等各种反应判断，并且在这个过程中，客观指称先于主观指称，而主观指称不过是客观指称的另一种表达方式，"说'我觉得厌倦'和说'它很乏味'不过是表达同一事实的两个短语而已"。因此也可以说，主体和客体在价值判断中如同一枚硬币的正反面，无法脱离对方而单独存在。

杜威关于文物价值判断中主客体关系的观念也影响了意大利文物修复专家切萨雷·布兰迪（Cesare Brandi）。后者在论述修复的概念时引用了杜威所说的"艺术作品的本质在于主体对它的独特认可"：一件艺术作品，无论多么古老或多么经典，只有当它活在某些人的个体化体验中时，才称得上是一件艺术作品，而并非原本就是一件艺术作品。一张羊皮纸、一块大理石、一幅画布，它经历各个时代（尽管很可能遭受了各种蹂躏），但仍是同样的东西。然而，作为一件艺术作品，每当它被审美体验时，就被再创出来。

例如，到故宫看书画展览，每个人的体验是不同的，也就是说价值需要明确主体和客体。文物保护中，客体是很明确的，即需要保护的文物或文化遗产，但在具体探讨这些文物和文化遗产价值的时候，价值判断背后的主体却经常会被笼统概括，甚至被彻底忽略。

1954 年，联合国教科文组织通过了《关于发生武装冲突时保护文化财产的公约》，其又称"海牙公约"。这项公约声称"属于任何人民的文化财产如遭受损失，也就是全人类文化遗产遭受损失，因为每国人民对世界文化做出其自己的贡献"，并且表示"文化遗产的保存对于世界各国人民都是非常重要的"。这项公约的提出表明了文化遗产保护正式被看作是超越民族、阶级、国家矛盾的，是为了"全人类"共同利益而树立的目标理念。1972 年，《保护世界文化和自然遗产公约》规定将原本各国孤立的文化和自然遗产"作为全人类世界遗产的一部分加以保护"。

将"全人类"这个高度抽象化的宏观概念作为遗产保护工作的主体，那么谁是"全人类"？谁能够代表"全人类"对保护价值的主体作出正确的判断？是文物保护专家、学者还是政府官员？抑或是原住民？其中存在很大的问题。

日本九州的一个岛屿俗称"军舰岛"，过去是一个煤矿生产地，1974—1975 年因停止煤矿挖掘而荒废。2015 年，作为日本明治时期产业革命的遗产，日本政府在德国波恩第 39 届世界遗产大会上将其成功申报为世界遗产，为此，韩国人和中国人非常气愤，并采取了抗议活动，因为"二战"时期日军曾强制征用了大量的韩国和中国劳工在此进行劳役。韩国在世界遗产大会上表示抗议，并宣读了抗议信。所以，世界遗产所强调的"全人类"是很难成立的。

长期以来，西方国家主导话语权的国际社会组织与遗产地所在的本土国经验之间存在着矛盾，主要是对价值判断的矛盾，特别是东西方之间，这种矛盾尤其明显。

1994 年在日本起草的《奈良真实性文件》中提出扩大国际文物保护中关于"真实性"的价值概念，将其延伸为多元文化语境下的相对无形标准。《奈良真实性文件》对于东方的传统建筑和遗址保护是有积极意义的，它代表了东方的保护思想，是对《威尼斯宪章》的补充。然而直到 1999 年，世界遗产委员会才正式采纳了《奈良真实性文件》，将其作为操作指南中的重要条例。

判断价值的时候，采取不同的标准会出现完全不同的结果。以贵州石阡楼上村为例，这是一个汉族周氏家族聚居的村落，先民是从江西迁徙到四川，再到贵州定居的。楼上村不仅是传统村落，也是历史文化名村，其中楼上村古建筑群被列入第七批全国重点文物保护单位。

制定村落保护规划时，如果按照传统的规划方式，全国重点文物保护单位关注的是村落里的十几栋建筑，它们是全国重点文物保护单位划定的文物，只要保护好这些建筑，再把它们周边的环境整治一下，这个保护方案就完成了。然而，经过对村落历史演变过程、周边环境的生态景观及发展趋势的综合研究，我们发现它的核心价值并不止这十几栋建筑，它周边的梯田、植物、河流及生态都是与之相关联的，聚落周边的环境也是聚落赖以生存的，村落周边梯田里的乌桕树、动物等都是村落环境系统的有机组成部分，如果没有了这套系统，村落就失去了价值。最后，我们对它的核心价值重新进行了评述，扩大了保护范围，包括聚落区、农耕区、建设控制地带和环境保护区。

对文化遗产的价值进行判断时，不同的主体会有不同的认识。在价值判断中对主体意识的强调不仅适用于在国际社会中的文化认同构建，在处理一个国家中多元民族文化之间的关系时也能相应地起到积极作用。这也是针对一些具有特殊精神意义的民族文化遗产，有越来越多的专家呼吁将其进行原址保护和整体保护的重要原因。同时，也有越来越多的声音提倡让当地人、实践者参与到原先由学者和政府主导的评价体系中。

在保护修复工作的开展中，主体研究和客体研究应该同时进行。如果将"为谁保护"的深思带入每一个需要审视的具体案例中去，就能够获得更多有针对性的发现。而理性思考每一项保护修复工作所需要服务的真正主体，深层的矛盾冲突和价值取舍才能得到更完整的讨论。否则，缺乏主体讨论的文物价值评价会无法立足于现实情境，沦为只适用于申遗的文本材料。

三、情境中慎思前因后果

杜威价值论带给文物修复理念的第三个也是最重要的一个概念，是关于价值判断的因果情境与反思。

他认为，想要得到评价对象的真正价值，必须持续不断地进行批评和反省活动，以区分"现有的好"和"通过反省而达到辨明的好"。杜威认为："当我们一开始讨论价值，对它们加以解说和概括、分门别类的时候，便立刻超越了价值对象本身的范围。我们便进入了一种对于前因后果的探究，而想要对有关的这个事物所具有的'真实的'好——最终所产生的好——予以赞美的评价。我们不是为了批评而批评，而是为了建立和保持更为持久和更为广泛的价值而进行批评。"

目的、评价、手段、实践，通俗地说，就是我们每修一件东西都会考虑之前是怎么修的，也就是以往的经验，好的经验可以借鉴，不好的就要去除。

事实上，杜威提倡的这种带有实验意义的经验主义方法在我国文物保护工作中已经有所运用。

2010年9月，中国文化遗产研究院受潼南县景区管理委员会委托，对县城内的潼南大佛开展了保护修复工程。针对潼南大佛是否应该"全身贴金"，专家们争论不休。最后，在修复的过程中，采用了整体髹漆、重新贴金箔的方案。这一修复工程在完工后经专家评审，最终被评价为"调研结果与现代修复科学技术理念的有效结合，取得了较满意的修复结果"。

随后，以潼南的贴金经验作为一种成功经验的参考，大足石刻保护修复工作者也决定将千手观音全部贴金，髹漆贴金的保护修复方法被再次运用到世界文化遗产大足千手观音像的修复工程中。然而对于这种修复保护方式，文物保护界的专家学者们至今还在争论，无法得出统一的意见。

从杜威的视角来看，这两个案例无疑是结果和原因的互相转换：当潼南大佛的修复保护结果被评价为好与善时，它也成了大足石刻千手观音修复工程推进的原因。

另一个韩国的文物修复案例是首尔崇礼门。该文物在 2008 年被烧毁，后来政府决定修复，要采用传统工艺恢复彩绘，但是传统材料和传统工艺在韩国已经失传，20 世纪六七十年代以后韩国的建筑彩绘维修中使用的基本是化工材料。关于如何恢复传统材料，相关人员经过讨论、探索，最终决定用他们认为传统的技术完成了修缮，但是第二年彩绘就开始脱落，色彩也发生了变化，管理人员和施工人员都被追责。这是一个失败的案例，由于没有成功的经验可以借鉴，导致了修复工程的失败。

如果按杜威所说，"以具有经验基础的、关于事件之间暂时性关系的主张为基础而构建所期望的结果"，在慎思这两例修复到底是好是坏时，就能推导出如下逻辑：假如千手观音的髹漆贴金保护工作是一个成功的案例，则在往后我国的摩崖造像修复工程中，就可以继续将其视为成功经验，并不断推广、重复。同时，杜威提出的价值理论并不是向着过去的回溯，而是针对未来的展望。因此，不应把修复史上不受欢迎的尝试看作纯粹的失败，而应将其视作通往更优之路的过往经验。首尔崇礼门的修复虽然失败了，但我们却能够从中吸取教训，继而转换为之后古建筑修缮的前因。

每一件文物或古建筑在修复的过程中都会有很多的经验和教训，对于这些经验和教训，应该进行更公开和更广泛的讨论，并不断地修正、总结、推广。这是杜威价值论在文物保护工作应用层面给我的最大启迪。

以上是我们借鉴杜威的哲学方法进行的概念梳理。但是，杜威的哲学也有他的问题和局限，从某种层面来说，杜威价值论的基础是服务更高一层权利阶层的（也就是他更关心的是更高一层的人群——决定这些事情的人，他们往往不是拥有者本人，而是权利高于拥有者的人），在那个层面，更宏观的意识形态将控制差异，行使最终的裁决权力。然而，是否应该由高一层的人群对于事情作出判断，应该引起我们的思考。

四、为什么要保护文化遗产

最后我们来讨论一个遗产保护的关键问题：为什么要保护文化遗产？这个问题关系到对遗产核心价值的理解和认识。

文物保护工作者往往考虑的是"保护什么"和"如何保护"，这是目前我们认为最关键的、也是被讨论得最多的问题，而"为谁保护"却考虑得很少。

例如，在正定的文化遗产保护中遇到的问题。习近平总书记指出，要大力保护正定的历史文化遗产。摆在文化遗产保护者面前的问题则是：保护什么？如何保护？正定原有的文物保护单位保存状况比较好，城区在历史进展中发生了很大的变化，专家们经过讨论，决定保护正定古城墙。于是围绕着古城墙，专家组成员们便讨论如何修复，但是彼此争论不休，最终也没有达成共识。问题的关键是：保护城墙最终的目的是什么？修缮城墙的意义何在？为什么修城墙？如果为了发展旅游而修缮就要考虑旅游者的需求，如果为正定的人民就要考虑正定的人民需要什么。正定人如果对它有情感，就要考虑文化价值和社会价值，就应该为正定人所认为的城墙的价值而修缮，他们的需求才应该是文物保护工作者应该考虑的。其实，在文物和文化遗产保护中，我们这些实施保护的人可能忽视了或者没有找到真正的核心价值。

在德国德累斯顿易北河文化遗产保护区，当地政府为了解决德累斯顿的城市交通问题，计划在易北河上架起一座大桥，但这一想法遭到了世界遗产委员会的反对，于是当地政府组织了民意公投，结果赞成架桥者占绝大多数。为了顺应民意，当地政府最终把桥建了起来，因而破坏了原有的文化景观，该遗产保护区被联合国教科文组织从《世界遗产名录》当中除名。当地政府在德累斯顿城市中心树立了一块说明牌，说明了该文化遗产被取消的时间和原因。然而，当地市民似乎并不在意，德累斯顿的旅游业也未受到任何影响，照样人流如织。说明牌前的游客熙来攘往，并没有人关注这块说明牌。同样地，法国的世界文化遗产地波尔多也建了一座可升降的桥，却没有被除名。所以说，国际社会其实也存在不同的认识。

对于这一系列文化遗产保护中存在的问题，我们应该思考遗产的核心价值——每一个遗产地都有一个最核心的价值。

目前，我们对精神层面和知识层面的价值，或者说社会价值和文化价值的认识还远远不够，对遗产的保护还是以旅游为目的，而不是发自内心的需求，也不是出于对历史记忆的保存。认识文化遗产并加以保护是因为它们的内在价值或对社会的意义，而不是由于它们作为旅游景点而具有的外在的价值。

人是文化遗产的灵魂，文化遗产是人类的精神需求——这才是文化遗产核心的、本质的价值，任何文化遗产的保护都应该基于这一核心价值。

（根据笔者 2018 年 3 月 29 日在北京故宫博物院的演讲稿整理）

认识和鉴别核心价值是世界遗产保护的关键

一、世界遗产申报新动向

由于申报"世界遗产"的国家和所报的项目越来越多，世界遗产委员会第26次会议决定，2002年后每个国家一次最多申报两处遗产（其中至少包括一项自然遗产提名），尚没有世界遗产景点的国家将享有优先权。由此可见，"申遗"会越来越难。

中国目前的"申遗"热，即使有经济利益的诉求，但从保护遗产的角度出发，申报仍然是一件好事，说明社会和政府越来越重视世界遗产，是值得鼓励的。一方面，客观上对保护遗产有好处，因为要申报，就需要按照世界遗产的要求去规划、管理；然而，另一方面，它也把世界遗产本质的一些东西弱化了，人们都盯着美学价值、经济价值，这与世界遗产一开始希望保护的对象是有所区别的。

例如，世界遗产委员会对中国的自然遗产评价虽然很高，但大多是因为其美学价值。作为自然遗产，IUCN（世界自然保护联盟，International Union for Conservation of Nature）更加关注的还是生物多样性，地质多样性也在其中。例如丹霞地貌，有些地方虽然观赏价值不高，但因其地质价值非常高，同样可以进入《世界遗产名录》。

世界遗产对旅游业的巨大影响是大家在起始阶段都没有想到的。20世纪八九十年代，中国知道世界遗产的人很少，旅游行业打着保护世界遗产的旗号的也非常少。1987年，中国第一批6个遗产地进入《世界遗产名录》时，媒体没有任何报道，而现在，每年的世界遗产大会期间，几乎所有的媒体都在关注世界遗产。

投入大量的资金，最终为了经济利益申遗的现象，中国是比较突出的，所以近年来也出现了质疑申报世界遗产的声音。

我国地域广阔，历史悠久，具有自然和文化遗产价值的地方非常多。那么，我们申报世界遗产的目的是什么？只是为了经济利益？或者说为了促进旅游？还是为了给我们的后代、给全球人类保留一些人为破坏较少、具有生物多样性与文化多样性的区域？对于《保护世界文化和自然遗产公约》，我们应当有一个共识：签署了公约就是作出了一个承诺，缔约国政府就有义务去保护人类共同的遗产。为了全人类的利益，即使在申报过程中有所投入也是值得的。相反，如果单纯地将经济利益与世界遗产挂钩，仅仅是为了促进当地旅游，增加旅游收入，就会产生"申遗"值不值得的疑问。

其实，"申遗"过程本身的意义比申报成功的结果更重要，因为在这一过程中可以培养大批的遗产保护人才，对当地居民的公共意识的培育也会产生非常积极的作用。通过申报大家都会了解到，进入《世界遗产名录》要具备哪些条件，同时在环境治理、管理和保护措施等方面需要做出哪些努力。除了政府和专家，当地社区及全社会会对遗产的价值和保护有更深的认识，所有这些都是非常有意义的。

二、自然与人类的共同作品——文化景观

文化景观是文化遗产的一种新的类型，代表《保护世界文化和自然遗产公约》第一条所表述的"自然与人类的共同作品"。这一概念是于1992年12月在美国圣达菲召开的联合国教科文组织世界遗产委员会第16届会议时提出的，并纳入《世界遗产名录》中。1996年，中国虽然有了第一个文化景观——庐山，但是也有很多人产生了很多疑问：为什么庐山是文化景观，而武夷山、泰山等是文化与自然混合遗产？文化景观和文化与自然混合遗产之间的界限是什么？有什么区别？

文化景观可分成三种：一是由人类有意设计和建造的景观；二是有机进化的景观；三是关联性文化景观。按照这个标准，很多风景园林似乎都可以归类

到文化景观中。混合遗产应该是最有中国特色的世界遗产类型，中国在这方面的研究也比较多。而中国的文化景观除了西湖外，其他都是被动地接受世界遗产委员会的建议而确定的。现在，中国研究文化景观的人还非常少，国家文物局也召开过相关会议，但文化景观的含义还没有被挖掘出来。特别是风景园林领域的专家和学者，对文化景观的概念认可的也不多。例如，很多人并不认可五台山是文化景观，但是现在却作为文化景观进入《世界遗产名录》。其实，国内还是需要有更多学者进行相关的研究，并可以与世界遗产委员会、ICO-MOS（国际古迹遗址理事会）等组织就不同的认识进行探讨。现在，中国的声音还是太少了，我们需要针对这个问题发出自己的声音。

"文化景观"的概念不应该无限扩大，不然所有的文化景点、所有与文化相关的遗产都可以以文化景观诠释。文化景观最大的价值和贡献并不在于它的类型，而在于文化遗产保护的方法论。文化景观是人与自然互动形成的，它强调的是一个过程。

过去，我们强调文化遗产，注重的是一个时期、一个面。例如，对于唐代的一个遗址，我们总想将其恢复成唐代的状态，或者以唐代的眼光去判断，而很少考虑唐代之后在这个遗址上所发生的事件。但文化景观强调其在历史长河中形成，其活动的过程一直在变化、发展，永不停止，这一点很重要。过去的遗产地是不变的，变成遗产的那天就让它保留在当时的状态。而现在，我们不能要求停止在一个状态。例如哈尼梯田，当地的人、建筑、景观、人的生活条件及状态都在变，即使成为世界遗产，还是会持续变化与发展。文化景观最重要的方面是强调过程，强调可以营建，且跟人类生活相关联；城市、乡村会不断地变化，不是在它申报成为世界遗产后就不能改建、不能动了，而它的变化也要依据文化景观的规律来进行。

三、中国世界遗产地的保护与管理

中国作为一个发展中国家，世界遗产地的保护与管理这些年发展很快，并朝好的方向发展，这是不容置疑的。人们对世界遗产越来越关注，特别是当工业发展导致环境恶化，影响到了每个人的生活时，人们认识到需要努力保护环境、保护自然，对自然遗产的保护意识也在不断增强。但对于文化遗产，人们还没有足够的重视。

对遗产保护而言，一个好的决策会有非常好的结果，但一些不成熟的政策或者目的不是很纯粹的政策，其破坏性也特别大。有些地方以保护世界遗产为名，做的却是商业开发。例如，一个城区，说是保护历史街区，结果由开发商来统筹，把原本生活在该区域的老百姓挤出去，变成商业运作的资源。这类事情不少，结果很可怕。

遗产保护有一点绝对不能忘记，就是我们不能以经济价值来衡量遗产价值，以经济价值为前提判断遗产的取舍。如果文化遗产的保护以钱来折算，值得就保留，不值得就拆掉，就完全背离了文化遗产的本质。另外，把一个"活"的遗产，为了所谓的开发而开发成一个"死"的遗产，打着重建的名义造假"古董"，或者把遗产地里的居民迁出去，都会给遗产保护带来很大的负面影响。一个社区的文化遗产，其价值往往就在于其"活态"，有人在里面生活才有生机。如果因为商业经营而将其变成"死"的和假的，就不是保护文化遗产，而是纯粹的破坏。

四、借鉴"他山之石"

如果单纯说哪个国家的世界文化遗产保护和管理水平最高、最值得我们借鉴，我们很难指出一个。不过有很多国家，如欧洲的意大利和法国等，其对于历史街区的保护方式还是可以借鉴的，我们的近邻日本对历史遗址的保护也有很多可取之处。由于历史、文化及社会制度等不同，对于文化遗产的管理，每个国家也不尽相同。对于世界遗产，《保护世界文化和自然遗产公约》虽然是最根本的原则，但涉及具体问题的时候，还需要尊重各个国家的法律和制度。

例如，日本在一些考古遗址上做了比较多的复原工作，主要是为了科普展示和旅游。日本在一些遗址，有的甚至是在世界文化遗产地进行复原，是有比较深入的研究和比较清晰的说明的。参观者也知道复原只是展示研究成果，是新建筑，不是原物。例如世界文化遗产奈良平城宫遗址逐步复原的"朱雀门""东院庭院"及"大极殿"等，对一般公众理解遗址起到了很好的作用，不过同时在其资料馆中也展示了发掘现场及复原模型等，并提醒观众不要把复原当成历史的原貌。

这其实是一个对遗产的认识问题。现在国际技术交流很快，中国有最新的文物保护技术，已经不存在特别大的问题。关键还是理念，我们怎么去认识遗产。我国的一些遗址保护项目经常注重规模和气派，经常设计出一种几乎是想象出来的历史状态，希望复原一个历史断面。这种做法在国外很少见。很多国外的遗产地往往保留下了各个历史时期的东西，能更加生动地让人感觉到这个城市、这个区域是慢慢成长起来的。而我们的一些遗产地在规划过程中经常会完全变成某一个历史时期的面貌，看不到历史的发展和变化。世界遗产地涉及的面积一般很大，规划设计应该要慢，不理解的、看不清楚的应该先放一放，留给后人去做，不要强行在我们这个时期一下子改变。

五、世界遗产地与社区发展

《保护世界文化和自然遗产公约》是一个以保护为目的的公约，因此首先是保护，这是基础，也是毋庸置疑的。我们把世界遗产看作人类共同的资源，为了这个资源的可持续发展，为了使我们的下一代，使子子孙孙也可以享受这个资源，强调保护第一，应该没有异议。

其次，虽然我们讲世界遗产是属于全人类的，但是必须要明确的一点是，遗产首先是属于当地人民的，当地人是遗产的主人，要让他们优先享受到遗产带来的利益。联合国教科文组织保护遗产，为的是让当地人生活得更好，而不是更差。为此，需要协调好保护与发展的问题。遗产保护与发展的协调过程中，文化景观重视过程和承认发展与变化的理念可以为我们提供很好的理论基础。

我们从不反对旅游，世界遗产本来就需要具备展示的功能。通过旅游展示遗产地的价值，提高当地原住民的生活水平，也是我们乐观其成的。但在落实的时候要明确旅游者是外来者、是客人，不是遗产地的主人，需要分清主客关系。现在最大的问题是，遗产申报在我国基本上是政府的行为，是自上而下的，而不是自下而上的。我国很多地方，特别是社区和遗产地结合的地方，在开展旅游活动的时候常常反客为主，把旅游者当成"上帝"，当地民众变成为"上帝"服务的人，这就没有尊重当地人的权利，没有把他们当作主人。为了申报世界遗产，或者进入《世界遗产名录》之后，将原住民迁走是很普遍的现象，当地人的利益没有得到充分的保护。而且，产权发生变化时，所有者对遗产的态度也会发生变化。

同时，我们对旅游的作用也要有一个客观的认识。绝大多数的遗产地如果只依靠旅游来提升当地经济发展水平，几乎是不可能的。有的时候我们仅仅看到了表面的繁荣，夸大了旅游的作用。特别是"门票经济"，有时会带来负面的影响。例如平遥，本来是一个"活"的县城，一切日常经济、文化及政治生活与其他城市本来没有什么不同，因为保留了明清建筑和格局，因为是历史文化名城，是世界遗产，设立门票制度，并且多次涨价，引起社会的关注。但是仅仅靠门票的收入根本解决不了平遥县城的发展问题。随着游客的增多，当地人不但生活品质没有得到改善，生活成本反而增加；至于游客，虽然付了高额的门票，但从商业消费的角度而言，并没有达致其预期，所以抱怨也很多。这种旅游不是可持续发展解决问题的方式。

还有一点是对遗产价值的认识问题，也就是申报遗产的目的。政府申报世界遗产，就要遵循《世界遗产公约》，有义务保证遗产的保护及当地居民的生活不受影响，并且有一个更好的生活条件。同时，保护世界遗产也是 14 亿中国人的责任，不能将保护的责任完全推给遗产地的居民。平遥古城出现的各类问题，只有政府采取正确的决策才能解决。因为体制不同，其他国家的案例在我国有时候很难推广。同样是世界遗产地的日本白川乡，在"申遗"成功后也发生了很大的变化，游客非常多，但村子并不卖门票，当地人维护自己文化的意识很强，村民的日常生活也受到了很多的干扰，村民对进入《世界遗产名录》的评价褒贬不一。韩国也有类似的情况，这些都可以作为我们的参考。

六、世界遗产的保护原则

从遗产的角度来说，园林类遗产与其他的遗产并没有什么不同。例如，苏州园林是世界文化遗产，也是把它放在苏州城里面平等看待的，并没有什么特殊之处，至于园林是否属于文化景观类型，那就需要另外研究了。

每一个遗产地都有其特殊性，普遍规律很难寻找，不过在文化遗产保护领域还是形成了一些具有共性的国际准则，如《威尼斯宪章》《奈良真实性文件》等，以及各种保护世界遗产的法律文件。我们常提的"修旧如旧"不是文化遗产保护的原则。旧，要旧到什么程度？大家各有标准。说是旧的，其实修出来也是新东西，是人为做旧。遗产保护最关键的是要认识和鉴别遗产的核心价值是什么，哪些是可以改变的，哪些是绝对不能改变的。从规律上来说，首先是价值的认定和评估。我们要给后代留下怎样一件东西？梁思成先生提出"修旧如旧"的说法，因为当时是一个特殊的历史时期。1980年，罗哲文先生也说，在一定的历史时期"修旧如旧"起到了作用，但是现在，我个人不提倡"修旧如旧"，这不是遗产保护的一个原则，也不是问题的本质。

例如，故宫大修时曾引起很多争议，有人说彩绘和琉璃瓦修得新了，要把彩绘和琉璃瓦做旧，但旧到什么程度，这是观赏者感觉上的区别，是一个美学的范畴，仁者见仁，智者见智，但对遗产本身的价值却没有任何影响。有人觉得够旧了，有人觉得还不够旧，这不是一个标准。问题的关键在于，琉璃瓦应该不应该换？重新彩绘有没有必要？如果不做任何改变的话，传统的东方建筑应该以什么样的状态保留？对世界遗产的历史传承，我们应该有更深的认识；面对国际社会，我们应该有更好的解释。

风景园林作为遗产的保护设计也一样。如果设计概念非常清楚，在投标、评审方案的时候可能更能够得到大家的认同；如果只是给出一个表面的解释，对核心问题没有一个认定，做出来的规划设计可能还是一个表面的、形式的东西，很难让人信服。风景园林保护的核心也应该是其真实性和完整性。

七、设计师在世界遗产地的角色

举例而言，设计师在规划设计秦始皇陵遗址公园的时候，要静下心想一想，是单纯为了迎合一些人、一些机构的需求，短时间内实现经济利益的最大化，还是从临潼—西安—陕西—中国，乃至全人类的角度来看待文化遗产的价值？如何通过设计保护这些价值？我们要想清楚数年之后留给人们怎样一项遗产。我一直很担心，设计师仅从经济利益出发来衡量文化遗产的价值——有没有用，用处在哪，能换来多少钱，一心一意考虑利益最大化，那么遗产的价值如何能得到保障？

再如大明宫含元殿遗址，最开始是联合国教科文组织的项目，当时没有什么人关注。遗址所在地是西安环境最差的地方之一，是黄河泛滥的时候及抗日战争时期河南、山东人聚居的区域。但是随着项目的开展，环境逐渐改善了，周边地产经济发展起来了。之后的大明宫国家遗址公园项目带动了整个曲江新区的地产开发，这不是坏事，我们也不反对，但文化遗产是不是一定要有这个功能？如果把所有遗产都看作具备这个功能，后果就会很可怕。

从全西安的角度来说，大明宫国家遗址公园本来是全体西安市民共同享有的、融合了人文与自然的公共地域，现在却被高楼围起来，成为地产项目的"后花园"，这是不公平的。

世界遗产的核心价值属性不在于经济，不应过多地强调文化遗产的经济价值。如果以经济价值衡量文化遗产和自然遗产，遗产保护的工作就没办法做了。

在文化遗产的保护过程中，仅仅把历史的一个片段单独拿出来并不是很好的方法。城市、村落或社区的发展和形成是一个漫长的过程。即使是一个历史的遗迹，经过长期的发展，到了今天也肯定包含了新时代的东西，纵然完全复原，也是不可能恢复到当年的历史状况的。例如，大明宫在唐代以后的1000多年间必然发生了很多的历史事件。历史是不断叠加上去的，把后来1000多年的历史全部抹去，将其恢复成唐代的样子，以满足一个历史时期的需求，反而反映不出几千年的历史发展过程。

历史遗址也有其发展过程。20世纪30年代黄河泛滥是中国历史上很重要的事件，这个事件的很多证据都遗留在大明宫遗址上，现在却没有了，变成了所谓的唐代遗址。我们能回到唐代吗？不能，那只能是想象，特别是那些建筑，也都是根据想象和有限的资料修建的，依据是不充分的。大明宫遗址现在只是进行了一些点的发掘，要想全部发掘暂时也是不可能的。在考古资料有限的情况下，想完全恢复唐代大明宫的原始模样是不现实的，从观念上也是难以被认同的。对于秦始皇陵遗址公园项目，我们也应该尊重历史，除了保护皇陵、秦始皇陵兵马俑等历史遗迹，也要保护那些在秦以后 2000 多年的发展过程中形成其他历史事实的区域，不能因为它不是秦代历史而全部舍弃。当前的实际情况是，人们往往会设计一个秦代的或者是假想秦代的历史面貌，这种现象很普遍。这样做简单，但是存在很多问题。

在保护规划设计的过程中，一定不能使人和遗产、人和自然对立起来，也不能把人当作破坏的对象。我特别不建议居民迁移，即使他只是在那里住了 50 年，也是历史，只注重保护遗址而忽略他们的历史和存在，是对历史的不尊重。

现在我国的很多设计对传统文化及其思想内涵的理解很不够，造的东西模仿的较多。一个成功的设计，真正能站得住脚的是思想，而不仅仅是形式。我们传统的建筑群落，如福建的土楼，都是自然形成的建筑群，民间设计师在把握自然关系、邻里关系上处理得那么协调、那么美。好的设计是有思想、有感召力的，即使是新的，只要得到认可，也可以成为世界遗产。法国设计师勒·柯布西耶（Le Corbusier）设计的建筑就在申报文化景观。我国改革开放才 30 多年，不少城市就没有了自己的特点，说到底是缺乏对自己文化的认知而造成的。

（根据笔者 2012 年第 1 期《风景园林》的《认识和鉴别核心价值是世界遗产保护的关键》采访稿整理）

价值判断：活用文化遗产的前提

如今，文化遗产的类型日益丰富，如何令不同性质、不同分类下的文化遗产活起来，可以说是当下的时代课题与趋势，但无论用怎样的形式或手段，都离不开对文物真实性及价值的正确判断。

在党的十九大报告关于"推动文化事业和文化产业发展"的表述中，加强文物保护利用和文化遗产保护传承成为重要内容。无论是保护利用还是保护发展，都提出了两方面的要求：一方面要深入挖掘中华优秀传统文化蕴含的思想观念、人文精神、道德规范，另一方面则要结合时代要求继承创新，让中华文化展现出永久魅力和时代风采。

加强文物保护利用和文化遗产的保护传承，实际上涉及了如何让文物和文化遗产活起来这个话题。习近平总书记提出的"让收藏在禁宫里的文物、陈列在广阔大地上的遗产、书写在古籍里的文字都活起来"的要求，充分肯定了文物和文化遗产之于人们的价值与意义。

由此可见，让文物活起来是新时代坚定文化自信的深层次要求。

《中华人民共和国文物保护法》中区分了可移动和不可移动两种文物类型，可移动文物指的是历史上各时代的重要实物、艺术品、文献、手稿、图书资料等代表性实物，其中又分为珍贵文物和一般文物；不可移动文物则指的是古文化遗址、古墓葬、古建筑、石窟寺、石刻、壁画、近现代重要史迹和代表性建筑，也就是我们常说的各级文物保护单位。

文化遗产的概念不局限于上述文物的定义，可以说是对后者的扩充。时至今日已涌现出一系列遗产类型，其中就包括了历史文化名城（镇、村）体系、文化景观、文化线路、工业遗产等概念。文化遗产的类型日益丰富，其具备的特征也更加复杂，使得不同的价值判断、活起来的途径与方式随之变化。

　　当下文化遗产的活用往往与旅游和文化产业的开发相挂钩，将收益与市场的开发程度作为评判文化遗产的重要指标，甚至是唯一标准。我们所熟知的三坊七巷是著名的历史文化街区，是福州历史与文化的重要见证物，其中的一批古建筑遗存也被评为全国重点文物保护单位。如此珍贵的文化遗产，经历过度的商业化开发后，其原有的社区性功能已被商业街区替代，大批商家涌入，原住民搬离，文化遗产的真实性遭到破坏。即便是游客，也会抱怨当地的商业味太浓，看不见历史与文化。

　　文化遗产的活用不是要反对旅游开发，让文化遗产活起来的前提是要认识到文化遗产丰富而多元的价值，意识到它对当下及未来发展的意义，在此基础上才能进行遗产的分类和合理利用。2018 年是平遥古城申遗成功 20 周年，古城的保护与传承问题依然存在，且不断地受到关注。没有人会说保护平遥就是为了外面来的游客或所谓的专家学者，但现在的情况是，古城内医疗、教育和商业等设施更新缓慢，导致古城内的日常生活缺乏更优质的品质，居民生活缺乏便利性。一边是旅游业的红火，另一边是生活的不便与窘迫，这样的古城是死是活？对于这样一个体量的古城，旅游盘活的只是其中的一小部分，而要真正让平遥古城活起来，需要重新树立它的生活品质，这种生活品质建立在历史的延续性上，并对其他类似的古城起到示范性作用。因此，只有配套设施建立起来，构建成一个完整的社区，才能吸引更多的人留在平遥城中生活，而不是仅仅把它变成一座只有游客、民宿和旅游的城市。

　　在村落文化景观的保护中同样如此。将乡村民居改造成民宿或者酒吧让外来人体验是一种可采用的方法，但是可以如此利用的民居毕竟是少数。大量的民居老百姓可能还是要改造的，改造是会发生改变的，包括环境和产业。文化景观的变化是常态的，发展、变化是前提、是必然，而村落也肯定会变。这种变是一个好现象还是一个坏现象？对此我们很难评价，作为文化遗产保护工作者，我们能做些什么呢？我想我们要做的就是把握好一个度，不让它突然发生剧烈的无序的变化。就像我们身体里的基因，它控制着细胞的衰老、凋亡。人为什么会得癌症？是因为基因突然发生了变化。对于文化遗产的保护，我们要把握好这个度，也就是为民族文化保护好基因，不让它发生突然的、剧烈的变化。

　　当然，对于一些收藏于博物馆中的国宝珍品而言，这类不具有活态特征的遗产涉及的是博物馆的展陈、教育等活动。例如，《国家宝藏》节目以互联网媒体为媒介，通过叙述国宝的前世今生吸引公众的参与，可视为一种新的尝试。但无论用怎样的形式、手段，都离不开对文物真实性及价值的正确判断。

　　三坊七巷和平遥古城在文化遗产学科讨论中属于"活态遗产"的范畴，除此之外还有其他多种遗产类型。如何令不同性质、不同分类下的文化遗产活起来，可以说是当下的时代课题与趋势。活起来的最终目标在于探索文化遗产所蕴含的历史、文化信息与人类生存发展之间的深刻联系，并将这种联系主动延续下去。过去的信息会因此而被激活，历史也将走向未来。

（原文刊载于 2018 年第 1 期《小康》，此处有修改）

乡村遗产的愿景与困境

我开始真正关注乡村，始于 2004 年的初夏。

2005 年是云南元谋人牙齿化石发现 40 周年。就在一年前，元谋当时的李县长联系我去帮助谋划相关活动。谋划之余，去了元谋周边的乡村随处转转，了解村落的现状。在两天的时间里，我自由地看了十几个村庄。然而，我的心情从远眺村落景观时的享受和兴奋转变为进入村落、进入村民住家后的失落和无奈，我深切地感受到乡村文化遗产保护任重而道远，此后我便开始关注和思考乡村文化遗产保护的相关问题。

2005 年 5 月，纪念元谋人发现 40 周年的活动如期举行。活动中，我有机会与时任云南省委副书记的丹增同志就乡村文化遗产保护的问题进行了长时间的交流。我建议云南省率先在全省做一次普查，对现存比较好的村落进行分类分级，再选择一些不同类型的村落作为试点，进行详细的调查研究，并提出保护和可持续发展的路径。这一想法得到了丹增副书记的认可。之后，丹增副书记的秘书通过传真与我有过多次联系，我们开始筹划项目的框架。可惜项目组织机构成立之际，丹增副书记的工作发生了变化，由云南转往北京担任中国文联的副主席。我希望在云南开展的乡村工作就此中断。

当我正为寻找调查研究乡村的组织发愁时，转机来了。2006 年初冬，我和北京大学的孙华教授由云南转道贵州，一来是与多年不见的学弟和好友王红光会面，二来也想对贵州的文化遗产做些了解。红光时任贵州省文物考古研究所所长，孙华教授是著名的城市考古学家，我们的三人行自然就从考古遗址开始了。旅途中，我有意将话题引向乡村，希望他们的目光能够从几千年、几万年前的遗存转向当下的乡村。我征询孙华教授是否能够以城市考古的方法对乡村进行调查研究，并诠释乡村形成和发展的历史轨迹。记得我们三人在黎平的肇兴侗寨达成共识，决定尽快在贵州展开村落文化遗产的调查、研究和保护工作。2007年新春伊始，在贵州省文物局、贵州省文物考古研究所的协调下，由联合国教科文组织亚太世界遗产培训与研究中心、文化部民族民间文艺发展研究中心、北京大学文化遗产研究中心、同济大学建筑与城市规划学院及贵州师范大学等机构组成的调研团队分别在贵州各地展开工作。

其间，经过多次研讨，我首次提出了"村落文化景观"的概念，将其作为认知乡村文化的一种新的方法，并得到了大家的认可。2008年10月25日至28日，由联合国教科文组织、国家文物局、贵州省文化厅、北京大学、同济大学共同举办的"中国贵州村落文化景观保护与可持续发展国际学术研讨会"在贵阳召开，来自法国、英国、意大利、加拿大、澳大利亚、日本和中国大陆以及中国香港、中国台湾等国家和地区的专家学者80余人出席了会议，并通过了"关于村落文化景观保护与发展的建议"（简称"贵阳建议"）。

为什么用一个世界文化遗产中的新概念来研究乡村文化遗产呢？自从我关注乡村文化遗产以来就特别关注生活在乡村中的人，我发现当时学术界使用比较多的是"古村落""古建筑群（全国重点文物保护单位）""民族古寨"及"乡土建筑"等概念。可是，对于乡村研究而言，这些概念过多地强调了物质层面的内容，没有考虑到人和环境，更没有考虑到社区的发展，很难全面反映乡村遗产的丰富内涵。

2005年，我受邀参加在日本东京文化财研究所召开的"文化景观国际学术研讨会"，并在大会上发言，借此机会我对文化景观进行了一次比较集中的梳理和思考。文化景观重视人与自然、重视整体保护、重视延续和发展的方法论给了我很大的启发。我在思考乡村文化遗产保护的时候开始积极应用这些理念，并针对乡村提出了村落文化景观的概念。2006年初冬，罗哲文先生介绍中国古村落保护与发展委员会秘书长张安蒙女士和中国国土经济学会柳忠勤秘书长来到联合国教科文组织驻华代表处，我们一同商议在全国评选古村落的事宜。讨论过程中，我提议不使用"古村落"的概念，而是改用"村落文化景观"的名义来评选。当时罗老已经八十有二，我原以为非常难以沟通的概念问题，没有想到很快就得到了罗老的理解和认可，罗老还特地为中国景观村落的评选手书了评选原则。今天，这项评选工作已经举办了七届。

　　文化景观作为世界文化遗产中增长最快的类型，近10年来虽然得到了社会各界尤其是学术界逐步的认可，但由于文化景观本身是来自文化地理学的概念，《实施世界遗产公约操作指南》中将文化景观划分为三种类型，而第一种类型的范围非常宽泛，即使是学者、专家也难以鉴别其边界。因此，文化景观作为文化遗产的一种类型，很多时候难以明确其范围。但是，鉴于对村落文化遗产还没有一个妥切的概念，加上文化景观在保护的同时关注可持续发展的理念非常适合乡村，所以我觉得在研究乡村文化遗产时采用"村落文化景观"的概念还是合适的。乡村之所以叫乡村，是因为它是和土地、山川联系在一起的，没有土地、没有农业、没有生产的支撑就形不成村落，至少不是原来意义上的村落。同时，传统意义上的村落也不仅仅是指其建筑，更多的是指在这一地域中生活着的人群、存在的文化和习俗，所以它是有灵魂的，因此我更愿意用"村落文化景观"的概念表述。至于村落文化景观的定义及保护方法，"贵阳建议"中有比较准确的诠释，这里就不再赘述了。

　　2008年的贵州会议之后，在相当长的一段时间里，我觉得贵州开展的村落文化景观保护与可持续发展的愿景实现在望。我们不仅与同济大学、北京大学、贵州师范大学、文化部民族民间文艺发展中心、中国本土营造工作室、中国西部文化生态工作室等国内大学和学术研究机构有合作，与联合国教科文组织亚太世界遗产培训与研究中心、全球遗产基金会等国际组织也在进行协作，还有贵州省文物局、各地各级政府的支持，更有雷山县控拜村、黎平县地扪村和堂安村、榕江县大利村、荔波县水利村、剑河县展留村等工作基地，再加上我们有了"贵阳建议"作理论指导，前景似乎一片光明。然而，乡村文化的保护与复兴、乡村的可持续发展不可能一蹴而就，它是一个综合的、长期的工程，我们的愿景显然没有那么容易实现。当然，所有的努力还是产生了积极的效果，我们也看到了希望，相信经过各方面坚持不懈的努力，在村落文化景观得到保护的同时，同样可以找到每个村落不同的可持续发展的路径。

　　在2012年以前，关注乡村文化遗产的人应该说还不多，从事这方面工作的人还常常会觉得势单力薄。近年来，政府开始关注乡村，关注传统文化，正可谓"形势比人强"，传统村落保护、乡村复兴突然成了显学，举国上下各行各业似乎都在奔赴乡村。正值城市建设到了稳步发展阶段，大量的规划师、建筑师也进入乡村，甚至发出了"建筑师的春天在乡村"的呼声。可是，世界上有多少村寨是由规划师或建筑师设计而成的？乡村成为旅游目的地以来，在乡村建民宿成为一种时髦，而且被认为是乡村致富最快捷的方法，各界也在追随。许多人认为乡村旅游是乡村发展的唯一途径，甚至形成了一种思潮，并被很多的地方政府所接受。

2015 年我到复旦大学当了老师，教学之余，我把主要的精力放在了对乡村遗产的调查和研究上。其间，我们承担了全国重点文物保护单位贵州石阡楼上村的保护规划的编制，也为住建部制定《中国传统村落管理办法》进行了前期调研和该办法的起草。虽然现场调查和研究过程中"文化景观理论"依然是我们主要的方法，但是由于"村落文化景观"这个概念过于学术，不仅村民、县乡管理干部不容易理解，即使面对学者，很多时候也需要解释。与地扪人文生态博物馆任和昕馆长等学者交流和沟通后，我们又回归到被社会广泛使用的"乡村"的概念。考虑到乡村不仅承载了丰富多样的人文资源，其自然资源也是文化的重要载体，所以自 2018 年我们团队开始统一使用"乡村遗产"的概念，它涵盖了古村落、民族村寨、乡土建筑、历史文化名村、村落文化景观、传统村落等概念。

那么，我们保护乡村遗产，保护乡村文化，本质上到底是为了什么？难道仅仅是为了满足旅游者或外来者的需求吗？难道乡村文化的保护只有旅游一条路可以走吗？李克强总理曾说："保护文物实际上也是在推动文化事业的发展，来滋润道德的力量。"这其实讲到了文化遗产的本质问题。文化遗产的保护是由人类对物质和道德的需求共同决定的，而不仅仅是它作为旅游资源而具有的外在价值。为什么要保护乡村遗产，为谁保护，谁来保护，保护什么，这是我们现在面临的难题。

如果保护乡村遗产仅仅是为了其创造者和传承者，那么我们的出发点和保护路径就会与为了外来者完全不同，包括村落本身，我们绝对不能把它定格在某一个历史时期，然后力图恢复某一个时期的面貌。乡村是经过长时间的发展而形成的，而非由设计师设计出来的，就像人的面貌会随着时间而改变一样，乡村每天也都在改变。人类在自然环境中生存，人的生活、劳作、风俗人情、信仰等都会随着岁月而改变，好比年轮一样，是一个持续发展和变化的过程。

乡村遗产是活态的文化遗产，所以我们要保护的是一个历史过程，而不是一个断面，不能把活的过程切掉变成死的断面。在保护乡村时不能让它停滞在某一个时期，而是要让其遗产价值在得到提升的同时也让社区得到发展，让当地人得到实惠，这才是最根本的目标。这一目标不可能是一蹴而就能达成的，而是需要更多的时间来落实。现在把民居改造成民宿或者酒吧让外来人体验是一种利用的方法，但是可供利用的民居毕竟是少数，获益者也是少数，其他大量的民居、大多数村民的利益怎么解决？

我始终以为，人是文化遗产保护中的灵魂。也就是说，在乡村遗产的构成中当地村民是最为重要的因素，他们是乡村文化发展的动力和源泉，只有涵盖村民而进行的文化遗产保护才是有价值、可实施的。乡村的可持续性发展需以综合协同的观点，以人为核心去探索可持续发展的本源和演化规律，以便建立有序的人与环境、人与人关系的和谐统一。对于乡村遗产的保护，我认为有两个方面要重视：一方面，要形成一个基本的保护理念和原则，在尊重人文环境的前提下确立保护的方向。例如，中国传统乡村建筑大多以土木结构为主，我们应该保护乡村的整体风格还是要保护建筑形制甚至是材料呢？我们必须认清哪些需要重点保护，哪些是可以放弃的。另一方面，根据中国乡村的特点和地域性，逐步建立一套适宜的保护方法，其中应包括长期目标、短期目标和应急机制。这些都需要经验的积累。中国地域辽阔，自然环境差异大，需从具体实践中总结出一套符合中国实际情况的保护方法。

随着时代的发展，乡村的变化是必然的、常态的，这个过程也正是乡村遗产活力和生命力的表现。乡村遗产与人类活动密切相关，对变化中的人与自然进行合理的规划、保护和管理是文化遗产工作者和政府管理部门的重要课题。特别是现阶段中国城市化正在迅速推进中，乡村遗产的保护与管理会遇到许多意想不到的新挑战。所以，如何提高我们解决问题的能力，找到恰当的解决办法，并建立一套行之有效的应对机制，是对我们这代人的严峻考验。

重新认知乡村遗产

当下，中国的乡村越来越受到瞩目，而在文化遗产领域，乡村遗产保护工作已经有了质的飞跃。20 世纪 80 年代以来的民间倡议和学界争鸣在主流的文物保护视域之外培育了人们对乡土文化的关怀。进入 21 世纪后，乡村中以民居、古建筑群和乡土建筑为名的文物保护单位逐渐多了起来，非物质文化遗产名录里收入了大量流传于乡间的传统文化，历史文化名村和传统村落等乡村遗产保护体系的持续构建打开了人们的视野。可以说，从民间倡议到政府主导实践，从对文物单体的重视到对乡村整体的关注，从静态保护到与当地经济社会发展相结合，中国乡村遗产的保护、利用和发展在制度法规、理念技术、对象范围和实践广度上都有了相应的突破和完善。

中国乡村遗产保护工作的推进恰恰和当下正在经历的历史与社会变革紧密相连。中国大地上关于乡村的各类实践及其存续的传统远比人们在日常生活中所接触到的丰富和富有张力，这也决定了乡村问题的复杂性和长期性。在这一进程中，乡村遗产保护的学理性支撑来自哪里？其所体现的遗产保护观念如何有效地在乡村拓展并得到普遍认可？如何摆脱现有乡村遗产保护体系所遭遇的现实困境？在我们看来，遗产命题之下的乡村研究不是太多，而是太少；表面上看起来热闹，实际上关注的人并不多。在城市生活日益成为主流的今天，如果没有国家政策和资金的支持，乡村似乎退无可退。这也是上述问题从根源上迟迟得不到解决的重要原因。所以在当下，不管是在研究还是在实践当中，核心的任务之一仍在于重新认知乡村遗产。这既是对现有乡村遗产保护体系和遗产保护理念的主动回应，也是立足当下和未来，从更多元的角度去自觉探索它的价值及社会历史影响。

农耕文明的兴盛催生了数以万计的乡村聚落，自然和文化的双重约束在时间之力下塑造了它们的景观形态和社会关系。中国的乡村不是单纯地存在于某个时代，它具有历史的延续性。重新认知乡村遗产不是以一种"追忆"或"猎奇"的心态去过度美化和异化乡村，它首先是以价值为导向的活动。

在遗产保护领域，价值认定是保护的前提，人们一直在试图寻找一些可以达成最广泛共识的、相对客观的遗产内在价值，以便共同承认、尊重和守护。国际上，文化遗产的内在价值通常被理解为历史、审美和科学价值，在我国则表现为历史、科学和艺术价值。这种脱胎于欧洲纪念性古迹和遗址的价值认定体系在遗产类型拓展和地方传统回归的过程中面临着不同地区和人群的挑战。重新认知乡村遗产，需要暂时跳出惯常使用的价值体系，因为在人们对乡村遗产研究尚不充分的情况下，"对号入座"往往会导致忽略乡村遗产的特殊性和多元性。

乡村遗产不限于建筑和景观等物质形态，某种耕作习惯或起居方式也可以作为遗产被解读，其蕴含的是存在于乡间的生产知识和生活智慧；一首传颂于乡间的民谣早已找不到作者，时间已经模糊，铸成的集体记忆还在延续；一种在生活中被传承的颜色偏好、一种被珍视的信仰、一项技艺、一种社群组织方式，同样可以在价值研究的基础上成为乡村遗产，并被保护和利用。价值研究是乡村遗产保护中最为困难的一部分，不仅因为它涉及的领域广、学科多，还因为它需要面对不同价值取向所带来的争端，正如实践中保护与发展的矛盾始终存在一样。尤其是一些不当的利益诉求和行为出现时，更要注意审视背后的价值理念支撑，发现在实践过程中产生的问题，寻求妥善解决的办法。

重新认知乡村遗产，本质上是对乡村遗产价值的阐释与传承，同时离不开对乡村遗产基本特征的把握。乡村遗产可以被认为是乡村地区实际或潜在的自然与文化、物质与非物质资源的集合，这些资源通常与由地方传统所构成的持久关系网络有关，具有很强的实践性和经验性。乡村遗产是一项综合性的资源，它既和当代的遗产资源活化利用相关，也有传承给后代的潜在价值，存在于本土和外界的共同视域之下。

理解乡村遗产除了按照一般的自然与文化、物质与非物质等标准进行要素区分之外，还可以通过不同的理论和方法对地方传统进行观察、分析与体验，使得围绕人和遗产展开的关系网络得以显现，从而形成对乡村遗产的整体认识。当前对于乡村遗产的认知存在过度"物化"和单一化的倾向，我们认为，人与自然、人与人、人与物、人与社会之间的关系才是乡村遗产永恒的主题。那些由生活与生产、世俗与信仰、经济活动与社会地位等构筑起来的具体关系，虽然产生的时间长短和稳定程度不同，但都影响了乡村遗产的保护和传承，在这个过程中需要找到遗产发展的规律。

需要强调的是，乡村遗产首先是由当地人创造的，其次才由外来者认知。这种创造不可能是完全封闭的产物，并且仍在变化。在生产生活实践中继承发展，既是它的特征，也是它的意义所在。很多人都已经意识到，一味地将乡村遗产"博物馆化"，其实是在缘木求鱼。乡村遗产的维持方式具有很强的经验性，在熟悉的环境中代代相传，内化成当地人的知识、规范、记忆与信仰，并通过土地利用、居住饮食、婚丧嫁娶、志谱编修、节庆祭祀等活动表现出来，在代际传承中巩固与重构。相较于历史、艺术、科学等价值，在某些情况下我们更倾向于认为，知识、智慧、哲理等价值是乡村遗产的本质内涵，而这一切最终都需要回到人本身。

作为一个活态的综合体，乡村遗产所具有的综合性、系统性、实践性和经验性等是区别于其他遗产类型的重要特征，应该成为价值研究和具体保护利用过程中的重要参考依据。经历了工业化和城市化的变革之后，许多国家和地区的传统乡村社会已经消失。乡村与城市的关系本身是一个历史事实和客观问题，构筑在地方传统关系网络之上的乡村遗产同样不能离开城市去理解。尤其是在中国，乡村之所以被亿万人关注，除了事关全面现代化的实现，更与很多人的切身经验相关，其中既有乡愁，也包含着对我国悠久多元的历史传统和广袤缤纷的国土景观的身份认同与归属向往。无须回避的是，任何传承物在每一个新的时代都会面临新的问题和具有新的意义，有赖于人们重新加以理解和阐释。当乡村遗产通过不断更新来表现自己时，某些文化现象会过时和发生变化，但其中的精神内核是可以创造性继承的。

当今遗产保护的公众化趋势表明，遗产不再是少数人的认知。历史文化名村和传统村落的数量毕竟有限，包括相关的文物保护单位，大多是根据一定的标准自上而下、由外向内进行评选的，但是中国乡村遗产的类型和丰富程度远不止于此。要使遗产价值得到实践转化，使得具备遗产内涵的乡村生活得到延续，重新认知乡村遗产就需要成为全民、全社会共同的事业。在这个过程中，我们当然不是要以某一种遗产价值认知体系"包打天下"，但是可以在较广的范围内达成共识，在现有制度体系的基础上不断摸索，从而形成对乡村遗产保护的合力。

（本文合作载于 2019 年 1 月 4 日《中国文物报》，此处有修改）

情境视角下的乡村遗产价值阐释

随着对乡村遗产价值认知的不断丰富和发展，与遗产相关的人及人的行动、人与遗产的关系得到越来越多的关注。若以人为中心和出发点进行观察，我们不妨将其作为一个整体的"情境"加以思考。"情境"可理解为在一定时间内各种要素相结合的境况，它既可作为人类活动的背景，又可作为施加导向的途径。在考古学领域，伊恩·霍德于20世纪80年代提出"情境考古学"理论。一方面，客体同时存在于多个相关的尺度中，这些围绕客体变化的相关尺度的总和可以定义为客体的情境，一个关联和对比丰富的信息网络可以用于建立意义的阐释；另一方面，情境不仅会随着特定的器物及被考量的尺度而发生变化，也会随着操作的意图而发生变化，考古学的阐释不仅在研究对象的社会情境下进行，也不可避免地在研究者自身的社会情境下进行。

我们可将"遗产情境"视为在一定时空场点下涵盖了与遗产相关的自然与人文、物质与非物质等要素及要素间关系的集合圈，这构成了人在其间的行为与情感活动发生的背景网络。这类似于徐坚先生提出的影响阐释的三个情境中的前两者，即物质性情境和空间性情境，而其间"人"的角色的不同则对应着不同的阐释情境。乡村遗产因其多元性与特殊性，可视为一个立体而动态的"遗产情境"，若以发展的眼光看待，乡村遗产情境中的人作为主体对象，对当下情境内的一切其他要素均具有一定的能动作用。这将乡村遗产推至一个绝对的运动状态，使我们得以重新审视其价值的建构与发展的规律。

2018年夏，复旦大学国土与文化资源研究中心的乡村遗产调查团队行至山西平遥县的木瓜村，我们见到了一位名叫孔繁玉的七旬老人和他坚持书写6年、仅靠回忆记录下的长达8万余字的村落历史——《木瓜村的故事》。书中在介绍村落组成时有这样一段话："木瓜村有五堡、两湾、一条街，五庙、一社、一祠堂。如观音寺人们一直叫大庙，现在看来是新式的二层洋楼，可年龄稍大点的人都叫它大庙。永远消失不了，根深蒂固。且每当死了人便去大门旁烧见阎王纸，如此年年流传怎会忘掉呢?"可见，在村落中，古老的建筑未必比约定俗成的习惯存在得更为长久，在建筑主体已经损坏、消失后，它所承载的价值仍然在变相延续，延续的方式及延续的时间是由它的使用者、也就是村民决定的。那我们该如何看待村民在乡村遗产保护中的作用呢? 在遗产情境中体现为以人为载体的无形价值又是如何产生及发展的?

正如一位经验丰富的手工匠人不仅谙熟工艺的每一个步骤与操作，更能在制作过程中随机应变，将自己的智慧与经验融入其中。乡间的老农望草木而知晴雨、学新法以修旧屋，在建筑损毁后仍能将其承载的习俗进行人为延续，人的精神与行为正是贯穿村落之中各要素的主线。乡村遗产的资源与价值均可分为物质和非物质两部分，除沿袭祖辈的传统建筑、历史遗存、民俗技艺等之外，人在遗产情境内产生的情感体验、价值体验及根据这些体验而做出的反馈构成了乡村遗产重要的非物质价值，这部分价值可以衍生为人类的生存智慧、生活哲学、人地关系、文化多样性。

在情境的视角下，遗产的价值呈现一种动态的发展过程。乡村遗产存在时间上的延续性，且生活于其中的村民具有一定的能动作用，自村落诞生后，代代相传的过程正是每一代村民在各自的时空场点和遗产情境下对传承自上一代的遗产价值进行阐释与再创造的过程。村落人口的更替、村民意识的转变、遗产创造者的死亡导致了部分遗产价值的流失，而新的遗产承载者在自身情境内的体验和反馈又对遗产的价值进行了增补。对于历史建筑来说，每一次的修缮维护都是在前一时期的基础上进行的，而不是在初始的建筑物上进行的；对于非物质遗产来说，每一次师徒传授的过程都是将师父的部分经验和智慧传授给徒弟，从而增补了徒弟的体验和反馈，代代相传，皆是如此。这些都是遗产情境及遗产价值动态发展的表现。

随着时间的推移，处于遗产情境中的人、对人产生影响的社会观念和文化背景都在发生变化，人们对遗产的认知方式、反馈方式也在变化，自身的发展与外界的干预使得乡村遗产无法保持静止恒定的价值，而时刻立足于前一时期，处于永不停歇的动态更新之中。

乡村遗产的情境不是闭塞的，其价值的传递也不仅限于村落内部。对于一个开放的遗产情境来说，"人"既可以指遗产的创造者，也可以指遗产的观察者和体验者，分别对应不同的阐释情境。村民在遗产情境内得到体验并有能力反作用于它，体现为建筑的修缮、民俗的流变、传统工艺的改进等。而遗产的研究人员和游客群体则属于后一种，他们基于各自不同的经历和情感状态形成对遗产的理解，并且上升到文化自信、文化认同、情感共鸣、美的欣赏等层面，这也成为遗产价值的一部分，但对遗产本身没有那么大的反作用力。研究人员作为观察者中的特例，可以将结合个人体验和理解的遗产价值传达给非专业的受众，形成了一部分价值传递过程中的创造能力。

从情境的视角看待乡村遗产，意味着通过对情境要素进行干预可影响遗产价值的输出，以此实现遗产保护和展示利用的既定目标。"遗产情境"和"教学情境"一样，都可视为一种微观的社会情境，可通过氛围的创设达到教育和引导的作用，为公众提供新颖、深刻的价值体验。但功利性的负面干预同样会导致负面的结果。每一个看似独立的遗产情境都作为开放的循环系统，不可避免地缠动在时代的齿轮中，在主动与被动的作用力下探寻着来路与去处。

（本文合作载于 2019 年 5 月 31 日《中国文物报》，此处有修改）

村落文化景观的保护与可持续发展

众所周知，文化和自然遗产是全人类的共同财富，记录着人类文明发展的足迹，在此基础上，人们得以跨越国界沟通和对话。任何文化或自然遗产的破坏和丢失都将对全世界遗产的保护和文明的进程产生不良影响。为此，联合国教科文组织于 1972 年制定了《保护世界文化和自然遗产公约》，通过保存和维护世界遗产以及建议有关国家订立必要的国际公约来维护、增进和传播知识，同时明确提出整个国际社会有责任通过提供集体性援助来参与保护具有突出普遍价值的文化和自然遗产。

在属于人类共有的资源面前，代际公平应该是一个国家、一个民族在社会发展过程中的重要准则。一个民族、一个国家所拥有的自然和文化遗产并不仅仅属于某一代人，祖先留给我们的遗产，我们有责任和义务传承给下一代，下一代也有权利共享祖先留给后代的文化遗产。我们应该为下一代留下什么？我们的后代将如何评价我们的所为？我们是文化遗产的捍卫者、是负责任的一代，还是任意践踏和破坏文化遗产的、不负责任的一代？同时，代际公平又坚持可持续发展的重要原则。因此，联合国教科文组织在 1972 年发布的《关于在国家一级保护文化和自然遗产的建议》中明确指出，我们"有责任保护这一部分人类遗产并确保将它传给后代"。《保护世界文化和自然遗产公约》第四条规定，缔约国承认，保证本国领土内的文化和自然遗产的确定、保护、保存、展出和传与后代，主要是国家的责任。

一、可持续发展理念的建立

"可持续发展"是 20 世纪 80 年代随着人们对全球环境与发展问题的广泛

讨论而提出的一个概念，是人们对传统发展模式进行长期深刻反思的结果。1987 年，巴比尔（Barbier）等发表了一系列有关经济、环境等领域可持续发展的文章，引起了国际社会的关注。同年，布伦特兰夫人（Ms. Gro Harlem Brundtland）在世界环境与发展委员会的报告《我们共同的未来》中正式提出了"可持续发展"的概念，标志着可持续发展理论的产生。可持续发展理论研究的重点是人类社会在追求经济增长的同时，如何适应并满足生态环境的承载能力，以及实现人口、环境、生态、资源与经济的协调发展。其后，这一理论被不断地充实完善，形成了自己的研究内容和研究途径。1992 年，在巴西里约热内卢召开的联合国环境和发展大会（UNCED）上，把可持续发展确立为人类迈向 21 世纪的共同发展战略，这是人类历史上第一次将可持续发展战略由概念落实为全球的行动。数年来，可持续发展理论的建立与完善主要沿着经济学、社会学和生态学三个方向揭示其内涵和实质。与此同时，可持续发展的研究还涉及自然环境的加速变化、自然环境的社会效益、自然环境的人文痕迹等，力图把当代与后代、区域与全球、空间与时间、结构与功能等各方面作为统一体来看待和研究。

过去的数十年中，亚太地区的国家经历了前所未有的繁荣。然而，经济的迅速发展也让我们的国家在遗产资源方面付出了沉重的代价，极大地消耗了地区的环境资源和文化资源。在认识到地区经济的发展不能再以粗放的资源利用为基础之后，人们开始将注意力转移到资源的可持续性及公众参与和许可的议题。整个亚太地区已经逐渐认识到文化遗产保护不必局限于有限的国际旅游胜地。文化遗产保护成为各国普遍关注的问题，是可持续发展的一部分，并以此形成了各个国家和地区独特的文化及历史传统。因此，社会文化特性的保护成为所有关心人类发展的人们迫切关注的问题。联合国教科文组织坚决承诺，确保所有的社区继续过上高质量的生活，而不以牺牲有别于其他地方的传统特征以及人们居住的家园为代价。

最近的十几年中，几乎在所有的领域、所有的学科，都有一股全球化的浪潮。全球化作为一种涉及范围极广的力量，很难轻易加以分析，它包含着文化的输出和输入，其速度和密度近年来都达到了前所未有的水平。一般来说，对全球化的理解最深刻的是经济领域。综观当今世界，我们就会发现有一股强大的力量推动着经济的集团化和集约化，促进着经济的一体化。但是经济和市场的全球化必然带来文化传播的全球化。各种文化得到空前交流的同时，全球化的力量也正在同化着世界各地的本土文化。在经济全球一体化的同时，如何防止文化的全球一体化，对我们来说是一个严峻的课题。文化的全球化具有两面性：一方面，它能促进文化的发展，带来新的机遇；另一方面，它也具有极其强大的破坏力。特别是与强势文化相比，处于弱势的地方文化如果没有自觉的保护和发展意识，就会在文化趋同的洪流中失去独特性、丧失竞争力。我们可以深切地感受到，全球化不仅成为一种趋势，而且是一个非常现实的过程，这一过程正在深入发展，并影响着整个世界的经济和文化格局，不同地区、不同民族的传统文化也面临着更多的挑战和生存压力。

城市和村镇是人类文明发展的集中体现，是居民之间集会和交流的产物，是公民文化特性的象征。城镇是昔日文化、经济和社会的见证，更是创造未来的灵感源泉。受全球化浪潮的影响，中国城镇化的发展以前所未有的速度在推进，与此同时，中国乡村的发展模式和文化环境也受到了外来文化的巨大冲击。有人提出，保护传统村落是当前文化抢救的重中之重，这将传统村落的保护提高到了一个相当重要的位置上。但是，怎样才能让传统的村落文化景观在新时代的变化中焕发活力？如何制定一套既符合现实状况、可操作性强，又具有前瞻性和可持续性的传统村落保护方案？这是文化遗产保护工作者的重要任务。

二、村落文化景观保护的内涵与意义

如何认识村落文化景观的保护对于人类社会可持续发展所具有的意义呢？通过对村落文化景观内涵的研究，不难看到其对于整个社会平衡、和谐发展所做出的贡献，而平衡、和谐的社会对村落的可持续发展的作用也是不言而喻的。

那么，所谓的保护村落文化景观，要保护的对象是什么？又是为谁而保护呢？

人类对于文化遗产的认识有一个相当长的历史过程，从开始的艺术品、古董到建筑物、建筑群，再到现在的城镇、村落及无形文化遗产，逐步由对个体的关注发展到今天对整体乃至周边环境以及生活在其中的人的关注。文化遗产不仅成为专业领域探讨和研究的课题，而且走进了普通大众的生活，受到了社会前所未有的关注。在这种社会背景和氛围下，我们必须要考虑，什么是文化遗产的要素，什么真正决定着文化遗产的命运，怎样才能保持文化遗产在时代变迁中的生命力。

许多人都有一个困惑，那就是文化遗产对于当代人的生活有何价值和意义，为什么要保护它。其实，这些问题对于专业研究者来说同样十分重要。一般来讲，人们在文化遗产的保护中更多地关注那些可视的、具象的部分，而忽视了那些看不到摸不着的人文因素，但那些看不到的部分才是我们应该关注和重视的，因为它们才是文化遗产最具活力和生命力的因子。

关于乡村有很多提法，有古村落、民族村寨、乡土建筑，还有国家文物局在全国重点文物保护单位中使用的古建筑群，以及近年来的传统村落，但我觉得都没能把乡村完全涵盖了。乡村之所以叫乡村，是因为它是和土地、山川联系在一起的，没有土地、没有农业、没有生产的支撑就形不成村子，至少不是原来意义上的村落。同时，传统意义上的村落也不仅指建筑，它是有灵魂的，所以我愿意用"村落文化景观"这个概念。"文化景观"的概念来自美国文化地理学学者索尔（Sauer），其定义是人与自然互相作用的结果，文化是动因，自然物是媒介，文化景观是结果。这个概念对于我们理解村落有很大的帮助。看待任何一种文化遗产，包括村落，我们绝对不能把它定格在某一个历史时期，企图恢复过去某一个阶段的面貌。村落是经过岁月的流逝逐渐发展形成的，不是靠设计师设计出来的。就像人的面貌会随着时间改变一样，村落也在发生改变。

日本的学者作了一个图来阐释文化景观的概念：人类在自然环境中生存，人的生活和劳作、风俗人情、信仰等会随着岁月而改变，就像年轮一样，是一个持续发展的过程。村落文化景观是活态的文化遗产，我们要保护的一定是一个历史的过程，而不是一个断面，不能把活的过程切掉变成死的断面。保护文化遗产的目的并不是让这个地区停滞在某一个时期，而是要让其遗产价值得到提升的同时社区也得到发展，使得当地人得到实惠，这才是最根本的目标。

所以，"文化景观"的概念也是把文化遗产作为一个地理区域来看待，它不仅包括文化和自然资源以及其中的生物，还包括与其相关的历史事件、活动、人物或以其他方式展示出的文化和美学价值。这种人文景观的独特性，除了其建筑等可视化的部分外，更多地体现在当地的风土人情，包括当地的语言、衣着和生活习惯等诸多方面，如已成为世界遗产的澳门城区、丽江古城、平遥古城及西递、宏村等都是属于这一范畴的。但是由于种种原因，这些独具特色的、无形的人文要素在很多情况下被忽视了，或者只是形式化（如仅具有商业目的的表演和服务）地保留下来，而脱离了实际生活的意义。

三、时代变迁中的村落遗产保护

遗产保护是世界性问题，即使许多文化遗产保护做得比较成功的国家也在持续探索。例如，日本采用国家与地方立法相结合的方式进行文化遗产保护。在日本，中央政府负责的往往只是确定全国历史文化遗产最重要的部分，而更广大的地区则由地方政府通过地方立法确立保护。以日本著名的1966年《古都保护法》为例，其保护的对象限定为京都市、奈良市、镰仓市及奈良县的天理市、樱井市、檀原市、班町和明日香村，京都市的非历史风土保存区域则不受《古都保护法》的保护，由京都市地方政府另行制定的法规如《京都风貌地区条例》进行补充保护。同样，其他城市的类似地区通过自己制定的《历史环境保护条例》《传统美观保存条例》等进行立法保护。这些保护地区的名称、范围、保护方法、资金来源等都由地方政府自行制定的地方性法规予以确定。日本《文物保护法》中传统建造物群保存地区的情况也是如此，地方政府可以自己设立传统建造物群保存地区，制定保护条例、编制保护规划，国家在此基础上选择重要地区，作为重要传统建造物群保存地区，并纳入中央政府的保护范畴。不仅如此，日本还投入了大量的财力和物力对文化遗产进行保护。但是，许多传统的村落文化景观仍然面临着巨大的危机。

中国5000年的历史可以说是一部农业文明史，至今全国人口的约40%仍然是农村人口。村落文化景观在中国文化遗产中占有重要的位置，但是在城市化的进程中，它所面临的巨大危机是显而易见的。中国的传统文化受农耕文化影响很大，村落文化景观的形成也是如此。农耕文化发展了农业，为村落文化发展奠定了经济基础，带动了农村文化的发展，同时，原始村落中的风俗、道德、宗教等观念也对村落文化景观产生了重要影响。其基本精神和历史个性在很大程度上受到了宗族观念的影响，表现为以"仁"为核心，并提出了忠、孝等一系列道德规范体系。有人说，地缘是血缘的投影。中国古代村落主要是以血缘关系为纽带、以宗族制为基础形成的，因此许多村落从起源到布局均表现出较强的宗族性。新石器时代半坡村的房屋排列为由周围46个小房子环绕着中心的大屋，就是这种宗族性的早期表现。宗族的核心表现是宗祠，在人们的日常生活中有着重要作用。许多村镇的建筑均以宗祠为物质中心和心理中心展开布局，形成聚合状的村落组团空间，如皖南黟县西递村的中心祠堂。许多村落中心均设有祠堂、戏台等公共活动场所，它们影响着周围民居的布局。安徽黟县的宏村、呈村、降村等，都是以村子中心的宗祠月塘或戏台为核心展开村落的布局。

然而，随着农村生产关系和经济规模的变化，人们的观念和生活方式也在发生变化，这些变化影响着一些现存建筑的功能，如宗祠、戏台及民居等原有格局的利用。这是我们在对传统村落文化景观的价值判定、保护取舍和方法选择中比较难以把握的部分。即使在世界其他地方，这也是一个比较大的问题。因为在文化遗产的保护中，还是要以人为本，从当地人的生活实际需要和将来的发展出发，制定出一套切实可行的方案。在一个地区的文化遗产保护中，要全面来看，不能仅从专业者的角度考虑。因为文化遗产的保护最终仍然要通过全社会的力量来实现，并要由大多数民众自觉自愿地来完成。这不仅适用于城市中的文化遗产保护，也适用于乡村文化遗产的保护。

四、以人为核心的可持续发展

我们所强调的可持续性发展，是要以综合协同的观点，以人为核心去探索可持续发展的本源和演化规律，建立有序的人与环境、人与人关系的和谐统一。1988年通过的《巴拉宪章》修正案中，明确反对把保护对象称为"古迹""遗址"，认为保护的根本目的是保护历史遗产的"文化意义"，而古迹、遗址只是实物遗存。遗产中的"文化意义",是指具有美学、历史、科学或社会价值的某种特殊的形态或印记。这种文化意义,在某种程度上来说,就是人类在不同历史时期留下的烙印,它也包括现今人在其中与之关联的生存状态和关系,因此具有人文价值的文化遗产才是有生命力的。西方在这方面有许多较好的案例。例如,欧洲就有不少传统的银行、邮局、法院、教堂、加油站、火车站、车间、羊毛仓库和面粉工厂等被重新利用,它们一边为业主带来收益,一边向公众讲述着过去的故事,解读这些遗址本身已经成为一个特殊的专业领域。

在当前许多文化遗产的保护中,人们很多时候忽略了人在遗产中的生存状态,把那些冷冰冰的实体放在了高于人类生命价值的位置之上,并由此制定了一些欠缺思考的遗产保护措施。例如,采用简单的搬迁方法,把居民迁出建筑区域,只留下了毫无生气的建筑物,这种文化遗产的保护方法是值得商榷和进一步探讨的。我们往往过多强调表象的、物质的一面,而忽视了贯穿其中的历史文脉和人文元素。这两者之间的关系正如肉体和灵魂,它们是一种相辅相成、缺一不可的组合。在有些场合,特别是建筑遗产中,我们总是提倡"整旧如旧",但是如果不去考虑与之相伴的生活群体,不考虑他们的生活方式和态度,不把人作为文化遗产保护中的一部分去做整体考虑,这样保护下来的文化遗产有什么意义呢?近几年,一些地方在进行旧城区的恢复改造时,甚至把前几年拆除的古建筑重新修建起来。这一方面反映出人们文化遗产保护意识的提高,但是另一方面也容易使人们对文化遗产保护产生简单化理解,以为对物质形态的恢复就是对文化的恢复。真正的对文化景观的保护其实就是保持一个地域的生活氛围和人文环境。

任何一项文化遗产均会被烙上不同时代的印记,它不可能只是一个点。文化遗产一般产生于某一个具体的时代,但是它们往往会在以后不同的时代被修缮或改造,与最原始的风格和形态相比有了变化。这些修改的部分有合理的,也有不合理的。但是,这些也都应该成为文化遗产的一部分而加以保护,以保证其历史的真实性和完整性。现在,有些地方在文物修复中过多强调了恢复文物遗存的最原始风貌,而把其后来时代变化中的部分忽略或擅自修改了。但是,恢复到什么样才算是历史的真实面貌?采用什么样的办法才能保存和反映出文化遗产整个过去的历史轨迹和风貌？这都需要我们在保持科学审慎的态度和反复论证的基础上再作出决定。这也就要求我们既要有明确的修复理念，也要有与之相匹配的技术技能。《巴拉宪章》提出的改动原则是变化越少越好，对待遗产的"改造再利用"要十分谨慎，因为小修改的长期积累会使遗产的文化意义不断丧失。

"青山遮不住，毕竟东流去。"在历史的发展过程中，有些东西注定是要消失的，它们的生命力、它们的存在与否是不由人的意志和情感决定的，文化遗产正是如此。在当前的文化遗产保护中，我们要保留什么、保护什么？特别是对于那些仍旧与普通大众息息相关的文化遗产和那些仍旧生活在文化遗产中的人们，我们更要注意合理处理人与遗产之间的关系。所以，在关注文化遗产自身的同时，我们应该始终坚持以人为本的原则，把人作为文化遗产保护中的重要组成部分加以考虑。唯有如此，文化遗产的保护才是有意义、有价值的，才会充满生机和活力。

我们若想使文化遗产保护与经济发展及城市现代化建设平衡发展、互相促进，必然会面临许多难题和挑战。令人欣慰的是，由于优秀的传统文化及其保护者的坚忍与力量，多数的传统文化在全球化的进程中得以幸存甚至弘扬，表现出了永恒的价值。我们应该相信，随着地区、国家及国际社会共同行动计划的实施，人类共同的文化遗产一定会得到保护和传承，并为人类未来的发展做出贡献。

（本文根据笔者《文化景观的理念和村落文化的遗产保护》和
《村落文化景观的变与不变》两篇发言稿整理）

理 念 篇

世界遗产的发展趋势

2010年7月25日，来自南非世界杯的热浪还没有平息，媒体又聚焦到在巴西利亚召开的第34届世界遗产大会，在国内我们就可以随时了解到世界遗产大会的每一项决定和花絮。回顾1987年12月11日，在第11届世界遗产委员会会议上，中国的故宫博物院、周口店北京人遗址、泰山、长城、秦始皇陵和敦煌莫高窟首次进入《世界遗产名录》时，媒体几乎没有任何报道，民众更不知世界遗产为何物。23年过去了，世界遗产在中国的境况已不可同日而语。世界遗产不仅成了媒体追逐的热门话题，普通民众也对此津津乐道。形势发展之迅速，让从事遗产保护工作的人有些始料不及。为了更好地了解世界遗产的概念，让我们先来回顾一下这一概念产生的历史背景。

一、历程

（一）背景

1959年，埃及和苏丹联合向联合国教科文组织请求协助保护努比亚遗址和有关文物。因为修建阿斯旺水坝，从阿布·辛拜勒至菲莱的努比亚遗迹将受到人工湖淹没的威胁。1960年3月8日，联合国教科文组织总干事比托里诺·维罗内塞（Mr. Vittorino Veronese）呼吁各国政府、组织、公共和私立的基金会及所有有美好愿望的个人为保护努比亚遗址提供技术和财政支持。保护努比亚遗址的行动从此展开，表明了联合国教科文组织在对待文化遗产方面有了全新的概念，打破了20世纪60年代之前人们普遍认为文化遗产属于各国内部事务，应由本国政府负起保护责任的观念。保护努比亚遗址工程从1962年开始，持续了 18 年。此项行动除取得了很大的技术成就外，也提供了一个激动人心的案例：成功地利用国际资源来保护文化遗产。在这项成功的行动的感召下，许多国家转向联合国教科文组织寻求国际社会的支持，来保护本国最为宝贵的遗址。因此，联合国教科文组织在国际古迹遗址理事会的协助下起草了一份关于保护文化遗产公约的草案。

《保护世界文化和自然遗产公约》源自两种不同保护趋势的结合：一是主要针对文化遗址的保存，二是强调了对自然环境的保护。公约诞生的另一个背景是经济发展和环境保护的矛盾白热化。工业化改变了人们的生产生活方式，由过去的克己俭朴、反对过多地消费资源变成高消费、超前消费。自 20 世纪 30 年代的经济大萧条，尤其是 50 年代以来，倡导高消费、超前消费所刺激的经济繁荣造就了五六十年代资本主义的又一黄金时期，但由此也带来了一系列环境问题，如生态环境破坏、污染及自然资源耗竭。特别在发展中国家，环境问题大多是由于发展不足和不适当造成的。出于此种考虑，人类对环境和资源的保护给予了越来越多的关注。

然而，如何进行国际的合作才能使人类共同采取行动保护珍贵的遗产，则需要拟定一些能够为各国普遍接受的准则，并建立规范的管理和保护机制。1964 年，针对纪念物和遗址保护与修复的《威尼斯宪章——国际古迹保护与修复宪章》（*Venice Charter – International Charter for the Conservation and Restoration of Monuments and Sites*），在 1931 年《雅典宪章》（*The Athens Charter for the Restoration of Historic Monuments*）的基础上明确了为子孙后代保护遗产，将它们真实而完整地传承下去是人类共同的职责，为 1972 年联合国教科文组织通过的《保护世界文化和自然遗产公约》奠定了理论和技术基础。把文化遗址与其周边自然环境结合在一起进行保护的构想最初是由美国提出的。1965 年在华盛顿举行的白宫会议呼吁建立一个"世界遗产信托基金"（World Heritage Trust），以促进为当代和未来的全人类而保护地球上杰出自然和风景名胜区及历史遗址而进行的国际合作，这是公开发出的官方关于文化和自然遗产密不可分的最早的声音之一。至此，由整个国际社会通过提供集体性援助来参与保护具有突出的普遍价值的文化和自然遗产的共识已经基本达成。同年，联合国教科文组织在巴黎召开了第一次政府间环境会议，议题是各国共同利用和保护地球生物圈，并制定了"人和生物圈计划"。1968 年，国际自然保护联盟也为其成员制定了类似的建议，并将此建议提交给了 1972 年在斯德哥尔摩召开的联合国人类环境大会，这份文件得到了参会成员的一致认可。

（二）公约的形成

1972 年，在瑞典斯德哥尔摩召开了联合国人类环境大会，包括联合国教科文组织、世界自然保护联盟、国际古迹遗址理事会在内的几个工作小组提出建议，形成了《保护世界文化和自然遗产公约》。联合国教科文组织大会于 1972 年 10 月 17 日至 11 月 21 日在巴黎举行第 17 届会议，原本只是想制定一项国际协议，以相互援助推动保护古迹和建筑物这类文化遗产的工作。后来由于形势有利和舆论推动，大会经过反复讨论，终于在 11 月 16 日通过了《保护世界文化和自然遗产公约》（*Convention Concerning the Protection of the World Cultural and Natural Heritage*）（以下简称《公约》）。11 月 23 日，会议主席和联合国教科文组织总干事在两份正式文本上签字。在《公约》形成过程中，大会其实有过很多的争论。争论点主要集中在世界遗产保护基金的资金来源，是由缔约国义务缴纳还是完全采取捐赠的方式？美国、德国和发展中国家均有不同的意见。

《公约》是联合国教科文组织所制定和实施的一项具有广泛意义和深远影响的国际准则和文件，其主要任务是确定世界的文化和自然遗产，以便国际社会将其作为人类的共同遗产加以保护。《公约》主要规定了文化遗产和自然遗产的定义、文化和自然遗产的国家保护和国际保护措施等条款。此外，也规定了各缔约国可自行确定本国领土内的文化和自然遗产，并向世界遗产委员会递交其遗产清单，由世界遗产大会审核和批准。凡是列为世界文化和自然遗产的地点，都由其所在国家依法严格予以保护。

（三）发展的四个阶段

《公约》于 1972 年形成，但直到 1975 年在拥有 20 个缔约国后才开始生效，发展到今天已经有 187 个缔约国。1977 年第一届世界遗产大会通过的《实施世界遗产公约操作指南》（*Operational Guidelines for the Implementation of the World Heritage Convention*），作为执行和实施条约不可欠缺的重要文件，当时只有28个条目，经过多次的修订，现在已扩展至290多项，并且增加了许多的附件。由此也可以看出，38年来人们对于世界遗产的认识是一个逐渐深入和变化的过程。我们暂且不过多地进行学理方面的推敲，可以将38年的世界遗产发展的历程大致分为一个准备期和三个发展阶段。

1. 准备期：1972—1977年

《公约》在1972年通过后，1975年9月17日缔约国达到了可以生效的20个国家，3个月后的12月17日《公约》开始正式生效。1976年11月，联合国教科文组织大会在内罗毕召开的同时，举行了第一次缔约国大会，并选举了由15个国家组成的世界遗产委员会。到1977年6—7月召开第一届世界遗产委员会会议时，缔约国已经增加到了40个国家，因此世界遗产委员会也随即增加为21个国家。世界遗产委员会是政府间组织，负责《保护世界文化和自然遗产公约》的实施。世界遗产委员会每年召开一次会议，主要决定哪些遗产可以列入《世界遗产名录》，并对已列入名录的世界遗产的保护工作进行监督指导。委员会内由7名成员构成世界遗产委员会主席团，主席团每年举行两次会议，筹备委员会的工作。

除了组织体系的建立之外，由于《公约》太过抽象，在联合国教科文组织事务局的组织下，专家委员会经过5年的辛勤工作，向第一届世界遗产大会提交了《实施世界遗产公约操作指南》（以下简称《操作指南》），并得到通过。世界遗产委员会对《操作指南》拥有解释和修改权。至此，世界遗产发展进入实践阶段的准备期。

2. 第一阶段：1978—1991年

从1978年在华盛顿召开的第二届世界遗产大会上，第一批12个遗产地进入《世界遗产名录》，到1991年的14年间，是公约缔约国和世界遗产名录数量稳步发展时期。截至1991年，缔约国共121个国家，名录中的遗产达358项。但是这一阶段也表现出比较明显的缺点。由于《操作指南》是在西欧的理念指导下形成的，虽然世界各地均有遗产地进入名录，但仅欧美就有163项，占了名录的46%，世界遗产的代表性和多样性的缺失逐渐显现。文化遗产与自然遗产的比例也有失平衡。358项世界遗产中，只有80项自然遗产，仅占名录的 22%。即使在文化遗产名录中，由于西欧观念的影响，所谓纪念碑式和建筑类遗产成为主流，遗址以及与人类生活相关的遗产没有得到足够的重视。在技术层面上，这一阶段对于如何鉴别遗产的真实性，东西方文化之间的认识存在着较大的差距，同时遗产保护和管理中关于缓冲地带的概念也不是十分的严密。

3. 第二阶段：1992—2006 年

1992—2006 年的 15 年是世界遗产发展过程中极为重要的一个时期，这个阶段产生了许多对世界遗产影响深远的新理念和新规则。

1992 年，第 16 届世界遗产大会在美国圣达菲召开，在遵从《公约》精神的基础上"文化景观"成为世界文化遗产一个新的类型，对世界遗产的发展来说具有里程碑式的意义。文化景观代表了《公约》第一条所表述的"人类与自然的共同作品"，世界遗产委员会在接受这一概念的同时也强调了文化与生物多样性之间的联系，使得文化景观成为土地可持续性利用的一种模式。同时，《公约》也成了第一个针对文化景观保护的国际法律武器。文化景观作为世界文化遗产的新类型，标志着世界遗产的重要转向，因此将 1992 年作为一个新阶段的开始也就无可非议了。

虽然早在 1977 年第一届世界遗产大会上就有缔约国提出要注意保持《世界遗产名录》在地域上和种类上的均衡，但名录的不平衡还是在世界遗产保护工作日益走上正轨的过程中逐渐暴露。不平衡包括了文化和自然遗产在数量上的不平衡、遗产地在地区分布和内容上的不平衡，以及缔约国保护能力的不平衡等方面。针对上述问题，世界遗产委员会于 1994 年提出了世界遗产的"全球战略"（Global Strategy），旨在建立一个更具代表性且相对均衡的《世界遗产目录》，使之能够充分体现世界上具有突出普遍价值的自然及文化的多元性。之后，2000 年在澳大利亚凯恩斯召开的第 24 届世界遗产大会上通过了《凯恩斯决议》，并于 2004 年在中国苏州召开的第 28 届世界遗产大会作了修订。在这些措施的作用下，世界遗产的保护和管理开始回归理性的思考。减少提名数量看似放慢了申报的节奏，但实际上却可以帮助人们摒除功利思想，进而冷静地看待遗产的保护问题。

1994 年 11 月，《奈良真实性文件》在泰国召开的第 18 届世界遗产大会上得到认可，并在《操作指南》中采用，它是该时期的又一重要事件。对于真实性的弹性解释为西欧以外的文化遗产，特别是土木建筑类型的文化遗产进入《世界遗产名录》打开了窗口。

20 世纪 90 年代是世界遗产保护迅速发展的时期，主要体现在世界遗产名录的不断增加，国际社会对世界遗产的倍加关注。遗产申报为遗产地带来了新的机会和可观的经济效益，也激发着遗产所在国的文化和历史自豪感。

4. 第三阶段：2007 年至今

将 2007 年作为一个新的阶段的开始，主要原因就是在第 31 届世界遗产大会上，阿曼的阿拉伯羚羊保护区被《世界遗产名录》除名。《世界遗产名录》从此改变了只增不减的状况，其保护、监控和管理终于迈出了新的一步。《世界遗产公约》实施 30 年来，其作为影响最广泛的国际公约之一，受到了国际社会和缔约国的重视。但是，世界遗产逐渐泛政治化的倾向也常常被遗产保护界所指责。虽然《公约》规定了对于保护不力的遗产地可以剔除出遗产名录，但由于来自各方面的压力，这一措施直到 2007 年才第一次落实。2009 年第 33 届世界遗产大会上，德国的德累斯顿易北河谷也被除名，显示了世界遗产委员会的决心，也彰显了政策的连续性。《世界遗产名录》采取除名的措施，并不是世界遗产委员会乐于看到的，然而这对于缔约国如何更好地履行和遵守《公约》具有显而易见的警示作用。

本阶段的其他特征将在下文中阐述。

二、发展趋势

在过去的 30 多年中，以西方文化背景为主体的世界遗产保护理念、方法逐渐形成并得到前所未有的发展。随着全球战略研究将人与环境、自然与文化之间的有机联系置于核心位置，文化遗产的价值观也发生了改变。人们开始更多地关注反映人与自然关系的、综合性的、活的文化景观，以及近代的和 20 世纪的文化遗产。遗产保护不仅成为一个专业领域探讨和研究的课题，而且走进了普通大众的生活，受到社会前所未有的关注。遗产的保护与管理已经成为社会公共管理系统的重要组成部分。通过考察近年来的世界遗产大会和各国的实践活动，我们不难看出世界遗产的策略走向和发展趋势。

（一）控制世界遗产名录总数的同时继续加强实施"全球战略"

如何控制世界遗产名录总数的无限增长，是世界遗产发展到第三阶段以后人们愈加关心的问题。世界遗产名录是否应该有上限也已经成为世界遗产界的话题。2004 年，第 28 届世界遗产大会通过了修订后的《凯恩斯决议》（又称为《凯恩斯—苏州决议》），2006 年世界遗产委员会将每年审议的提名数限定增加为 45 个（此前的《凯恩斯决议》为 30 个）。虽然提名数的限定有所增加，但是自 2005 年以来，每年进入世界遗产名录的数量均没有超过 27 项。特别是在2009 年第 33 届大会上，申报总数为 37 项，批准进入名录的仅 13 项，而 2010 年申报项目为 40 项，批准进入名录的仅为 21 项。这显示出世界遗产的审查更严格，控制总数的意图也非常明显。

除了对世界遗产名录在数量上进行控制外，近几年，世界遗产委员会对尚无世界遗产的缔约国给予了更多的重视，强调"全球战略"对于世界遗产均衡性的重要作用。2010 年的世界遗产大会，让五大洲均衡地拥有世界遗产、完善援助发展中国家的保护遗产机制成为核心议题，发展中国家得到了更多的重视。在新增的 21 项世界遗产中，发展中国家占了三分之二。

自然遗产和文化遗产的均衡依然是世界遗产申报和审议中的重要问题。自然遗产的申报继续得到鼓励，同时 2010 年新增遗产中自然遗产的比例也有所提高。新增的 21 项遗产中，自然遗产有 5 项，文化和自然混合遗产有 1 项。

（二）对于遗产地保护和管理的监控更加严格

20 世纪 90 年代以来，世界遗产委员会对遗产地的监管日渐加强，特别是1992 年设立的世界遗产中心，其职能逐步完善，对遗产地的监管起到了积极的作用。2007 年第一次出现被除名的遗产地，其意义在上文中已有表述，在此不再赘言。

（三）文化遗产的内涵和类型更趋丰富

文化遗产在 911 处世界遗产中占有 701 项（不包括 27 处混合遗产），其重要地位不言而喻。文化遗产类型的均衡问题自 20 世纪 90 年代初受到关注以来，其内涵和类型一直在发展和完善。1992 年，文化景观成为文化遗产的一种新的类型后，文化线路、工业遗产、近现代建筑等逐渐进入世界遗产的视野之中，成为新的趋势。

特别是文化景观类型的设立，标志着世界遗产的重要转向。近年来，文化景观在世界文化遗产中发展迅猛，至今已有近 70 处。文化景观反映的是人与自然的和谐关系，反映在独特的自然环境下产生的独特技术、生存方式。这种人与土地整体的有机联系在发展中国家大量存在，因此这一概念对于发展中国家的文化遗产具有更加重要的意义。文化景观是在人类社会的发展中产生的，它是人们依靠所生存的自然环境，按照自己的需要利用自然界所提供的材料，有意识地在自然景观之上创造的景观。由于不同集团的人具有不同的文化背景，所以其创造的文化景观各有明显的特征。文化景观既有空间上的变化，也有时间上的变化。空间上的差异反映的是各集团在景观塑造上各自的文化特点，时间上的差别则反映过去居住在该地区的文化集团的变迁和发展。文化景观随着历史的发展也体现着不同的时代特征，但它们彼此之间具有一定的承继性。文化景观整体动态的视野改变了世界遗产对价值的认知，为遗产保护和发展提供了全新的方法论，影响深远。

近年来，人们对遗产保护的认识发生着重大变化，从对单体文物的关注发展到对成片城镇和村落景观，以及包含独特历史文化资源的线性景观的整体考虑。同时，"文化线路"作为一个新的重要概念出现了。文化线路"可以被看作一种特殊的、动态的文化景观"，其非物质性比物质性更重要。"文化线路"的出现是国际社会日益关注人类文明的交流、融合及其对人类社会发展所产生的巨大影响的结果，是在日益重视国家间的合作、对话和共同繁荣的大背景下，文化遗产在复杂程度和广度上扩展的最新成果。它具有丰富的内涵，将物质、非物质和自然因素紧密地结合到一起，并强调它们之间的关系。同时，"文化线路"也重视动态的交流在文化传播和人类文明进程中起到的作用，它体现了世界遗产保护实践的新方向，对遗产的全面保护具有指导性意义。

墨西哥著名现代派建筑师和景观设计师路易斯·巴拉干的设计事务所和他的住宅，共 1000 多平方米的建筑物被列入《世界遗产名录》，曾引起过许多人的质疑。20 世纪三四十年代的建筑是否符合遗产的标准？其实，世界遗产更应该强调其历史的真实性和构成的完整性，只需要证明在人类文明进程的某个阶段中具有其独特的意义，就是一种具有突出普遍价值的世界遗产。而巴拉干的上述建筑物之所以被列入《世界遗产名录》，是因为其在现代建筑运动中起到过重要的作用，而且影响了拉美地区现代建筑和景观的设计风格。

三、今后的课题

2012 年，《世界遗产公约》将迎来 40 周年，《世界遗产公约》的缔约国已经发展到了 187 个。受国际社会广泛认可的《公约》，经过近 40 年的实践，其面临的课题也充满了挑战，包括由 21 个国家组成的世界遗产委员会本身，是否能够真正完全代表 187 个缔约国，也遭到了质疑。纪念《公约》诞生 30 周年时，世界遗产委员会在匈牙利布达佩斯召开的第 26 届大会上通过了《世界遗产布达佩斯宣言》（*Budapest Declaration on World Heritage*），提出增强《世界遗产名录》的可信性、保证对世界遗产的有效保护、推进各缔约国有效的能力建设，以及通过宣传增强大众对世界遗产的认识、参与和支持，即所谓的4C——可信性（Credibility）、保护（Conservation）、能力建设（Capacity – Building）与沟通（Communication），以此为新的战略目标。这四个目标依然是我们现在要努力的方向。具体而言，我认为有以下几个课题需要我们去面对。

1. 遗产保护、利用与可持续发展

随着全人类遗产保护意识的提高，保护文化和生物多样性已逐步成为人类自身的需求。特别是《公约》所倡导的对世界遗产的保护，已经成为国际社会的共识。但是，在相当长的时期内，如何处理好遗产保护及其发展与利用的关系，依然是世界遗产保护进程中有待解决的重要课题。特别是世界遗产在发展中国家的影响日渐扩大的今天，保护和发展的矛盾会更加尖锐和复杂。当面对那些仍旧与普通大众息息相关的文化遗产，那些仍旧生活在文化遗产中的人们时，如何合理处理人与遗产之间的关系，是遗产保护必须解决的问题。

2.《世界遗产名录》的可信性

所谓《世界遗产名录》的可信性,也就是针对其突出的普遍价值。全世界到底有多少遗产具有突出的普遍价值?《世界遗产名录》是否应该有上限?另外,如何诠释突出的普遍价值?如何认识它与真实性、完整性之间的关系?ICOMOS(国际古迹遗址理事会)和 IUCN(世界自然保护联盟)等咨询机构尚需做更多的研究。

3. 文化景观和文化与自然混合遗产

文化景观作为文化遗产的一种类型,其发展势头已经远远超过了文化与自然混合遗产。文化景观与混合遗产有何异同?是否会像有些专家所指出的,文化景观将会取代混合遗产?作为拥有混合遗产最多的国家——中国,需要发出更多的声音。

4. 世界文化遗产与非物质文化遗产

鉴于世界文化遗产的多样化,特别是文化景观和文化线路与非物质文化遗产不可或缺的关系,需要对《世界遗产公约》与《保护非物质文化遗产公约》的关系和各自的作用作出更加明晰的解释。

5. 工业遗产的再利用与真实性

在工业遗产(特别是近现代工业遗产)的保护日益受到重视的今天,它的再利用与真实性问题如果没有得到妥善处理,其遗产价值的判断将会变得模糊不清。

(本文原载于 2011 年第 11 期《新华文摘》,此处有修改)

世界遗产视野下的中国探索与文化自信

一、世界遗产的发展历程回溯

最近这几年，世界遗产不仅成了媒体追逐的热门话题，就连普通民众也对此津津乐道。特别是在各国的旅游行业中，世界遗产更成了吸引游客的最好资源。形势发展之迅速，让从事遗产保护的工作者有些始料不及。其实，自人类进入文明社会以来，每个群体、每个民族、每个国家面对自身赖以生存的环境及历代传承下来的文化遗产时，都会自觉或不自觉地产生不同程度的保护意识。只是在 19 世纪初期的欧洲，相关的观念和制度才最终形成。第二次世界大战后，文化遗产作为人类认识自己、了解别人和不同群体、不同民族等相互交流的重要工具受到全球各地的关注。20 世纪 70 年代，西方进入了后工业化时代，各种矛盾日趋严重，以城市化为特点的全球化尤为明显。这就需要在全球迅速采取一致的战略性对策，来保护人类共有的文化和自然资源，并使这些基础资源在尽可能长的时间内得以延续。此外，以什么样的态度来对待本国的自然和文化遗产也成为衡量一个国家文明程度的重要标志。

在这种背景之下，联合国教科文组织于 1972 年通过了《保护世界文化和自然遗产公约》（以下简称《公约》）。《公约》把遗产保护与发展结合起来，并纳入一个有效的法律框架，同时创建了一种新型的保护模式。《公约》首次引入了世界遗产的概念，并为国际合作提供了一个永久性的法律、管理和财政模式，超越了政治和地理的边界。《公约》旨在激发和增强公民遗产保护的主动性，让他们意识到世界遗产的不可替代性，并负起保护世界遗产的责任。经过 5 年多的筹备，1977 年第一届世界遗产委员会会议顺利召开，并通过了

《实施世界遗产公约操作指南》，正式启动了世界遗产的保护工作。

1978 年，第二届世界遗产委员会会议公布了首批 12 项世界遗产名单，当时《公约》的缔约国还不到 40 个国家。到 2007 年为止，已经有 185 个国家成为《公约》的缔约国，共有 851 项世界遗产分布在 141 个国家，有 44 个缔约国还没有遗产地进入《世界遗产名录》。从 1972 年《公约》通过到今天，世界遗产已经成为最具代表性的遗产保护概念，得到了国际社会的认可。同时，自 20 世纪 80 年代以来，大量的发展中国家成为《公约》的缔约国，中国也于 1985 年 12 月成为第 87 个缔约国。

在过去的 30 多年中，以西方文化背景为主体的世界遗产保护理念、方法逐渐形成，并得到前所未有的发展。随着全球战略研究将人与环境、自然与文化之间的有机联系置于核心位置，文化遗产的价值观也发生了改变，人们开始更多地关注反映人与自然关系的、综合性的、活的文化景观，以及近代的和 20 世纪的文化遗产。遗产保护不仅成为一个专业领域探讨和研究的课题，而且走进了普通大众的生活，受到社会前所未有的关注，遗产的保护与管理已经成为社会公共管理系统的重要组成部分。

文化景观是 1992 年 12 月在美国圣达菲召开第 16 届世界遗产委员会会议时被提出并纳入《世界遗产名录》的。文化景观反映的就是人与自然的和谐关系，反映在独特的自然环境下产生的独特技术、生存方式。这种人与土地整体的有机联系在发展中国家大量存在，因此这一概念对于发展中国家的文化遗产具有更加重要的意义。

近年来，人们对遗产保护的认识在发生着重大变化，从对单体文物的关注发展到对成片城镇和村落景观以及包含独特历史文化资源的线性景观的整体考虑。同时，"文化线路"作为一个新的重要概念出现了。构成文化线路的要素虽然目前尚无定论，不过文化线路"可以被看作一种特殊的、动态的文化景观"，文化线路在非物质方面的内涵比它在物质方面的更为重要。与文化景观相比，文化线路兼具物质和非物质遗产的特征，是这两种遗产有机结合的重要载体。目前，由中国和中亚五国联合申报的丝绸之路就是这类遗产的代表。

20 世纪 90 年代是世界遗产保护迅速发展的时期，体现在《世界遗产名录》中遗产地的不断增加以及国际社会对世界遗产的倍加关注上。遗产申报不仅为遗产地带来了新的生机，而且世界遗产在为大多数遗产地带来可观的经济效益的同时也激发着遗产所在国的文化和历史自豪感。在这种形势下，更多的国家成为缔约国。1992 年，日本也由最初的不参与转而积极成为缔约国，至今申报遗产的热度还未消退。

然而，世界遗产在地域、国家的分布及遗产类型方面也存在着不平衡。虽然世界遗产委员会为此做出多次决策和巨大努力，但依然是杯水车薪，未能取得突破性进展。

随着全世界人们遗产保护意识的提高，保护文化和生物多样性已逐步成为人类自身的需求，特别是国际公约所倡导的对世界遗产的保护，已经成为国际社会的共识。但是，在相当长的一个时期内，如何处理好遗产保护及其发展与利用的关系，依然是世界遗产保护进程中有待研究的重要课题。

二、中国文化遗产保护的国际融合

自 1985 年中国正式加入《公约》至 2019 年以来，中国的世界遗产保护工作已走过 30 多年。在民间，申报世界遗产工作被亲切地称为"申遗"，就好像"申奥"一样，被大众看作一项世界级的荣誉。与奥林匹克盛会相似的是，各缔约国列入《世界遗产名录》的遗产数目如同金牌榜一样，一直受到媒体和社会的广泛关注。第 43 届世界遗产大会在阿塞拜疆首都巴库召开，中国的"黄（渤）海候鸟栖息地"和"良渚古城遗址"在大会上通过审议，双双被列入《世界遗产名录》。至此，中国已拥有 55 处世界遗产，成为世界遗产总数最多的国家之一。

对于文化遗产保护工作者来说，世界遗产体系带来的价值并不等于一个国家遗产地的数量，也远不止一份国际荣誉那么简单。加入《公约》以来，中国文化和自然遗产保护工作从观念到实践都经历了变革。我们看待世界遗产体系的目光从不解到贯通、从质疑到交融，这个过程本身就是一段双向影响、不断深化的认知之路。回顾这段发展历程，大致可以将中国文物保护领域对世界遗产价值的认知过程分成三个阶段。

第一个阶段可以称作"对世界遗产价值体系的学习"。20 世纪 80 年代，作为外交工作中的重要一环，中国加入了《公约》。中国不仅将丰富的文化和自然资源转化为展示中华文明的重要窗口，而且通过开放和交流汲取了国际先进保护理念，获取了必要的援助和技术支持。这个阶段，由于中国刚加入《公约》，对世界遗产体系的规则不是很理解，更多的是依据传统文物保护的思路在试验性地推进。这个时期以 1996 年庐山国家公园申报世界遗产为一道分水岭——原本作为中国"文化遗产"建筑群项目申报的庐山国家公园经世界遗产委员会讨论后，由于突出的人文和自然综合要素，被列为《世界遗产名录》中的"文化景观"项目。然而，这个结果在当时却因本土与国际理解之间的错位被解读成"既不够格文化遗产，也不够格自然遗产"的折中之选，曾让申报者十分失望。今天看来，却是一场"美丽的误会"。

第二个阶段可以说是"价值的冲突和理念的表达"。1994 年，《奈良真实性文件》的讨论与发布正式将东西方在文化遗产保护工作中的价值冲突推上国际舞台。这场讨论不仅让国际学术界正视东亚木结构建筑与西方建筑不同的材料属性，并且促使我国重新思考中国传统观念与国际文本之间的深层关系，进一步从文化语境角度深入考量世界遗产体系保护自然和文化多样性的初衷。2000 年，基于中国文物特点制定的《中国文物古迹保护准则》正式发布，这既体现了中国文物保护工作与国际共识的接轨，也代表了一份扎根中国实践、彰显本土特色的"宣言"。

第三个阶段可以说是"中国探索对国际理念的融合与推动"。2011 年，在对世界遗产类型深入研究后，中国第一次主动将杭州西湖申报为"文化景观"遗产类型，并顺利通过。与 15 年前庐山国家公园的被动申报不同的是，此次申报将中国传统文化中"天人合一"的自然人文关系以国际化的语言作了充分的阐述和表达，标志着民族精神与世界遗产话语体系的融合。同时，中国在数十年间探索活态遗产保护方法中所建立的"历史文化名村"和"传统村落"名录制度反过来也推动了国际社会有关乡村遗产的实践与反思，为国际组织制定全球"乡村景观"遗产的保护方法提供了多维度的参考。

三、世界遗产视野下的文化自信

加入《公约》以来，中国一步一个脚印，完成了直至今天世界遗产大国的转变。一方面，我们要不忘初心，始终记得世界遗产体系的初衷在于联合全球力量，共同对抗工业发展、城市扩张和战争冲突对人类环境文明造成的破坏威胁。《公约》的制定是为了弥合人类的分裂，缔造文化命运共同体，推动缔约国一起守护全人类的珍贵自然环境和文化遗产。另一方面，我们也要意识到未来中国在世界遗产体系中所扮演的角色与可能持续发挥的作用。

世界遗产始终是中国向世界表达价值观、发出自己声音的重要舞台。过去，我们将申报的遗产地看作一个个独立的项目，将列入《世界遗产名录》看作对遗产地价值的最高肯定。但未来，它们必然将作为一个整体，共同向国际社会进一步讲述中国的历史观、文化观和美学观。中国的世界遗产是中华文明的缩影，其中既有代表皇家文化的明清故宫，也有体现士大夫精神的苏州古典园林，更有寄托乡土情感的开平碉楼与村落和皖南传统村落——西递、宏村，以及承载殖民统治记忆的澳门历史城区，等等。红河哈尼梯田文化景观、拉萨布达拉宫历史建筑群、丽江古城共同反映了我们多民族丰富多彩的自然与文化特征；长城、青城山—都江堰、大运河从地理环境上串联起中国东西南北波澜壮阔的区域历史和文化动态。这些遗产是不同时期中华文化的代表性杰作，它们所具有的区域性和多样性共同谱写了丰富灿烂的中华文明，也是我们今天民族振兴和文化自信的本源所在。

中华优秀传统文化追求人与自然的诗意栖居、和谐统一。中国诸多风景秀美的自然遗产拥有我国独有的珍稀物种。对于这些名胜风景地，我们不应仅仅追求观光旅游所带来的经济红利，更要将生态文明建设作为文化自信的重要来源，要将我国丰富的物种、多样的地貌、广阔的地质资源作为爱护和珍视的对象。这背后既需要我们对自然环境进行持续的保护修复、对文化遗产价值进行深层次的分析研究，又需要用现代化、国际化的语言作出生动的阐释和表达，让中国的世界遗产成为全人类都能感知和喜爱的对象，成为国际社会了解中国故事、领略中国魅力的重要名片。

世界遗产体系推动了中国文化遗产保护工作，促进了中国遗产保护观念的转变，今天的中国也有强烈的愿望和坚定的信心为世界遗产保护做出贡献，事实上中国也已经在这样做。无论是柬埔寨吴哥窟保护工程、"丝绸之路：长安—天山廊道的路网"的跨国申遗，还是未来可能在非洲开展的文化和自然遗产保护工作，中国都希望通过世界遗产的平台加强与各国的文化交流和对话，为促进全球和平发展和可持续发展贡献中国力量。

（本文综合整理自《世界遗产走过 30 年》《论世界遗产视野下的文化自信》两篇文章）

UNESCO 在文化遗产保护领域的国际合作理念

联合国教育、科学及文化组织属于联合国专门机构，简称联合国教科文组织。1945 年 11 月在英国伦敦会议上通过了《联合国教科文组织法》，1946 年 1 月 4 日正式生效，同年 12 月成为联合国专门机构，总部设在巴黎，目前成员有 190 个国家和地区。联合国教科文组织的宗旨是：通过教育、科学及文化来促进各国之间的合作，以增进对正义、法治及联合国宪章所确认的世界人民不分种族、性别、语言、宗教均享有人权与自由的普遍尊重，对世界和平和安全做出贡献。

联合国教科文组织北京代表处成立于 1984 年，成立之初为联合国教科文组织科学及技术驻华办事处，自成立之日起，该办事处便在逐渐扩大它的项目范围及管辖领域。2002 年 1 月，北京办事处发展成为东亚地区区域办事处，目前管辖范围涵盖朝鲜民主主义人民共和国、日本国、蒙古国、中华人民共和国及大韩民国共五个国家。联合国教科文组织北京代表处为所辖区域内的成员国营造了良好的交流氛围，起着信息平台的作用。北京代表处覆盖了占世界 25% 的人口，包括五个历史文化上相互关联的国家。然而，这五个国家又同时存在着显著的文化和社会差异，使用的语言也大不相同。其中，两个国家是高度工业化的国家，两个是发展相对平缓的国家，还有一个国家介于这两种情形之间，并拥有丰富的人力资源。这些多元化元素奠定了该地区区域合作的基础。联合国教科文组织北京办事处的职责主要有两个方面：一是根据东亚分地区的利益与现实实施项目；二是综合东亚分地区成员国现实和未来的需求，将这些需求纳入教科文组织的计划领域。

一、文化遗产保护策略

20世纪60年代之前，人们普遍认为，一个国家境内的文化遗产完全是该国的内部事务，该国需对文化遗产的保护工作负责。1959年，埃及和苏丹联合向联合国教科文组织提交了一份紧急报告，请求帮助保护努比亚遗址和有关文物。因为修建阿斯旺水坝，从阿布·辛拜勒至菲莱的努比亚遗迹将受到人工湖淹没的威胁。1960年3月8日，联合国教科文组织总干事比托里诺·维罗内塞（Mr. Vittorino Veronese）呼吁各国政府、组织、公共和私立的基金会及一切有美好愿望的个人为保护努比亚遗址提供技术和财政支持。保护努比亚遗址的行动从此展开，这也表明了联合国教科文组织在对待文化遗产方面有了一个全新的概念，即文化遗址应该被视为全人类的文化遗产，受到整个国际社会和联合国教科文组织的关注。整个工程从1962年开始，持续了18年，把阿布·辛拜勒神庙切割成了1050块重达1030吨的块体，运到山崖的高处重新组装，让这些宏伟壮丽的遗址建筑脱离了尼罗河的洪水。此项行动除了取得了很大的技术成就，也提供了一个激动人心的案例：成功地用国际资源保护文化遗产。阿布·辛拜勒神庙和菲莱这两处保护工作分两个阶段进行，所需总费用为7000万美元，其中4000万美元获得了国际的支持。在这项成功的行动感召下，许多国家转向联合国教科文组织寻求国际社会的支持，以保护本国最为宝贵的遗址。

1962年，联合国教科文组织制定了《关于保护景观遗址的风貌和特性的建议》。该建议案将对那些具有文化或美学意义的，或者形成典型的自然环境的自然、乡村、城市的景观遗址进行保护和恢复。1965年，在华盛顿特区召开了"白宫会议"，提出设立"世界遗产信托基金"，以促进国际合作的开展。

1972年，在瑞典斯德哥尔摩召开了联合国人类环境大会，包括联合国教科文组织（UNESCO）、世界自然保护联盟（IUCN）、国际古迹遗址理事会（ICOMOS）在内的几个工作小组提出建议，形成了《保护世界文化和自然遗产公约》，并经联合国教科文组织1972年11月16日召开的大会批准通过。

联合国教科文组织在1976年成立了世界遗产委员会，这是一个政府间组织，由 21 个成员国组成，负责《保护世界文化和自然遗产公约》（以下简称《公约》）的实施。世界遗产委员会每年召开一次会议，主要决定哪些遗产可以列入《世界遗产名录》，并对已列入名录的世界遗产的保护工作进行监督指导。委员会内由七名成员构成世界遗产委员会主席团，主席团每年举行两次会议，筹备委员会的工作。截至 2005 年 7 月，全世界共有 812 处文化和自然遗产被列入《世界遗产名录》。中国于 1985 年成为《公约》的第 89 个缔约国，现有 31 处世界遗产。

保护世界文化和自然遗产是多年来联合国教科文组织的优先活动领域之一。1972 年，联合国教科文组织大会通过的《保护世界文化和自然遗产公约》第一次提供了国际合作的永久性的法律、管理和财政框架，同时引进了"世界遗产"的概念，超越了政治和地理的边界。《公约》的基本目标是促使人们意识到文化遗产的不可替代性，完善、增强和刺激国民的主动性，强调保护文化遗产的责任最终依赖于各个国家自身。在本民族文化血脉体系的反复追溯中，在对其历史与民族形成的认识过程中，一个民族就能够与其他民族建立和平友好的关系，继续进行古老的对话，向未来稳步前进。重视文化遗产、保护祖先馈赠给我们的珍宝，将它们尽可能完整地传递给我们的子孙，是我们的责任，也是明智之举。同时，各缔约国也认识到国际社会有义务帮助资源不足的国家。然而，世界遗产委员会的资源难以满足所有申请技术合作的请求。对于保护文化遗产事业的支持，更多的是来自各成员国的自愿捐助，他们和联合国教科文组织共同组成了信托基金。日本政府于 1989 年设立的联合国教科文组织文化遗产保护日本信托基金即为其中重要的组成部分。截至 2002 年，日本政府已经提供了 4300 万美元，援助了以亚洲为中心的 15 个国家的 20 多处遗址。

二、在中国的文化遗产保护工作

过去 30 多年，为了推进城市改造、工业、农业综合经营及旅游业的发展，我国采取了重点投资基础设施建设和人力资源开发的策略，亚太地区的国家经历了前所未有的繁荣。然而，经济的迅速发展也让我们的国家遗产资源付出了沉重的代价，不仅极度消耗了地区环境资源，也大大地耗损了祖先历经数个世纪积累并精心经营的文化资源。在认识到地区经济的发展不能继续再以日益枯竭的资源的消耗为基础之后，人们开始将注意力转移到有关资源的可持续性及公众参与和许可的议题上来。整个亚太地区已经逐渐认识到遗产保护不必局限在一些有限的国际旅游胜地上。我们现在渐渐了解到文化遗产保护是很多国家普遍关注的问题，是可持续发展的一部分，并以此形成各个社会独特的文化及历史传统。联合国教科文组织坚决承诺，确保所有的社区继续过上高质量的生活，不以牺牲有别于其他地方的传统特征以及人们居住的家园为代价。亚洲东北部是世界许多古老文明的发源地。占世界人口约 1/5 的中国同时也是拥有文化遗产最多的国家。促进现代文明、保护文化遗产是联合国教科文组织北京办事处目前的首要任务。与中国、蒙古和朝鲜政府及有关单位的密切合作加快了这一进程。

城市化、人口膨胀、环境恶化及旅游业的无序发展严重威胁到中国的文化遗产。中国政府已经意识到了问题的严重性，并且在法律、制度及教育等领域开展了卓有成效的工作。从 20 世纪 80 年代中期开始，为了协助中国提高文化遗产保护水平，并加强国际交流与合作，联合国教科文组织与中国政府合作，举办了多次有关文化遗产保护的专业会议。1986 年在中国北京举办的"亚洲地区文物保护科学技术研讨会"受到了亚洲各国文物保护界的关注。

20 世纪 90 年代以后，这种合作更加密切。1990 年、1994 年和 1995 年，在联合国教科文组织的支持下，我国国家文物局相继开办了壁画保护、古建筑保护理论、石窟保护及木构建筑保护技术等培训班，聘请中外专家为来自全国各地从事文物保护工作的专业人员授课，并介绍国际上文物保护的最新技术和信息。1991 年，联合国教科文组织利用国际保护长城和威尼斯委员会的专项捐款，资助中国修复北京慕田峪长城西段；同年 7 月，利用世界遗产基金向遭受特大洪水袭击、部分古建筑受到严重破坏的黄山风景区提供紧急援助；1994 年，提供紧急援助加强周口店北京人遗址的保护。此外，联合国教科文组织还支持了河北省承德避暑山庄博物馆防盗系统、中国世界遗产管理人员培训班、云南丽江大地震后的文物抢修以及苏州、丽江、北京、拉萨等地传统街区的保护等项目。1985 年 12 月，中国经批准加入了《保护世界文化和自然遗产公约》，经过近 20 年的努力，2005 年中国已经有 29 处文化和自然遗产列入《世界遗产名录》。

除了联合国教科文组织的常规项目外，北京办事处还积极协助中国政府申请预算外项目。中国作为联合国教科文组织文化遗产保护日本信托基金的受益国，有交河故城、大明宫含元殿遗址、库木吐喇千佛洞、龙门石窟共 4 项保护修复工程已经得到了资助。其中，交河故城保护修复工程于 1996 年完工，大明宫含元殿遗址保护修复工程于 2003 年完工，库木吐喇千佛洞、龙门石窟保护修复工程正在实施中。

三、世界遗产组织在中国

随着世界遗产逐渐被社会关注和重视，中国的遗产保护与国际组织的合作有了很大的发展。近年来，联合国教科文组织与中国有关单位合作，在北京、南京、丽江、苏州、深圳等地召开有关会议或论坛，对世界文化遗产的保护和开发利用产生了重要影响。

2004 年 6 月 28 日至 7 月 7 日，第 28 届世界遗产大会在苏州召开，这是第一次在中国召开的世界遗产大会，也是世界遗产委员会历史上时间最长、议题最多的一次会议。联合国教科文组织世界遗产中心主任巴达兰称本届会议达到了预期的目标，取得了战略性的成功，简直是创造了一个奇迹。在闭幕式上宣读的《苏州宣言》，呼吁国际社会和世界各国更加重视青年人在世界遗产保护中的作用，加强对青年人的世界遗产保护教育。世界遗产大会在中国的召开不仅对世界遗产保护运动产生了广泛而深入的影响，而且对提高中国全社会对世界遗产的关注，以及增强公民对世界遗产的保护意识起到了极大的推动作用。

2005 年 10 月 17—21 日，联合国教科文组织的咨询机构——国际古迹遗址理事会（ICOMOS）第 15 届大会在中国西安召开。这是该组织成立以来第一次在中国举行大会，来自世界 80 多个国家的近千名代表参加了会议。这次大会围绕"背景环境中的古迹遗址——城镇风貌和自然景观变化下的文化遗产保护"这个主题，针对当前世界尤其是亚洲城市高速发展的新形势，着重从古迹遗址的环境定义、古迹遗址的环境脆弱性、如何应对背景环境的动态变化、古迹遗址线性环境的挑战四个方面进行研讨。最终通过的《西安宣言》为保护古迹遗址提供了世界通行的原则，对于世界古迹遗址保护来说其具有普遍的适用性。《西安宣言》是国际文化遗产保护领域的一个决议性文件，它以古建筑、古遗址和历史区域周边环境的保护为主，由文物自身的保护发展到了文物及其周边环境的保护，把文物保护提高到了文化保护的高度，第一次明确地把环境保护作为主题提了出来。它将中国的哲学思想、文物保护理念及古城西安"文物保护与文物周边环境保护同时并举"的成功经验纳入文物保护的国际规则之中，第一次系统地确定了古迹遗址周边环境的含义，强调了文物古迹环境保护的意义。

《世界遗产公约》明确规定，作为缔约国，其义不容辞的责任就是保护、保存、展示本国领土中的文化与自然遗产，并把它完整地传承给后代。因此，根据国际公认的文物保护准则，对各个世界遗产地的保护状况定期进行周密的专业检查、审议和评估，向世界遗产委员会提出详尽报告，也是联合国教科文组织及其咨询机构的重要工作。监测工作分为系统监测和反应性监测两大类。系统监测是由世界遗产地主权国每年进行的检查和评估工作，缔约国每六年要向世界遗产委员会提交一份报告，就本国世界遗产保护状况作出详尽说明。反应性监测对缔约国来说实际上是一种被动监测，这项监测工作由联合国教科文组织、世界遗产中心及咨询机构进行，由他们根据从各方面了解到的线索进行考察和评估，就某些特定的世界遗产保护状况向世界遗产委员会提出报告，再由委员会根据有关国际公约的条款作出相应的反应。

近几年来，随着世界遗产保护工作在中国的迅速开展，社会各界对遗产地的保护状况日益关注，他们通过各种形式向联合国教科文组织反映情况或提出建议。联合国教科文组织北京办事处对接收到的有关报告和建议进行认真的处理，并及时转交中国政府及世界遗产中心。2005 年 10 月，由世界遗产中心、国际古迹遗址理事会及联合国教科文组织北京办事处组成的专家组对北京故宫、颐和园、天坛等遗产地进行了反应性监测，其报告已经提交世界遗产委员会，并于 2006 年在新西兰召开的第 30 届世界遗产大会上审议。

四、实践：库木吐喇千佛洞保护修复工程

以下以库木吐喇千佛洞保护修复工程为例，就联合国教科文组织在文化遗产保护方面的国际合作策略做一些具体介绍。

在新疆开展的库木吐喇千佛洞保护修复工程是由联合国教科文组织主持实施，并经中国政府认可，由日本政府投资 125 万美元的文化遗产保护项目。从 2001 年开始，"联合国教科文组织文化遗产保护日本信托基金"每年向此项目提供科学技术及物资方面的各类援助，援助为期 6 年，将一直持续到 2007 年项目结束。

库木吐喇千佛洞位于新疆维吾尔自治区库车县城西 25 公里处，开凿于公元 5 世纪，截止于公元 11 世纪，延续 600 余年，最早的洞窟已有 1500 年的历史，是古代丝绸之路上的重要遗址。现存石窟 112 座，保存有丰富、独特的石窟建筑、壁画、塑像、题记等。洞窟内大量的龟兹文、汉文、回鹘文题记是研究西域文明的第一手资料。开凿洞窟的不仅有龟兹人，而且有突厥人、汉人、回鹘人和吐蕃人。整个石窟集东西方文化于一体，其独特的历史、科学和艺术价值为中外学者所关注，在国际上有相当大的影响。

然而，库木吐喇千佛洞开凿建造 1000 多年来，遭到了自然和人为的各种破坏：自然营力的侵蚀和破坏，如地震、雨水冲刷、洪水侵蚀、岩体开裂垮塌等；人类活动的破坏，如公元 9 世纪伊斯兰教入侵西域，意图取代佛教引发的破坏；石窟荒芜时被牧人、游客当作临时生活场所的破坏；20 世纪 70 年代在石窟下游修建水电站，引发河水上涨而对石窟、壁画造成的严重损害。更为遗憾的是，库木吐喇千佛洞遭受的自然、人类活动的破坏没有得到有效的治理，库木吐喇千佛洞面临着被毁灭的危险。

1999 年，联合国教科文组织考察组首次对库木吐喇千佛洞进行了调查。2000 年 4 月，由联合国教科文组织联合中国国家文物局和日本政府有关部门及专家对库木吐喇千佛洞又一次进行了调查，之后在乌鲁木齐召开了会议，最后决定启用日本政府的无偿援助资金 125 万美元，对这处丝绸之路上的珍贵文化遗产进行抢救性保护。2001 年 6 月 1 日，联合国教科文组织、新疆维吾尔

自治区人民政府在乌鲁木齐召开了关于东方红水电站水坝（也称下千佛洞电站）对库木吐喇千佛洞影响的问题讨论会。会议围绕东方红水电站建成后对千佛洞壁画的直接影响和破坏程度、水电站建成初期的水位等有关资料和为了保护千佛洞当地政府应采取的措施等问题进行讨论。当年8月组建了由中国文物研究所、辽宁有色地质勘探研究院、龟兹石窟研究所、新疆博物馆、日本文化财保存计划协会、东京文化财研究所、奈良文化财研究所等单位组成的"库木吐喇千佛洞保护工程专家组"。2001年8月24日至9月2日，中日专家在库木吐喇千佛洞现场进行调查，制订了2002年的实施计划。9月16日，在北京正式签署了协议书。

库木吐喇千佛洞保护修复工程的第一阶段（2001—2004年）进行了洞窟及其周边情况的前期研究，在工学、地质、气象、考古等方面开展了实测调查，对产生各种病害的原因进行了研究。在第一阶段数据资料记录及用于对大气、周边环境和壁画成分进行分析的基础上，第二阶段的实际维修保护工作计划在2005—2007年实施，这一阶段的工作主要是加强岩体结构、对脱落和褪色的壁画进行保护处理，以及控制洞窟内因水造成的病害。自库木吐喇千佛洞保护修复工程启动之日起，项目就体现出对知识的共享和技术水平的培养与提高的迫切需要。此项目多样化的特质以及对此项目的研究将作为一个平台，在此人们可以讨论跨学科教育和文化遗产保护培训的重要性，以及在国际合作中相互配合及交流的价值。

库木吐喇千佛洞保护维修工程作为一项文物保护国际合作项目，具有条件艰苦、病害复杂、损坏严重、涉及面广等特点。如何协调好多边关系、充分发挥各方的积极性是保障该项目顺利实施的关键。

首先，建立相互平等、相互信任和相互学习的管理运作机制，充分发挥专家的作用是该项目顺利实施的有力保障。本项目到目前为止主要进行了地形图测绘、航空测量、近景摄影、水文地质调查、工程地质勘察、危急壁画调查、洞窟档案记录、岩体拉拔试验、小气象观测站、岩体加固试验、灌注试验及各种保护材料的试验等项目。在此期间，共召开了7次大型专家论证会和若干次相关专家的意见交流会，并要求就每个项目邀请专家提出修改意见，充分发挥专家在工程实施中的指导作用。同时，邀请专家对项目承担单位报送的实施计划及预算进行核算。通过组织专家论证会，专家们不仅对库木吐喇千佛洞保护工程的质量、进度和投资控制等提供了非常好的技术支持，而且在考察论证期间就正在进行的或以前进行的文物保护工作对新疆文物保护工程的实施提出了非常好的意见及建议，如克孜尔千佛洞谷内区加固工程、交河故城保护工程实验项目等。

其次，积极依靠和培养当地的文物保护人才，是库木吐喇千佛洞保护修复工作可持续发展的重要基础。在工程实施过程中，利用洞窟档案记录及现场试验、现场考察等项目，积极依靠和培养新疆地区特别是龟兹石窟研究所的技术力量。专家们在就具体方法和技术方面进行指导的同时，为当地的研究人员提供了大量的国内外相关技术和信息资料。例如，日方专家收集的关于库木吐喇千佛洞的历史照片、德文资料等弥补了洞窟档案记录项目缺乏国外资料的空白。

最后，专家之间、专家与项目管理人员之间、专家与项目实施人员之间的相互交流和理解是库木吐喇千佛洞保护修复工程顺利开展的关键。由于各个国家文化传统不同，文化遗产本身的材质、构造不同，其修复哲学、技术都会有所不同。即使是来自同一国家的不同修复者，其技术和理念也会有所区别。我们建议在此项目实施的过程中进行各种学术交流，以更好地实现项目目标，尽可能地发挥联合国教科文组织的作用，遵循其宗旨和其国际合作的策略目标。为了了解日本在岩石文物保护技术方面的成就，以及促进中日专家更进一步地相互交流，经过与各方协商，2003 年 7 月 28 日至 8 月 2 日，联合国教科文组织文化遗产保护日本信托基金项目首次在日本召开了专家及三方会议，会议期间参观了元箱根石佛群、奈良平城宫遗址、药师寺、冈墨光堂株式会社壁画修复现场及造纸厂、二条城遗址、日本文化财保存计划协会、奈良文化财研究所及试验设备等文化遗产及相关单位，对库木吐喇千佛洞保护维修工作中编制整体规划、制订保护维修方案、遗址保护和展示、收集资料、保护材料的选择和应用等起到了较好的借鉴作用。

五、结语

联合国教科文组织一向以组织和维持不同文化之间的交流为主要任务。但经验表明，在寻求达到这个目标的过程中，促进不同文化的交流和保护文化的多样性之间的矛盾往往难以克服。一个民族的文化遗产往往蕴藏着该民族传统文化的根源，保留着形成该民族文化的原生状态及该民族特有的思维方式等。因此，在保护文化遗产的国际合作中，尊重文化遗产所属国的文化传统、尊重文化遗产所属国的保护修复哲学及准则就显得尤为重要。在这种情况下，为了促进国际交流，首先就要做好人际交流。彼此建立互信关系是合作的第一步，在修复基准、保护哲学不同的情况下，即使花再长的时间也要努力增进彼此间的相互了解。

在文物保护的合作交流中，经济方面的问题是最严重和无法忽视的要素。由于经济因素的影响，我们常常不得不舍弃最佳的技术或方案，退而求其次。有时，会囿于经费而被迫放弃比较有效的处理方式。因此，在制订保护计划和方案的时候，一定要考虑到当地的经济条件，特别是选择仪器设备时，一方面要考虑其效能，另一方面需充分考虑当地的人员素质及气候条件等。

文化遗产往往与当地居民息息相关，我们不能无视居民的生存和地域经济的发展要求而单纯考虑文化遗产的保护。文化遗产的保护与修复不只是技术问题，也是重要的社会问题。

（本文原载于 2011 年 11 月文物出版社出版的《库木吐喇千佛洞保护修复工程报告》，此处有修改）

《威尼斯宪章》及其在中国的实践与发展

　　19 世纪初期的欧洲，文化遗产保护作为一种观念或者制度基本形成。两个世纪过去了，保护什么、为什么保护、如何保护，依然是文化遗产保护界面临的最根本问题。随着对这些问题的认识不断深入和发展，文化遗产保护的理念和方法在国际社会也逐步完善并积累起基本的共识。1964 年的《威尼斯宪章——国际古迹保护与修复宪章》（以下简称《威尼斯宪章》）就是这个完善过程和基本共识的集中体现。我们在纪念《威尼斯宪章》通过 50 周年之际，回顾其产生后全球文化遗产保护的发展历程，以及其在世界各地特别是中国的实践，对于认识、反思和解决文化遗产保护中的现实问题具有积极的意义。

一、《威尼斯宪章》的形成和发展

　　一般来说，在 20 世纪 60 年代以前，人们还普遍认为，保护在一个国家境内的文化遗产完全是该国的内部事务。变化发生在 1960 年。在收到埃及和苏丹联合向联合国教科文组织提交的请求帮助保护努比亚遗址和有关文物的紧急报告后，联合国教科文组织总干事比托里诺·维罗内塞（Mr. Vittorino Veronese）呼吁各国政府、组织、公共和私立的基金会，以及一切有美好愿望的个人，为保护因建设阿斯旺大坝而受到威胁的努比亚遗址提供技术和财政的支持。此行动得到整个国际社会和联合国教科文组织的关注，由此开启了文化遗址为全人类共同遗产的概念的新征程。成功利用国际资源保护努比亚遗址的工程持续了18 年，除了获得巨大的技术成就，在这项行动的感召下，许多国家转而通过联合国教科文组织寻求国际社会的支持，保护本国最为宝贵的遗址，如对意大利威尼斯（Venice）及其泻湖和巴基斯坦摩亨佐·达罗（Moenjo Daro）考古遗址的拯救，以及对印度尼西亚婆罗浮屠（Borobudur）庙宇群的修复。因此，联合国教科文组织开始组织编写一部关于保护文化遗产的公约的草案。然而，如何才能使人类通过国际合作共同采取行动来保护珍贵的遗产？这就需要确定一些能够为各国普遍接受的准则，并建立规范的管理和保护机制。这也就构成了《威尼斯宪章》的普遍需求。

《威尼斯宪章》的形成和发展历程可以追溯到 1931 年 10 月在雅典召开的第一届建筑师和历史纪念物保护专家国际会议，来自 23 个国家的 120 名代表出席了会议。会议针对历史性纪念物的保护修复的基本原则、行政和立法措施、古迹的审美意义、修复技术与材料、古迹的损坏和老化及国际合作等七个问题进行了讨论，并通过了《雅典宪章》。有关历史古迹修复的《雅典宪章》就是后来国际古迹遗址理事会通过的《威尼斯宪章》的原型和基础，它所确立的主要保护修复理念和原则得到了继承和发展。

1964 年 5 月 25 日至 31 日，意大利政府邀请了来自 61 个国家的 600 多名建筑师、修复专家在威尼斯举行第二届建筑师和历史纪念物保护专家国际会议，在 1931 年《雅典宪章》的基础上通过了针对纪念物和遗址保护与修复的《威尼斯宪章》。

虽然《威尼斯宪章》受意大利学派的影响较深，关注的重点仍然在"历史纪念物"上，但在其定义的第一条中就明确指出："历史古迹的要领不仅包括单个建筑物，而且包括能从中找出一种独特的文明、一种有意义的发展或一个历史事件见证的城市或乡村环境。这不仅适用于伟大的艺术作品，亦适用于随时光逝去而获得文化意义的过去一些较为朴实的艺术品"。宪章显然注意到了人类历史、文化、社会发展的多样性，扩大了传统意义上的历史纪念物的概念。更重要的是，《威尼斯宪章》所强调的保护历史古迹饱含着的历史信息，保护其真实性和完整性，保护一定范围内与古迹相关联的环境，以及提出的最小干预、可识别、与环境统一等原则，为全球的遗产保护提供了具有普世意义的价值观和方法论。因此，当"建筑师和历史纪念物保护专家国际会议"于 1965 年在华沙改组成为"国际古迹遗址理事会"时，就将《威尼斯宪章》认定为与其"安身立命"紧密相关的文化遗产保护国际宪章，并成为日后联合国教科文组织《保护世界文化和自然遗产公约》最为坚实的理论和技术基础，成为文化遗产保护的纲领性文件和评估世界文化遗产的主要参照。

随着国际社会遗产保护工作的广泛开展，《威尼斯宪章》所倡导的原则及其基本精神又通过保护历史园林的《佛罗伦萨宪章》（1982 年）、保护历史城市的《华盛顿宪章》（1987 年）、《考古遗产保护与管理宪章》（1990 年）、《奈良真实性文件》（1994 年）、《水下文化遗产保护与管理宪章》（1996 年）、《木结构文物建筑的保护标准》（1999 年）、《关于乡土建筑保护宪章》（1999 年）、《国际文化旅游宪章》（1999 年）、《文化遗产地解释宪章》（2004 年）等文件得到了进一步的诠释，逐步形成了比较完整的、全球适用的文化遗产保护理论体系。

其中，《奈良真实性文件》特别关注了世界文化的多样性，并对长期以来西方内部、东西方之间对于遗产真实性的不同理解做了研究、解释和规定。1994 年 11 月，《奈良真实性文件》在泰国召开的第 18 届世界遗产大会上得到认可，并在《实施世界遗产公约操作指南》中采用。其对于真实性的弹性化解释为更多西欧以外的文化遗产，特别是土木建筑类型的文化遗产列入《世界遗产名录》打开了窗口。

纪念《威尼斯宪章》通过 40 周年时，时任国际古迹遗址理事会主席的佩赛特先生以"保护原则"为题，对 40 年来遗产保护理论的发展做了总结。他认为，考虑到文化的多样性和文化遗产的多样性，地区性的保护原则越来越受到欢迎。但是在多源取向的方法框架中，《威尼斯宪章》作为国际古迹遗址理事会的基础性文件，仍然是重要的参考文献之一。

总之，正是由于《威尼斯宪章》是一个基于理论研究、源于保护实践的开放和包容的系统，才具有如此旺盛的生命力和生长力，颁布 50 年来一直保持其先进性和稳定性，主导着国际文化遗产保护的原则和方法。

二、《威尼斯宪章》在中国的推广与实践

中国的文物修复传统源远流长，修复工艺在 19 世纪中叶已趋于成熟，并有了一定规模。20 世纪初，中国开始有了专门保护古代建筑的科学。1929 年成立的中国营造学社把文物古建筑保护和研究的工作提高到专业科学的水平，但现代意义上的文物保护事业则始于 20 世纪五六十年代。至于文化遗产保护领域的国际交流与对话，国际社会普遍认可的文化遗产保护理念与方法对我国产生影响，则是 20 世纪 80 年代以后的事了。

1982 年公布的《中华人民共和国文物保护法》中，有不少规定是与国际的文化遗产保护理念相一致的。1985 年，中国加入《世界遗产公约》，与国际社会有了直接的对话窗口。《威尼斯宪章》进入中国是必然之势。1986 年，清华大学陈志华教授从欧洲学习考察回国后，第一次将《威尼斯宪章》翻译成中文并发表在《世界建筑》杂志上，之后又将一些代表性的国际文物保护原则引入中国。这些新的理念虽然在文物建筑和历史文化名城的保护中产生了一些影响，但是查阅文献，可以发现当时尚未出现实质性的对话和讨论。也就是说，《威尼斯宪章》及国际文物保护理念的引入在初期并未形成与中国文物保护传统观念的对话。

随着中国改革开放进程的推进，以及申报世界文化遗产的热度不断升高，《威尼斯宪章》对中国文化遗产保护理论体系的影响越来越大，对中国的文化遗产保护实践的指导性也越来越强。1985 年，中国加入《世界遗产公约》，中国的文化遗产保护事业从此与国际社会有了直接的对话窗口。由于申报世界遗产需要符合世界遗产的标准，所以中国积极地了解世界遗产委员会关于遗产保护的原则和要求，尽可能地依照《实施世界遗产公约操作指南》的要求规划、保护和管理遗产地。2004 年，第 28 届世界遗产大会在苏州召开，世界遗产从此进一步走向了我国公众，遗产保护的理念和原则也从专家、政府走向了媒体和社会大众。

联合国教科文组织、国际文物保护修复研究中心、日本东京国立文化财研究所、奈良国立文化财研究所、罗马修复中心、美国盖蒂研究所、德国美茵兹罗马－日耳曼中央博物馆等机构与交河故城、大明宫含元殿、库木吐喇千佛洞、龙门石窟、西安文物保护修复中心（现陕西省文物保护研究院）、中国文化遗产研究院、敦煌莫高窟、炳灵寺石窟、承德避暑山庄、陕西历史博物馆、陕西省考古研究院等遗产地和机构开展了长期、深入的合作交流，文保专家、考古专家、美术史学家及管理者之间的对话和碰撞为中外文化遗产保护理念和方法的相互了解与融合提供了平台和机会。其中，大明宫含元殿的保护修复方案由于中外专家的意见不同，经历了 5 年的调整才得以开工；而中德合作保护修复法门寺地宫出土金银器和鎏金青铜器的项目也曾被一些考古专家公开质疑。特别是关于"不改变文物原状"认识的分歧和争论，加之存在管理程序不明确、缺乏评估环节等问题，在实践中常常影响着文物保护项目的正常实施。

鉴于此，1997—2000 年，国家文物局组织力量，与美国盖蒂研究所、澳大利亚遗产委员会合作编写了《中国文物古迹保护准则》，由中国古迹遗址保护协会发布并推广。《中国文物古迹保护准则》具有重要的理论和实践价值，它总结了中国文物保护取得的成功经验，借鉴了《威尼斯宪章》《巴拉宪章》《奈良真实性文件》等文件中国际文物保护的先进理念和做法，是指导中国文物保护实践的权威性行业准则，标志着中国文化遗产保护理念开始在保持中国特色的基础上与国际社会接轨并走向成熟。

2005 年，国际古迹遗址理事会在西安召开第 15 届大会。大会通过的保护遗产环境的《西安宣言——关于古建筑、古遗址和历史区域周边环境的保护》是中国文化遗产界参与制定的第一个国际性文件。该宣言发展了《威尼斯宪章》中对遗产环境的认识，对文化遗产的内在和外在环境进行了讨论，中国传统的环境观、保护实践以及对相关问题的探讨成为形成这一重要文件的基础之一。

2007 年，中国国家文物局、国际古迹遗址理事会、国际文物保护修复中心共同在北京召开了"东亚地区文物建筑保护理念与实践国际研讨会"，针对特定文化背景对文化遗产保护的影响进行了讨论。会议通过的《北京文件》对真实性，特别是对文化遗产所表述的信息来源的真实性等概念进行了进一步的阐释。

三、传承与发展《威尼斯宪章》所面临的问题

我们注意到，任何时候、任何类型的文化遗产的保护、管理都不能脱离不断发展变化的社会，人们对其价值的判断也会因为各种相关因素的不同而不同。从全球文化遗产事业的发展脉络看，有四个引人注目的变化：一是文化遗

产保护越来越多地与国际政治、全球经济关联起来，与各国的文明进程、社会建设和文化发展联系起来，越来越成为各国政府重视甚至主导的公共服务内容；与此同时，人们越来越自觉地从全人类的角度对待人类共有的文化和自然资源的保护，并使这些基础资源在尽可能长的时间内得以维持。二是遗产保护的综合性和社会化程度越来越高，保护遗产不再只是专业机构的领域，而日益成为一项吸引众多行业、众多人才参与的社会公益事业。三是越来越强调对得到保护的遗产的应用，以及与遗产相关的非物质基因的传承、发展，遗产保护的目的越来越接近直接为社区发展与繁荣、为民众的现实生活服务。人们对文化遗产的关注越来越集中到了对文化多样性以及创造和享用这个文化的人的关注之上。文化遗产已不再是一个供奉在圣殿中供人膜拜的对象，更非囿于象牙塔中供专家学者研讨的学术课题，而是日益成为与普通大众和社会生活息息相关的一部分。四是由于物质遗产消亡的必然性，人们更多地借助数字化等多种手段去发掘、整理、记录、表现那些非物质遗产。文化遗产的概念更多地加入了传承与发展的内容。

上述变化在当今的中国也日益突出。中国社会和经济发生翻天覆地的变化的同时，人们对文化遗产的认知也发生了巨大变化，从对古董、文物、民族民间文化艺术、传统技艺等单一的认识已经向文化遗产、非物质文化遗产和文化景观等范围更广、内涵更丰富的领域发展。随着各地的遗址保护、文物修复、博物馆建设及世界遗产申报的热情持续升高，社会公众对于文化遗产、非物质文化遗产、世界文化遗产等的关注度明显提高，对各种保护、建设和管理等也日益关注，从而引发了社会层面对于遗产价值的思考。

这种变化要求文化遗产界在服务社会与公众的态度上、在加强科学研究方面都要做出明显的适应性调整。

在服务社会与公众的态度方面，必须勇于承认，由于我们基本上不是规则的制定者和重要决策的参与者，所以我们对一些国际准则的理解、对一些保护案例的运用难免缺乏深入认识和亲身体会，可能会存在知其然而不知其所以然、囫囵吞枣的情况；我们在遗产保护和利用方面也需要不断学习与思考，我们也是后进者和学生，不能总是以专家和老师自居，更不要以为我们的指导和教导都是完全正确的。社会和公众对文化遗产保护管理利用的讨论和主张，虽然有一部分可能不符合所谓专业的要求，但也是任何一个专业机构或专业人士都不应忽视的。作为专业工作者，我们要始终保持服务社会、服务公众的谦虚态度，向实践学习，学会向社会、向公众诠释文化遗产的价值，学会通过适当的形式与方法将遗产的精神、价值尽可能真实地展示给公众，同时完整地传承给后代。

事实上，20世纪90年代以来，国际文化遗产保护界越来越关注遗产保护与全球化进程、遗产保护与社会经济发展、遗产保护与原住民及遗产保护与公众之间的关系，已经将文化遗产保护和人与社会的发展视为一个共同的大系统。国际古迹遗址理事会先后颁布的《国际文化旅游宪章》（1999年）、《关于文化遗产地解释的宪章》（2004年）正是努力构建这个大系统的产物。

在加强科学研究方面，我们特别需要对《威尼斯宪章》及其后续文件所倡导的遗产真实性、完整性和延续性原则进行准确的把握和理解，并正确地应用到遗产保护的实践中。其中，首先是对文化遗产价值的正确认知问题。我们必须勇于承认，虽然我们经常批评所谓的外行人在遗产保护方面缺乏常识、急功近利等，但是我们对待遗产保护也普遍存在重物质（遗产）本体、轻精神文化的倾向，对理论层面、形而上的哲学层面思考不足。一些专业人士会认为"文化遗产"只是祖先流传下来的各种形态的物质残留，殊不知，"文化遗产"的特质是"活在当下"，否则就是毫无意义的东西。如何认识文化遗产的核心价值，如何看待保护文化遗产对一个国家、一个民族的终极意义，如何设计出一套符合国际通行标准、切合中国实际的理论体系，对我们来说依然任重而道远。

其次是要深入探讨保护什么、为什么保护、如何保护的问题。什么应该列入被保护的范围？谁来决定保护什么？标准是什么？公众对于保护的重要性是否都有清楚的认识？事实证明，过去30多年，中国在文化遗产的保护上取得了巨大的成绩，然而对于它的保护和利用，也表现出与其他发展中国家共有的特点，即在保护文化多样性和对人的关注度上仍需要做更多的努力和实践。

以历史城市与村镇的保护为例，按照《威尼斯宪章》的原则，我们不仅要重视其中那些重要的建筑形态，还要关注与该地区文化历史相关的所有物质和非物质的元素，特别是生活在其中的人。正是由于现代居民的存在，才构成了历史城市和村落今天特有的环境和文化表征，而这个环境又恰恰反映了一个民族或者一个地区文化发展的过程。我们知道，文化遗产并不都是指那些纪念碑性的建筑和价值连城的艺术品，也并非单指那些看起来似乎冷冰冰的遗址和遗存。文化遗产不仅记录着过去，而且存在于今天人们的生活中，它为人类未来的发展提供借鉴和参考。文化遗产与现代人的生活息息相关，它不是凝固的一个点，而是动态的、发展的，有着不同时代的印痕。所以，保护文化遗产应该更重视文化遗产与人之间的血脉关系，包括二者之间的历史和当代的真实状态。《威尼斯宪章》强调文化遗产保护不仅要注重对其整体环境和原有历史风貌的保护，更要注意保护贯串其中的历史文脉和珍贵的人文元素。从哲学的意义上讲，既然是"文化遗产"，它的真实性、完整性都只能是相对的，不可以被过分强调。第 16 届国际古迹遗址理事会大会研讨的主题是"遗产地精神"，是对遗产价值认识的又一个进步，也是对遗产真实性原则的发展。它要求我们在讨论遗产的真实性和完整性的时候也要关注文化遗产的社会价值。对遗产地精神价值的传承也应该注重整体性。如果对文化遗产采取教条的、机械的、简单处理的保护措施，并且希望它只处于某个历史时期的断面，那么这种保护是不真实和不现实的，因为它忽视了遗产与现实社会之间的关系，忽略了社会是不断发展的事实，更忽视了现实生活中人的现状与需求。这样的保护往往不会被社会所接受，对增进公众的利益也不利。

所以，无论是文化遗产的保护还是文化遗产的利用，都要防止走极端。保护文化遗产，就是要保证传承给我们这个时代的文化遗产的真实性和完整性，使其尽量少受人为的干扰。当然，随着经济和社会快速的发展，我们也清楚地认识到，发展可能远比我们所预料的要复杂，面对人类的历史和不可预知的未来，发展不能看作是一个单一的、整齐划一的、直线形的路径。所以，在错综复杂的发展环境中，不仅需要我们的智慧，也需要我们的耐心。特别是在一些有疑惑或是有争议的问题上，我们不应急于下结论，而要尽自己所能做好文化遗产的完整保护，以便给未来更好地利用留下空间。

四、结语

通过以上的回顾与反思，我们可以更加清晰地认识到，《威尼斯宪章》在其形成之初就是一个开放的和发展的系统。50 年来，随着人类对自身遗产价值的认识不断提升和扩展，以《威尼斯宪章》为基石的文化遗产保护理论体系也在不断地丰富和完善。同时，随着时代的发展和变化，文化遗产保护也在由单纯地依赖专业人员逐步走向民间、走向社会。因此，我们在运用《威尼斯宪章》的精神时，一定要充分理解和正确把握它的兼容性、开放性和发展性，同时要对当前社会、当代人给予足够的关注。因为，遗产保护的目标之一是实现地球环境和人类文化的多样性。可持续发展理念的提出不仅体现了人们对自然的尊重，也蕴含了深刻的人文关怀。在可持续发展的理念下，我们必须清醒地认识到两个方面：满足当代人和后代人的需要，以及必须为此对当前的需要进行约束。

1972 年联合国教科文组织在巴黎举行的第 17 届会议上指出："考虑到在一个生活条件加速变化的社会里，就人类平衡和发展而言，至关重要的是为人类保存一个合适的生活环境，以使人类在此环境中与自然及其前辈留下的文明痕迹保持联系。为此，应该使文化和自然遗产在社会生活中发挥积极的作用，并把当代成就、昔日价值和自然之美纳入一个整体政策。"该内容对于我们保护文化遗产来说具有重大意义。

（本文合作载于 2014 年第 2 期《中国文物科学研究》，此处有修改）

参考文献

［1］国家文物局法规处. 国际保护文化遗产法律文件选编［M］. 北京：紫禁城出版社，1993.

［2］陈志华. 保护文物建筑和历史地段的国际文献［M］. 台北：台北博远出版有限公司，1993.

［3］弗朗索瓦丝·萧伊. 建筑遗产的寓意［M］. 寇庆民，译. 北京：清华大学出版社，2013.

［4］尤卡·约崎雷多. 建筑维护史［M］. 邱博舜，译. 台北：台北艺术大学出版，2010.

［5］张松. 历史城市保护学导论［M］. 2 版. 上海：同济大学出版社，2008.

［6］J. 柯克·欧文. 西方古建古迹保护理念与实践［M］. 秦丽，译. 北京：中国电力出版社，2005.

[7] 陈志华. 介绍几份关于文物建筑和历史性城市保护的国际性文件（一）[J]. 世界建筑, 1986 (3)：65 – 67.

[8] MICHAEL PETZET. Principles of preservation – an introduction to the international charters for conservation and restoration 40 years after the Venice Charter [EB/OL]. (2011 – 01 – 13) [2014 – 01 – 30]. http：//openarchive. icomos. org/432/.

[9] 吕舟.《威尼斯宪章》的精神与《中国文物古迹保护准则》[G] //清华大学建筑系. 建筑史论文集. 北京：清华大学出版社, 2002.

[10] 徐振, 顾大治. "历史纪念物"与"原真性"[J]. 规划师, 2010 (4)：90 – 94.

[11] 王景慧. 从文物保护单位到历史建筑 [J]. 城市规划, 2011, 35 (增刊1)：45 – 47, 78.

[12] 王景慧. 论历史文化遗产保护的层次 [J], 规划师, 2002, 18 (6)：9 – 13.

[13] 安娜, 等.《威尼斯宪章》的中国特色修正和发展 [J]. 城市规划, 2013, 37 (4)：86 – 88.

[14] 杨昌鸣, 张帆. 历史建筑保护及其修复技术理念的演进 [J]. 城市建筑, 2011 (2)：104 – 106.

[15] 刘鹏, 董卫. 大遗址保护背景下偏远乡镇建设空间布局研究 [J]. 现代城市研究, 2013 (7)：56 – 61.

[16] 邵甬, 杜晓帆. 守望遗产 传承文化 [N]. 中国文物报, 2014 – 01 – 24 (6).

[17] ICOMOS. International charter for the conservation and restoration of monuments and sites (The Venice Charter 1964) [EB/OL]. (1964 – 05 – 31) [2014 – 01 – 30]. http：// www. international. icomos. org/charters/Venice. htm.

[18] 杜晓帆. 世界遗产的发展趋势 [N]. 中国文物报, 2011 – 03 – 25 (5).

[19] 联合国教科文组织, 世界文化与发展委员会. 文化多样性与人类全面发展 [M]. 张玉国, 译. 广州：广东人民出版社, 2006.

[20] 热罗姆·班德. 开启21世纪的钥匙 [M]. 周云帆, 译. 北京：社会科学文献出版社, 2005.

[21] 奈良文化财研究所文化遗产部. パブリックな存在としての遺跡·遺産 [M]. 奈良：奈良文化财研究所, 2013.

无形的根枝

——文化多样性与无形文化遗产的保护和传承

一、什么是无形文化遗产

中国对无形文化遗产的认识和保护有着较长的历史和传统。自古以来中国人视数典忘祖为大逆不道，无形中成了保护和传承历史文化的思想基础。近代兴起的人类学、民族学、民俗学等新学科在记录口头及无形文化遗产方面做出了很大的贡献，客观上也为其传承起到了积极的作用。不过，"无形文化遗产"概念的出现还是近几年的事情。

"无形文化遗产"是个外来语，直接译自日语中的"无形文化财"。近来，一些学者和媒体又比较多地使用"非物质文化遗产"，应该是译自英语的 Nonphysical Cultural Heritage，其内涵与"无形文化遗产"没有太大区别，但如果按照联合国教科文组织颁布的"PROCLAMATION OF MASTERPIECES OF THE ORAL AND INTANGIBLE HERITAGE OF HUMANITY, *Implementation guide*"（《人类口头及无形遗产代表作品宣言实施规则》）使用的 Intangible Heritage 来翻译的话，"无形遗产"应该更确切。

日本是最早以法律的形式对无形文化遗产实行保护措施的国家，也是最早提出无形文化遗产概念的国家。1950 年 5 月，日本政府颁布了《文化财保护法》，并于同年 8 月 29 日开始实施。其中，总则第二条为"文化财"所下的定义中，包括了四个方面的内容：

1）有形文化财，包括建筑物、绘画、雕刻、工艺品、书法、典籍、古代文书及考古出土资料等。

2）无形文化财，包括演剧、音乐、工艺技术等。

3）民俗文化财，包括有关衣食住行、生产、信仰、年中节庆等风俗习惯、民俗艺能的无形民俗文化遗产，和表现上述习惯与艺能的衣服、器具、房屋等事物的有形民俗文化遗产。

4）纪念物，包括贝冢、古坟、都城遗址、城址、旧宅等遗迹，庭园、桥梁、峡谷、海滨、山岳等名胜，以及动物、植物和地质矿物等。

无形文化遗产的提出虽然顺应了日本政府当时开始的保护国粹计划，但作为国家法律所保护的对象，这一概念的提出也具有重要意义。1975 年，日本政府在重新修订《文化财保护法》时，考虑到传统的文物保护修复技术后继无人、修复材料生产困难，在第 5 章中增加了"文物保护技术的保护"一节，被核定为选定保存的技术有木制雕刻的修理、漆器工艺品的修理、屏风卷轴的修理、装裱用和纸的制作、建筑物的修理、锻铁的制作、日本漆的生产等技术及所用用具的制作技术等。将传统的文物保护技术作为无形文化遗产来保护，是对无形文化遗产认识的又一个进步。2002 年 10 月，上海国际博物馆高峰论坛上，中国文化部副部长、故宫博物院院长郑欣淼先生在其演讲中也将文物保护技术的传承作为故宫博物院对无形文化遗产传承的自觉。

日本对无形文化遗产的保护和实践首先影响了亚洲的韩国。1962 年，韩国颁布了《文化财保护法》，并于 1964 年开始实施。之后，又逐渐在菲律宾、泰国、美国和法国等国家得到了响应。日本无形文化遗产始于明治时代，是一种受人爱护、被人赏识、利用和经营的资产或资源。在西方，因知识产权被视为一种资产，他们把版权和专利定义为知识产权，将智慧加以物化。但是，那些集体的文化创造却因为没有文字记载或记录，对其价值的鉴定存在着许多问题。这也是无形文化遗产这一概念在经历了长时间的等待之后才得到国际的认可的原因。

20 世纪 70 年代，联合国教科文组织对世界自然和文化遗产名录的讨论促进了人们对于保护无形文化遗产的广泛思考，其间召开了多次技术研讨会，各种建议纷纷出台，部分会员国提出在联合国教科文组织内制定有关民间传统文化无形遗产等国际标准文件。1977 年，联合国教科文组织在有关遗产保护的第一个中期计划（1977—1983）中第一次提到了文化遗产由有形遗产和无形遗产两部分组成。1989 年 10 月 17 日至 11 月 16 日在巴黎举行的联合国教科文组织大会第 25 届会议通过了《保护民间创作建议案》，其将民间创作定义为："民间创作（或传统的民间文化）是指来自某一文化社区的全部创作，这些创作以传统为依据，由一个群体或一些个体所表达，并认为是符合社区期望而作为其文化和社会特性的表达形式，准则和价值通过模仿或其他方式口头相传。它的形式包括语言、文学、音乐、舞蹈、游戏、神话、礼仪、习惯、手工艺、建筑术及其他艺术"。该建议案的通过对推动无形文化遗产的保护起到了积极的作用。建议案要求各会员国采取法律手段和一切必要措施，对那些容易受到全球化影响的遗产进行必要的鉴别、维护、传播和保护，并向人们指出，有大量属于文化特性和当地少数民族文化渊源的口头遗产正面临消失，情况紧急，急需告诫有关当局者及这些遗产的拥有者，让他们知道这些文化遗产的重要价值，并知道怎样去保护它。1998 年 10—11 月，联合国教科文组织执委会在第 155 次会议上通过了《人类口头及无形遗产代表作品宣言和实施规则》，号召各国政府、非政府组织和地方社区采取行动，共同对民间集体保管和记忆的口头及无形文化遗产进行管理、保存、保护和利用。宣言中所确立的无形文化遗产定义为国际社会所通用。

2001 年 5 月 18 日，联合国教科文组织总干事松浦晃一郎郑重宣布了首批 19 项人类口头及无形文化遗产经典之作，是保护无形文化遗产运动达到高峰的体现。同年，发布了《世界文化多样性宣言》。2002 年 9 月，联合国教科文组织召开了以"无形文化遗产：文化多样性的体现"为主题的第三次文化部长圆桌会议，通过了保护无形文化遗产的《伊斯坦布尔宣言》。所有与会者都强调了做好设立国家级机制和设立国际级机制两项工作间的平衡的必要性，并呼吁联合国教科文组织促进新的合作形式的发展。另外，联合国教科文组织被授权于 2003 年 10 月的第 32 次全体成员国大会期间初步起草保护无形文化遗产的国际公约。

以上所有的工作对人类口头及无形文化遗产的抢救和保护起到了积极的推动作用，为国际的进一步合作打下了良好的基础。

二、文化多样性与无形文化遗产

最近几年，几乎所有学科、所有领域都朝着全球化的趋势发展。全球化涉及的内容极广，很难轻易加以分析，它代表着文化的输出和输入，其速度和密度近年来都达到了前所未有的水平。一般人对全球化的理解更多的是在经济领域，当今的世界，正有一股强大的力量推动着经济的集团化和集约化，促进着全球经济的一体化。随着经济和市场的全球化，各种文化得到空前的交流和融合，然而，全球化的力量也正在同化世界各地的本土文化。所以，在经济全球一体化的同时，如何防止文化的全球一体化，是人类共同面临的一个重大课题。联合国教科文组织一向以组织和维持不同文化之间的交流为自己的主要任务，但经验表明，在寻求达到这个目标的过程中，促进不同文化的交流和保护文化的多样性之间的矛盾似乎是难以逾越的障碍。

20 世纪中叶以来，随着经济的飞速发展，人类在享受其带来的优裕、丰富的物质生活的同时也饱尝了无视环境破坏、单纯追求发展带来的恶果。环境污染、沙漠化等问题严重地影响了人类正常的生活。1972 年 6 月，在瑞典斯德哥尔摩召开的联合国人类环境会议上通过了《人类环境宣言》和《人类环境行动计划》，宣言申明："人类拥有一种在能够过尊严和幸福生活的环境中，享受自由、平等和充足的生活条件的基本权利，同时也负有为当代和世世代代保护和改善环境的神圣使命"。之后，人们又认识到对生物多样性的破坏使地球的生态平衡发生了变化。保护生物多样性成为当今世界环境保护的热点，受到全社会的关注和支持。1992 年 6 月，在巴西里约热内卢召开了有史以来规模最大的联合国环境与发展大会，有 183 个国家和地区参加，通过了《生物多样性公约》（1993 年 12 月 29 日正式生效）。所谓生物多样性，是指地球上所有生物——动物、植物和微生物及其生存环境所构成的综合体。它由生态系统多样性、物种多样性和遗传多样性三个部分组成。生物多样性奠定了地球生命的基础，包括人类生存的基础。保持生物多样性，才能使地球的生物链保持平衡的循环状态，才能使地球的生物圈有足够抵御外来破坏和打击的基因数量。而人类也是生活在地球生物圈中的一个物种，任何生物链的破坏和失衡都会影响整个人类的生活和地球的生存。另外，许多动物、植物和微生物物种的价值现在还不清楚，如果这些物种遭到破坏，后代人就不再有机会利用，因此我们必须注意保护，才能使社会实现可持续发展。

保护生物多样性的理论同样让我们意识到维护文化多样性的重要意义。

今天的地球文明也就是所说的人文环境，正是人类在长期的历史过程中不断交融和碰撞的结果，人文环境或者说文化生态的平衡同样依赖于文化多样性。正如地球需要保持多种生物才能达到生物平衡一样，人类社会的正常发展也依赖多种文化、多种智慧的交流和碰撞。早在 1948 年联合国通过的《世界人权宣言》中就强调，在多元化社会中，每个人不仅要承认各种差异，而且要承认这种差异的多元化。只有这样，在不断发展变化的进程中；富有表现、创造及创新能力的文化多样性才能得到保护。因此，在 2001 年 11 月 2 日联合国教科文组织大会第 31 届会议上通过的《世界文化多样性宣言》中指出："文化在不同的时代和不同的地方具有各种不同的表现形式。这种多样性的具体表现是构成人类的各群体和各社会的特性所具有的独特性和多样化。文化多样性是交流、革新和创作的源泉，对人类来讲就像生物多样性对维持生物平衡那样必不可少。从这个意义上讲，文化多样性是人类的共同遗产，应当从当代人和子孙后代的利益考虑予以承认和肯定"。这是国际社会第一次获得如此大规模的法律工具，将文化多样性定位为人类共同的遗产，承认它与生物多样性具有同样的必要性。文化多样性捍卫了伦理规则，是人类尊严不可分割的部分。《世界文化多样性宣言》成为联合国教科文组织在 21 世纪初所倡导的新伦理的奠基性文件之一，应该得到广泛的宣传，并动员国际公共舆论来监督实现这些原则。

人类口头与无形文化遗产、人类物质遗产一样，都是人类文明的结晶和最宝贵的共同财富，是人类社会得以延续的文化命脉，而无形的东西往往比有形的东西更加重要。无形的文化遗产包含了人类无限的情感，具有深远的意义和极大的价值，关系着人们的生活和整个社会。一个民族的口头和无形文化遗产往往蕴藏着该民族传统文化的根源，保留着形成该民族文化的原生状态，以及该民族特有的思维方式等。用前联合国教科文组织总干事松浦晃一郎先生的话来说，无形文化遗产是组成人类遗产的根基。拿语言、音乐、舞蹈、戏曲及服装来说，它们可以让我们从一个更加生动、形象的角度去了解它们背后的人曾经历过的生活。因此，我们在讨论维护世界文化多样性的时候，人类口头及无形文化遗产的保护和传承便是最为重要的内容之一。《世界文化多样性宣言》第 7 条讲到文化多样性与创作的关系时指出：每项创作都来源于有关的文化传统，但也在同其他文化传统的交流中得到充分的发展。各种形式的文化遗产都应当作为人类的经历和期望的见证而得到保护、开发利用和代代相传，以支持各种创作和建立各种文化之间的真正对话。

三、人类口头及无形文化遗产的保护和传承

全球一体化和工业文明的发展导致许多发展中国家的传统文化迅速遭到破坏，其中无形文化遗产的处境极为危险。由于无形遗产的特殊性，它的消失和破坏往往更容易被忽略。联合国教科文组织项目《世界语言报告》指出，现在世界上尚有 6000 余种语言在使用，语言学家们估计，在 21 世纪将有一大部分语言会陆续失去它的交际功能而让位于国家或地区的官方语言，因为大多数语言没有文字或者缺少形态。一种语言一旦消亡，多少代人的知识积累和表达方式便从地球上消失。

由于口头和无形文化遗产的特殊性，我们必须注意，有形文化遗产的保护方法不能用于无形文化遗产的保护。对这些特殊的人类文化遗产的保护来说，我们所能做的就是：第一，通过声像媒介或文字把它们当前的状态记录下来；第二，通过对传统艺人的帮助，把技艺传给后代，使遗产得以存活。同时，要充分认识教育在保护和传承人类口头及无形文化遗产中的重要作用，在可能的情况下应该将无形文化遗产的内容列入中小学的课程当中，让年轻一代也加入保护人类遗产的行列。为了保护传统的口头及无形文化遗产，就有必要保护好那些掌握传统技艺及口头传说的人的能力。日本在 1950 年首创了"人间国宝保护体制"，因其在抢救和保护无形文化遗产方面取得了显著成效，得到了联合国教科文组织的大力推广，并将其纳入"人类口头及无形遗产抢救与保护"的整体框架之中。到目前为止，这个体制已在日本之外的韩国（1964 年）、泰国（1985 年）、菲律宾（1994 年）和法国（1994 年）得到了建立和推广。从

1996 年开始，联合国教科文组织在汉城（今首尔）、威尼斯、东京、马尼拉等地先后举办了 8 次 "人间国宝保护体制国际培训班"，并起到了积极的推动作用。建立抢救和保护人类口头和无形遗产的有效机制应该是当务之急。联合国教科文组织正在起草的《保护无形文化遗产国际公约（草稿）》总则第二条中将 "保护" 定义为确保无形文化遗产生存的措施，包括对遗产的认定、建档、保护、推广、传承和振兴工作。2002 年 9 月的伊斯坦布尔文化部长圆桌会议亦提出了保护遗产的 5 个基本行动领域，即研究和建档、规范化行动、教育政策、对传承人的保护和财政基础，与上述的定义基本相同。

可是，在具体的保护工作中，我们以什么样的方式来保护那些即将消失的语言呢？除了录音、图像及文字记录等保护方式外，如何使它们得以传承呢？而这种传承对于该民族是否具有实际的意义？单纯从价值的角度看，每一种语言都是一个经典。但我们怎么能够单凭几个人的讲话就断定一种语言在历史上的作用以及韵律的优美程度比另一种语言更有价值、更有意义？

这就给我们提出了一个很大的难题：虽然我们已经拥有了《人类口头及无形遗产代表作品宣言和实施规则》，但在实际的操作过程中，如何才能更好地理解和反映无形文化遗产呢？例如，我们常常谈到的历史可以追溯到汉代的中国民间艺术剪纸，作为无形文化遗产的重要保护对象之一，于 2000 年被中国文化部所属艺术研究院列为首批向联合国教科文组织申报的人类口头及无形遗产代表作，它的制作过程作为无形文化遗产我们很容易理解，但制作过程中使用的工具及创作完成的作品我们就不得不承认其有形性或是物质性。又如戏曲的保护，其中的剧本、戏台、服装、道具等也是有形的和物质的。我们不能因为它是一场演出便将这一传统完全视为无形或非物质的。另外，这样的文化活动究竟持续多长时间才称得上是传统？它是否必须在民众中具有广泛的影响？如果人们改变了传统的表演方式以顺应时代的发展要求（如现代京剧），应该视为一种成功的改革，还是视为一种应该摒弃的篡改呢？因此，我们对于无形遗产价值的重要性虽然认识得越来越深，但对无形文化遗产的界定和诠释，还需要根据不同的情况再做进一步的研究和探讨。

当无形文化遗产越来越受到全社会的关注，其被视为民族瑰宝并得到政府保护的同时，有时也会出现另外一种状况，那就是本来由民间或社区主导的行为转化为以官方主导的制度。另外，各种民间的传统庆典和娱乐方式在得到保护的同时常常被看作促进商业投资的潜在资源，其在带动当地旅游产业的同时也可能沦为专供旅游者消遣的表演项目。

人类口头及无形文化遗产具有悠久的历史，但对我们来说，建立一个有效的保护、抢救和传承的机制，任务依然很艰巨。令人欣慰的是，由于优秀的传统文化及其保护者的坚忍与力量，多数的传统文化在全球化的进程中得以幸存甚至弘扬，表现出了永恒的价值。应该相信，随着地区、国家及国际社会实施的共同行动计划的推进，人类口头及无形文化遗产一定会得到保护和传承，并为人类未来的发展做出贡献。

（本文原载于 2005 年 12 月《中国非物质文化遗产》，此处有修改）

文化遗产保护的亚洲实践与展望

如今，文化遗产学已成为亚太地区的新兴学科之一，相应的保护与管理事务也引发了学者的兴趣与讨论❶。联合国世界遗产中心将缔约国划分为六大地区，旨在联结、平衡与促进地区间的世界遗产实践。亚太地区包含了亚洲与太平洋广阔地域的 35 个国家❷，其中亚洲有 25 个国家，大洋洲有 10 个国家。受世界遗产制度的影响，亚洲地区的遗产保护也从传统的文物保护跨越到文化遗产保护领域。在此基础上，亚洲各国都在探索属于自己的文化遗产保护之路，并取得了瞩目的成就。2003 年，世界遗产中心特别把《中国文物古迹保护准则》作为亚太地区关于世界遗产保护的重要实践指导作了评述❸。考虑到地缘关系的因素，本文着重探讨北半球亚洲地区的文化遗产保护实践及对未来的展望。亚洲是七大洲中面积最大、人口最多的洲，尽管各国经济发展水平不一，自然气候、地理环境等差异极大，但都拥有着灿烂的文化遗产。在追求经济发展的大背景下，亚洲各国经历了新兴国家的民族主义身份认同，整体上处在由

---

❶ 例如，"亚太地区历史遗产与文化景观保护之路"国际学术研讨会的与会学者从亚太地区的不同遗产类型如世界遗产、建筑遗产、文化景观、聚落遗产等方面分享了保护实践与原则，并针对亚太地区的保护修复理念、保护管理路径、整备现状政策等议题分享交流了各领域的文化遗产保护理念与实践。参见：杜晓帆. 从历史走向未来——亚太地区历史遗产与文化景观保护之路 [M]. 上海：复旦大学出版社，2017.

❷ 世界遗产中心将缔约国分为六大地区，分别是非洲、阿拉伯地区、亚洲太平洋地区、欧洲和北美洲、拉丁美洲和加勒比地区。这一分区和地理上的分区不尽相同。其中，亚洲和太平洋地区的缔约国有 35 个，分别是阿富汗、澳大利亚、孟加拉、柬埔寨、中国、朝鲜、斐济、印度、印度尼西亚、伊朗、日本、哈萨克斯坦、基里巴斯、吉尔吉斯斯坦、老挝、马绍尔国、密克罗尼西亚、蒙古、缅甸、尼泊尔、新西兰、巴基斯坦、帕劳、巴布亚新几内亚、菲律宾、韩国、新加坡、所罗门群岛、斯里兰卡、塔吉克斯坦、泰国、土库曼斯坦、乌兹别克斯坦、瓦努阿图、越南。

❸ 世界遗产中心亚太地区第一轮定期报告 [R/OL]. (2003-07-05) [2019-01-26]. Periodic Reporting 1st Cycle：Asia & Pacific (2003), Twenty-seventh session Paris, UNESCO Headquarters, Room XII. 30 June-5 July, 2003. http：//whc. unesco. org/en/activities/665.

传统迈向现代的转型时期。亚洲各国也拥有独特的、不同于西方的历史进程与文化传统，因此探讨亚洲地区的遗产保护对这一地区其他的遗产实践来说具有十分重要的意义，亚洲各国的文物保护政策、理论与实践经验也可以为我国的文化遗产保护提供经验借鉴。

一、东亚的遗产保护实践——以日本为例

日本在"明治维新"期间受欧化主义的影响，废佛弃寺风潮兴起；明治末到大正时期，伴随着近代化进程的发展，纪念物文化财处于危机之中；"二战"后社会经济的混乱亦造成了文化财的破坏❶。在此背景下，日本认识到文物对于维护民族传统和民族自立的重要性，并开始学习西方的现代文物保护管理经验。自明治四年《古器旧物保存方》公布到"二战"后《文化财保护法》建立，日本从国家层面设立法律制度，通过法律选定并保护国宝、重要文化财、史迹，至今已有近150年的历史。经过一个多世纪的探索，日本的文化遗产保护措施已经形成了较为完善的体系❷，在遗产分类、遗产制定、相关法制建设、保护与修复方法、技术及管理利用方面既有现代性又有独到的亚洲特色❸。

1. 全面、完善的法律框架

"文化财"是日本由英文 cultural property 直译过来的，从1950年颁布的《文化财保护法》开始使用，现已成为一般用语普及开来❹。日本在文化遗产的理解上与国际通行的概念基本接轨，并充分结合了本国文化遗产的具体情况，拥有更丰富的内涵。

《文化财保护法》经历多次修订，自1950年立法通过，于1954年、1968年、1975年、1996年、2004年、2007年共进行了六次修订，比较重要的修订

---

❶ 国家文物局第一次全国可移动文物普查工作办公室. 日本文化财保护制度简编 [M]. 李黎，杜晓帆，译. 北京：文物出版社，2016：2.

❷ 苑利. 日本文化遗产保护运动的历史和今天 [J]. 西北民族研究，2004（2）：132－138.

❸ 米彦军. 浅析日本对文化遗产的合理保护 [G] //杨巨平. 保护遗产 造福人类：世界文化遗产的保护与管理. 北京：世界知识出版社，2005.

❹ 北川宗忠. 觀光文化論 [M]. 東京：株式會社ミネルヴァ書房，2004：41.

是 1968 年的那一次。20 世纪 60 年代后，随着日本经济的迅猛发展，社会结构相应发生变化，构成传统文化的因素如传统建筑、传统生产生活方式、风俗习惯、年中行事、民俗工艺也受到威胁。这些都要求政府的文化遗产保护工作进行相应的调整，1968 年的修订就是对当时的现状与问题做出的回应。修订的内容分为四个方面：一是对民俗文化财的范畴进行了新的界定，增加了"无形文化财"的概念；二是将保护单座建筑改为建筑群落的整体性保护；三是建立传承文化财的保存选定技术，以保护传统制作工艺；四是强化地方公共团体的文化财保护体制，进一步明确、加大地方组织在文化财保护中的权利、义务与责任。

2. 详细、有序的分级分类体系

整体观之，日本的文化遗产保护实践可以概括为纵向的分级与横向的分类系统。文化遗产横向分类方面，《文化财保护法》中列举了文化财的六个构成类别，并通过法规进行定义与分项❶。纵向分级方面，由于日本具体文化遗产的所有权分属于不同的产权主体，日本文化遗产保护的执行者分为国家（中央、地方政府）、地方公共团体、所有者、国民四类，每一类的职责都十分清晰。例如，国家的职责如下：

1）制定《文化财保护法》。

2）重要文化财的指定和选定，身边的文物（建筑物）的登录。

3）对指定文化财所有者进行的管理、修理、公开展出等发出指示、命令、劝告。

4）指定文化财的现状变更的控制、输出的制限、回复原状的命令。

5）对指定文化财所有者的管理、修理、公开等活动给予补助。

6）对文化财公有化的地方公共团体给予补助。

7）制定有关指定文化财税制的特例措施。

8）博物馆、剧场等公开设施、文化财研究所的设置、运营。

通过政府主导和地方政府的推动，民间与政府密切合作，对遗产进行保护

---

❶ 国家文物局第一次全国可移动文物普查工作办公室. 日本文化财保护制度简编 [M]. 李黎，杜晓帆，译. 北京：文物出版社，2016：1 – 2.

利用。注重对历史风土的整体性保护和民众参与地方保护利用是日本文化遗产保护的特征。

3. "日本遗产"：由点成线，由线成面

值得注意的是，日本虽然于 1992 年签订了《世界遗产公约》，且拥有多项世界遗产，但并未将世界遗产纳入日本的法律体系中，因此世界遗产实践一直与文化财制度并行互补。日本学者认识到，世界遗产作为遗产保护、阐释、管理与利用的范本，其优秀经验和实践十分值得借鉴，然而，世界遗产作为最佳范式，数量有限，审批严格，无法涵盖日本所有的遗产。如何借鉴世界遗产的实践，帮助其他地方进行具有世界遗产标准的文化阐释，整合各种资源与要素，深化文化遗产的内涵，这一思索推动了日本的文化遗产实践继续前行。

为应对各种问题，日本的学者提出"日本遗产"（Japan Heritage）的概念，2015 年 4 月日本文化厅将其作为项目正式推行❶。遗产的标志隐含了由点成线、由线成面的意味。日本通过《文化财保护法》将文化遗产分为若干个类别（category），在保护方面大多采取点状的保护措施。这种方法的优点是可以明晰产权主体的责任，利于制定遗产的保护策略与问责措施，也可以对单点遗产采取详细的研究，制定有针对性的保护管理规章。然而，这种体系也带来不少问题。首先，遗产的类型不可胜举，新的遗产类别或实践随时会出现，由于立法的前瞻性有限，且囿于程序问题，新内容列入法律的过程较为缓慢，在时间与过程上都要滞后于当下的遗产实践。寻求灵活、便于操作的遗产保护与实践方法成为当务之急。其次，《文化财保护法》将遗产分为六大类，每类又分成若干小类，这也带来了一些问题：遗产类型有时并不明晰，各子项列入何种类别具有一定的主观性，而这种主观性又带来逻辑上的不清晰，造成各子项间的重叠或矛盾。尤其随着遗产类型的丰富与实践的扩大，这种问题更加突出。例如，文化景观的概念，其涵盖的要素与区域都十分复杂庞大，分类保护的思想也越来越难以施行，如何对景观及其背后存在的运行机制进行整体保护，也是亟待解决的问题。再次，为了贯彻日本"整备"的概念，《文化财保

---

❶ 稻叶信子. 日本的世界遗产与日本遗产 [G] //杜晓帆. 从历史走向未来——亚太地区历史遗产与文化景观保护之路. 上海：复旦大学出版社，2017：12 –13.

护法》尤其强调"保存与活用",文化厅的职责就是要通过"整备"的手段使两者达到和谐的状态❶。《文化财保护法》中的分类虽然详细,但在某种程度上却割裂了组成遗产的各个要素,破坏了遗产的整体性,不利于遗产的展示与阐释。单点保护遗产的方法背后面临的是信息缺失、顾此失彼的境遇。最后,为配合日本观光立国的战略,文化遗产的旅游也在日本政府的策略之中,如《推进观光立国基本法》对历史文化遗产的运用已成为日本国家法律制度的最基本内容❷。如何通过"日本遗产"讲好"日本故事",做好文化遗产的活用,也需要新时代的回应。

"日本遗产"作为一种方法（approach）,通过项目（project）的形式,旨在将以前按文物种类详细分类的遗产整合起来,连成一个"故事",用整体的眼光来看待文化遗产,以囊括不在法律框架内的有形的、无形的、文化的、自然的要素,作为项目对遗产提供保护和资助,使其保护利用更加灵活多样。目前比较瞩目的例子是人吉球磨。作为一项遗产,其涵盖了日本 10 个市町村里 41 处文化财,日本政府计划将这些分布在广阔地区的点状遗产地集合起来,通过球磨川的河流将故事串联起来。现在,日本文化厅正在根据本地特性制订综合计划。

4. 小结

虽然日本的世界遗产数量在亚洲并非数一数二,但日本的文化遗产保护实践一直走在亚洲前列。基于对本国文化遗产成熟的保护实践,日本提出的"无形文化财"深化了我们对文化遗产的理解,也进一步扩大了文化遗产的保护范围,并深深地影响了联合国教科文组织的世界文化遗产实践❸。于日本奈良通过的《奈良真实性文件》引发了实践者对"真实性"的探讨,而今天"日本遗产"的实践也对我们有一定的启发与借鉴意义。文化遗产是一门实践性学科,只有在实践中才能更好地检验并解决问题。日本的遗产保护实践最大的特点是立足于民族特色制定周详、细致的遗产保护框架,并大力推行。这种

❶ 中井将胤. 日本史迹保存与整备的现状和政策［G］//杜晓帆. 从历史走向未来——亚太地区历史遗产与文化景观保护之路. 上海：复旦大学出版社, 2017：80.
❷ 宋振春. 日本文化遗产旅游发展的制度因素分析［M］. 北京：经济管理出版社, 2009：79.
❸ 顾军, 苑利. 文化遗产报告：世界文化遗产保护运动的理论与实践［M］. 北京：社会科学文献出版社, 2005：108.

立足于本国的遗产实践不仅没有缩小日本与世界其他地区遗产保护的距离，反而在国际上占有一席之地。这种话语权当是来源于日本立足本国、行之有效且不断前行的遗产保护实践。

二、东南亚的遗产保护实践

东南亚包括 11 个国家，即缅甸、老挝、柬埔寨、越南、泰国、马来西亚、新加坡、文莱、印度尼西亚、东帝汶和菲律宾，不仅是一个由诸多人种和语言群体（ethno – linguistic groups）构成的多民族地区，更是一个多方文明交汇的区域。最早影响这里的外来文明来自印度，并留下了丰富的佛教与印度教文化遗产，除了物质遗产如寺庙、建筑遗址，很多非物质遗产也烙下了印度文化的印记，包括语言、礼仪、艺术、宇宙观、饮食、服饰等。中华文明的影响自秦朝向南开拓疆土至北向户（越南北部）❶ 到西方殖民东南亚时期大量华人南下一直未曾中断。伊斯兰文明主要随着贸易进入东南亚。中东地区的穆斯林商人大约于 7、8 世纪抵达东南亚进行贸易活动，但直到 13 世纪，伊斯兰文化才开始借助伊斯兰教的传播而影响东南亚。16 世纪后，西方列强逐步拉开殖民东南亚的序幕，留下其文化的影响。但在东南亚各国的世界遗产中，可以见到印证印度文明、中华文明和西方文明的文化遗产，唯独缺乏代表伊斯兰文明的世界遗产。

1. 东南亚文化遗产保护环境

文化遗产的保护需要安全的人文与自然环境。良好的人文环境意味着政治稳定、宗教和谐、种族融合以及高水平的国民教育程度、社会安定无战争等。但纵观东南亚的近代史，除了新加坡、马来西亚和文莱的政治环境相对稳定，其余国家的政治、社会环境都经历了长期的不稳定，面临民族冲突等各种混乱局势。

多元宗教、多元文化和多元种族本来应该为这个区域带来更丰富的文化遗产，不幸的是，事实恰好相反，东南亚多国普遍存在政治、宗教及种族等因素

---

❶ 刘东. 中华文明读本 [M]. 南京：译林出版社，2013.

操控、拆毁文化遗产的情况，大量文化遗产尤其是少数民族的文化遗产有意无意地被执政党忽视或遭到破坏。

政治、宗教、种族及经济四个因素深深影响了东南亚文化遗产的保护，并且这四个因素之间存在交叉、相互影响。

（1）政治因素

不稳定的政治不利于文化遗产保护，中东因政治动荡不安而导致很多珍贵的文化遗产遭受破坏，是我们再熟悉不过的例子。目前东南亚 11 国当中，政治稳定的国家只有三个，即新加坡、文莱和越南；马来西亚和印度尼西亚表面政治稳定，其实暗流汹涌，不时面对宗教与种族问题的挑战。新建国东帝汶直到 2008 年才进入稳定发展时期。其余各国的政治环境长期处于不稳定状态，背景不一。

（2）宗教因素

多方文明交汇的东南亚不仅文化丰富，宗教亦多元精彩，有佛教、伊斯兰教、基督教、天主教、婆罗门教、道教等，不一而足。各种宗教在这里原本和谐共处，但自 20 世纪末伊斯兰教传入后，改变了原本宗教和睦的氛围。

（3）种族因素

东南亚的种族多如繁星，仅印度尼西亚一国已知的种族就多达 300 多个。不同族群间为了保障本族利益，多次出现冲突事件。

（4）经济因素

政治局势不稳自然会影响经济发展，东南亚 11 国中人均 GDP 超过 5000 美元的只有新加坡、文莱、马来西亚和泰国，其余超半数国家的经济状况不理想。经济滞后导致国民教育水平偏低，间接影响了文化遗产保护教育和修复技术的传播与发展，东南亚大部分国家在文化遗产保护领域亟须接受外来资金与技术的支持。

（5）其他因素

此外，东南亚文化遗产保护还面临天灾、严重的盗窃、贫穷、文物修复施工部文物知识的匮乏、地方与中央政府对文化遗产价值认知的不同（政府趋向于考古的经济与历史信息价值，当地人则重视心灵与象征/符号价值）、游客量超载等问题，这些都有待东南亚各国和国际相关组织共同合作、一一解决。

2. 立法和政策

尽管东南亚文化遗产面临严峻的挑战，但为了建立民族身份、国民自信及发展旅游业、改善国民经济，申报与保护文化遗产是大势所趋。因此，无论是发达国家还是发展中国家，无不重视文化遗产。总体来说，东南亚文化遗产的保护现状如下：

1）法规大多受殖民政府遗留的法规影响。

2）除了新加坡将文化遗产提升到国策，其余国家的法规多有不完善，有些甚至很简单。新生国家东帝汶目前尚未拟定相关法规。

3）东南亚 11 国，除了老挝、越南、印度尼西亚、菲律宾有分级分类，其他国家部分只有分类没有分级，有些完全没有分级分类。

4）因政治、宗教和种族因素，文化遗产政策有所偏颇或缺失。

5）大多数东南亚国家鼓励、重视民众参与文化遗产保护工作。

6）考古和建筑遗产是东南亚文化遗产保护的重点；对于传统村落，只注视发展，没有保护的意识，即使保护也是从环境生态保护的角度出发。

3. 相互借鉴经验

中国与东南亚交流的历史源远流长，尤其是与中国领土接壤的国家——越南、老挝、缅甸，深受中华文明的影响。"一带一路"倡议提出后，中国与东南亚将展开新一轮的合作。一方面，中国作为世界遗产大国，拥有丰富的申遗经验，且同样属于东方文化，可以向东南亚各国提供成功申遗的经验借鉴，协助他们申遗，促进发展良好的国际关系。此外，东南亚各国目前尚无传统村落保护的意识，中国近年积极保护传统村落，所积累的经验可以为东南亚各国提供有价值的参考。另一方面，东南亚的非营利组织参与文化遗产保护的经验也相当有特色，亦可以成为中国取经的对象。

三、南亚的文化遗产保护与现状概述

1. 印度

印度次大陆是世界上最古老和最重要的文明发源地之一，这里有丰富的文化遗产，并因其历史悠久和多样性而与众不同。印度文明最初是沿着印度河和萨拉斯瓦蒂河流域发展起来的。根据考古调查，印度文明最早可以追溯到公元前2500年的哈拉帕城和莫亨约达罗城。尽管近代以来印度遭受了殖民统治和诸多战争，但因为其悠久的历史，仍然保留了丰富而灿烂的建筑文化遗产，包括考古遗址、石窟群、石刻寺庙、纪念柱、雕刻和浮雕、地下设施等，这些建筑又可以划分为宗教类、宫殿类、住宅类、防御类、墓葬类、城市类、公共设施类、景观类等多种类型。

（1）印度遗产保护发展历程

英国人在长期殖民的印度最早开展了本国的考古和保护历史遗产工作，之后随着保护制度和观念的不断完善，在1861年成立了印度建筑遗产保护的唯一官方机构——印度考古调查局。印度考古调查局隶属政府文化部门，是负责考古研究和遗产保护的机构，主要承担的任务是"探索、发掘、保持、维护、保护国际和国家层面上具有重要价值的文化遗迹和遗址"。印度考古调查局对全国各遗产地（单位）实施直接管理，可直接向各遗产地（单位）派出管理人员，并视察工作状况，指导保护工作❶。印度考古调查局主要有七个部门，分别是考古发掘部、史前研究部、建筑调研工程部、寺庙调研工程部、碑铭石刻研究部、科学研究部和水下考古研究部。此外，附属的出版社、博物馆和培训机构也在其管辖范围内。印度考古调查局的主要工作内容是：组织、安排考古研究和发掘工作；维持、保护和保存文物古迹、考古遗址和国家重点文物；进行遗迹和古代文物的化学保护；文物遗迹的考古调查；碑铭石刻和古钱币的研究；设立和管理遗址博物馆；组织和进行考古执业培训；负责相关考古类书籍的出版。

除了印度考古调查局的官方组织负责印度建筑遗产保护，尚有许多民间非营利组织负责保护印度没有列入国家保护名录的建筑遗产和古迹，其中主要有两个较大的机构，一个是国家文化基金管理机构，另一个是印度艺术和文化遗产国家信托组织。

（2）印度遗产保护相关法律法规

为了在目前无序发展的冲击下保护和维护好印度的建筑遗产，印度政府在

---

❶ 邹统钎. 遗产旅游管理经典案例［M］. 北京：中国旅游出版社，2002：37.

1958 年制定了《历史古迹和考古遗址保护法》。为了规范遗址和古迹周边的建设及用地情况，又出台了《古迹和考古遗址保护规则》，以加强建筑遗产的保护和管理。印度独立前，普通市民几乎没有任何遗产保护的意识，许多珍贵的文物被掠夺，流落到国外。后来还出现了许多专门盗窃古迹和文物艺术品的"寻宝者"，文化遗产遭到严重破坏。1972 年，印度政府颁布了《文物和艺术珍品法》来制止这种情况。

为保护古迹周边的地块，防止无序开发和利用，印度考古调查局在 1992 年颁布了一项严厉的管理法规：在靠近古迹的 100 米范围内和允许控制的 200 米范围内禁止进行任何建设开发。这项法规改变了受保护古迹周边都是高密度开发的情况。2010 年，印度出台了比 1992 年的法律更加严谨、严格的《历史古迹和考古遗址保护法（修订)》。

（3）小结

印度将整个国家划分为 24 个考古区，共管理 3600 多处文物，每年都会将全国的历史保护古迹的维修复原等状况进行详细的统一汇总，出版在印度考古调查局的年报上。印度对建筑文化遗产的再利用模式分为原功能延续、博物馆和功能置换三种。

由于印度古代建筑使用的主要材料是石头和砖块，木质结构的建筑较少，所以文物保护部门主要关注让石质材料减少自然风化、雨水、阳光和生物的侵蚀等方面的问题。印度文化遗产几度遭到破坏，都是由于宗教矛盾。

印度的建筑遗产数量众多，其再利用和投入与同样规模和体量的新建筑相比，所消耗的人力、物力和财力等资源都少很多。

尼赫鲁总理曾经这样描述印度德里："在这里，即使是一块普通的石头也会在我们耳边轻轻地诉说这儿的历史，我们呼吸的空气也充满着文明的尘埃和芬芳的过去。"他对德里的评价也适合整个印度。总体而言，印度有着丰富的历史文化遗产，因为宗教和信仰，以及当地的传统文化和政府管理制度，遭受到的人为破坏很少，所以保存较为完善。

2. 斯里兰卡

（1）问题及挑战

斯里兰卡是南亚文明古国之一，拥有古老的城市、丰富的文化和价值极高的世界遗产，但同时也有着南亚地区普遍存在的问题，如城市遗产因分布密集导致的无法避免的问题，城市遗产的真实性和完整性日益受到快速城市化、规划不足和标准化城市更新项目的威胁。本国的风险缓解政策和预防性管理机制仍不足以保护城市遗产，尤其是易受海啸等自然灾害的影响。虽然城市保护和重建工程最近成为政府制定政策的对象，但其更加注重公共空间的维护改造，文化遗产仍然处于边缘地位。

就遗产地管理层面而言，政府虽然设置了专项基金法案，但是现有的法律框架仍不足以保护斯里兰卡的文化遗产。法律执行层面也存在不少问题，如现有的国家部门、基金会、委员会等各个机构权力重叠，文化遗产的保护与管理受到政治干预，缺乏文化遗产保护的社会意识，管理、联络存在问题，遗产地的可持续发展受到阻碍。以加勒为例，联合国教科文组织曾在此评估调查，并总结了以下问题：堡垒内政策和管理的利益相关者难以停止现有未经授权的建筑活动；污水和固体废物管理不足；噪声污染和交通负担日益增加；堡垒内车辆管理不力造成烟雾；架空电线、电缆、电视天线和水箱擦伤了堡垒的屋顶檐口；出于国内安全原因关闭阳台、改变街道；未经授权改变使用的房屋等。

（2）旅游与保护

在遗产旅游层面，斯里兰卡积极开展文化三角项目等，并参与国际合作。就旅游业来说，斯里兰卡在获得发展机遇的同时也面临着许多挑战。游客承载力是平衡旅游的关键因素，旅游业的无限制增长可能导致社会和经济回报减少，并威胁文化遗产赖以生存的生态系统和文化资产。如何在文化与自然保护和旅游发展之间寻求微妙的平衡，如何对当地居民进行教育、使他们增强社会文化遗产保护意识等，都是维护斯里兰卡文化遗产乃至国家发展亟待解决的问题。

3. 巴基斯坦

（1）问题与挑战

目前该国仍然面临着严峻的问题，包括人口过剩、恐怖主义、贫穷和文盲等，这些都不利于文化遗产保护。其文化遗产保护的威胁主要体现为武装冲突对文化遗产的破坏。另外，虽然联邦政府的《古物法案》为考古遗址和历史遗迹提供了保护的依据，然而大多数城市的历史建筑在很大程度上仍然没有被分类和保护。由于巴基斯坦尚缺乏总体的文化传统保护规划，一些对传统文化的经常性保护措施难以为继。此外，巴基斯坦考古工作者流失到海外的现象严重，这在某种程度上也导致了文物古迹保护能力的不足。

（2）政府采取的保护行动

由于全球化的影响，巴基斯坦传统文化的特色越来越模糊。为加强对传统文化的保护，近年来巴基斯坦政府特别在以下几个方面做出了努力。

首先，加大传统民族文化的展示与对外推介力度。为保护巴基斯坦文化和民间遗产，政府对大型博物馆实施保护性开放，通过展示古老的艺术珍品和考古发现，教育并激发人民保护民族文化的意识。巴基斯坦许多著名的大学向公众开放文化、考古成就展览。除了固定的博物馆和展览室，巴基斯坦政府还举办了各种旨在弘扬本民族传统文化的短期展览会，包括雕版印刷、刺绣、棕叶和秸秆工艺品、纸工艺品、蓝陶和骆驼皮制品等，同时邀请手工艺人进行现场表演，以寓教于乐的形式对青少年进行艺术启蒙教育。巴基斯坦总理基拉尼多次强调，政府应重视对传统文化的保护，改善传统手工艺人的生活待遇和工作条件，手工文化艺术展是认识传统技艺和文化知识的机会。

其次，借助国外财力研究并传承古老的文化遗产。由于本国财力有限，为获得其他国家的资助，巴基斯坦政府支持外国专家到巴基斯坦进行联合考古发掘研究，成果共享。目前，联合国教科文组织、挪威政府基金会和巴基斯坦政府正在筹备一项"文化地图"工程，旨在建立"巴基斯坦国家文化资产数据库"。

最后，强化本民族语言——乌尔都语的使用与研究，是巴基斯坦政府近几十年来坚持不懈的重点工作。自20世纪60年代起，巴基斯坦开始推进乌尔都语的普及工作。到目前为止，不仅巴基斯坦电视和广播使用乌尔都语，巴基斯坦99%以上的平面媒体和电子媒体也都在使用乌尔都语。此外，巴基斯坦政府还通过对外广播节目将乌尔都语向巴基斯坦人侨居的60多个国家传播。

4. 不丹

（1）不丹文化遗产保护概要

不丹是一个虔诚的佛教国家，直到今天，佛教教义仍然影响着人们日常生活的方方面面。不丹有一个结合了皇族的世俗权威和国师（Je Khenpo）宗教权威的权力系统，为此，该国的现代化不应与西方化混为一谈，不丹在保护传统文化的同时也在以自己的方式进行现代化建设。

（2）2002 年以来的文化遗产保护工作

在不丹，传统文化的保护主要归因于多年的孤立国家政策。1992 年政策修订后，日本开始参与不丹的历史建筑修复工作，通过文化厅的亚太地区合作项目对不丹的历史建筑进行保护。该项目一直进行到 2002 年，共持续了 10 年。项目结束时，不丹政府对文化遗产的保护表现出积极的态度，并立法实施保护工作。2009 年，一场地震袭击了不丹，许多用传统方法建造的建筑物被损坏，联合国教科文组织新德里办事处就如何支持恢复不丹文化遗产开展了调查。

（3）保护制度

不丹文化遗产保护是由民政文化部（MOHCA）管理的，文化部通过九个组织负责不丹文化政策的规划和执行，包括三个部门［遗产遗址保护司、文化财产司、Driglam（准则、制度）司］、四个博物馆（帕罗国家博物馆、宗萨国家博物馆、纺织博物馆、民俗博物馆）和两个机构（国家图书馆和档案馆、皇家表演艺术学院）。此外，政府将不丹皇家大学、民族手工艺品商场和不丹研究中心认证为文化活动中心。不丹文化政策的另一个独特之处在于：无论中央还是地区的佛教寺庙，都被认定为文化中心。

然而，不丹有关文化遗产保护的基本法律尚未完备。现行文化遗产条例和法律有《可移动文物法》《宗教组织法》等。2005 年颁布的《可移动文物法》规定：由佛教组织、国家政府、地方政府或个人拥有的超过 100 年历史、与著名的宗教人士有关或由著名工匠创作的宝贵文物需要登记。法律针对文物的管理、转让和出售拟定了相关条例。2007 年颁布的《宗教组织法》规定了宗教组织的注册条款、权利和义务。有关宗教组织的法律之所以被视为与文化遗产有关的法律，正是因为宗教在不丹与文化密不可分。不丹《可移动文物法》主要规定了因为管理不善而造成的损失，以及非法买卖的相关内容。

遗产遗址保护司（DCHS）对不可移动文化遗产进行保护。该机构先前称为建筑遗产保护司，由于他们也处理没有建筑物的圣地，后来便改称为遗产遗址保护司。其所保护的目标不变，主要是建筑物，包括运用传统技术建设的建筑和旧建筑。

根据不丹《可移动文物法》，文化财产司负责文物的保护恢复和管理监督。

文化部（DoC）几乎完全负责文化遗产的研究和保护工作，地方政府则负责处理专家的安置和实际修复的资金问题。因此，文化部是不丹海外合作的窗口。不丹也有一些民间组织参与文化活动，但民间组织的能力有限。不丹文化遗产和文物的日常管理与养护大部分依靠僧侣。

5. 尼泊尔

（1）利益相关者冲突的平衡

在尼泊尔，文化遗产保护方面有形的利益相关者包括政府相关管理部门、学术机构、捐助机构、商业团体、国际政府间机构、国际非政府组织和其他机构等，其所涉及的领域也非常广泛，包括遗址发掘、学术研究、文化展示、基础设施开发、环境管理、财政利益、服务提供、教育传播等。然而，在众多的利益追逐中，遗产所在地人民的利益——在传统与现代之间的混乱中寻求舒适生活的需求往往被忽视或没有被正确理解。

尼泊尔虽然将文化遗产保护与旅游发展紧密结合，但缺乏有效的政策和体制框架应对因此带来的种种挑战，迫切需要平衡不同利益相关者之间的利益冲突，如旅游机构和当地企业家、捐助机构和政府部门、保护工程和发展项目等之间的矛盾。例如，在加德满都河谷的文物遗址内可以观察到不同利益相关者之间的矛盾，尤其是考古部（DoA）和当地居民之间的冲突。联合国教科文组织等国际机构批评加德满都山谷世界遗产管理复杂，导致加德满都山谷世界遗产于 2003 年列入"濒危名单"。旅游如果控制得当，可以提高当地人民的收入。然而，尼泊尔政府的处理并不妥当。遗产保护区内旅游业的大部分利润流向了传统富有人家，因为只有他们才有资本在旅游区内开设餐馆和酒店等。因此，将农村发展计划纳入保护区管理框架是必要的，以借此促使更多的人从文化遗产保护中受益。

（2）保护法律、政策的适用性和配套性

以上出现的种种利益冲突问题，保护法律及政策的适用不当是原因之一。尼泊尔的文化遗产政策主要基于联合国教科文组织和开发计划署等国际政府间机构的建议和计划，尼泊尔本国的法律、政策大多直接改编自国际框架，忽视了当地的文化环境。当然，在全球化的时代这是不可避免的，但是将其与尼泊尔多样化的地理环境、经济基础、文化习俗等充分结合也是非常有必要的。

另外，其他有关法律、政策的有机配套同样重要。尼泊尔文化遗产保护一直与旅游业密切相关，因此旅游规章和发展计划对保护的动机和手段有直接影响。地方发展法及建筑物、道路和其他基础设施的规范与文物遗址及其环境的现状也有着重要的联系。真正的挑战是承认这些相关领域之间的重叠后如何制定出相应的协调机制。

从根本上讲，尼泊尔的保护方针和政策应该从"谁的遗产""保护什么""如何保护"及"谁应该负责保护"等问题着手，重新调整现有的保护政策。如果所有这些问题的答案主要围绕着尼泊尔人民，保护的态度和政策也应该相应地改变，政策上需要体现正确认识文化遗产保护的价值观、目标、权利、责任和手段。

6. 马尔代夫

（1）马尔代夫文化遗产保护概要

马尔代夫于 1980 年签署《保护世界文化和自然遗产公约》，4 年后首次提交《世界遗产名录》，但直到 2007 年才于加拿大魁北克举行的第 32 届世界遗产大会上把具有 350 年历史的 Hukuru Miskiiy 珊瑚清真寺送入世界遗产预备名录中。该国另一项列入世界遗产预备名录的遗产是安耐卡要塞（An - Nakhl fortress），也是一个跟伊斯兰教有关的文化遗产，是从穆斯林朝圣路线角度所阐释的文化遗产。到目前为止，马尔代夫仍未有成功申报世界遗产的项目。

马尔代夫虽然拥有丰富而独特的文化遗产，但国家有关的管理和保护极其简要，尚未有一个完善的保护框架。信息、艺术及文化部（Ministry of Information, Arts and Culture, MOIAC）负责保护国家艺术及文化，在此之下所设立的国家语言和历史研究中心（National Centre for Linguistic and Historical Research）是主要的文化遗产保护机构，以研究有形文化遗产为主，并推广非物质文化遗产中的国家语言和历史。另外，贸易与工业部（Ministry of Trade and Industries）也需负责推广非物质文化遗产的传统手工艺品。

（2）马尔代夫文化遗产保护法规

1979 年通过的《马尔代夫共和国的历史与文化财产》（Law No：27/79）是该国目前唯一的文化遗产法规，内容非常简略，也从来没有做过任何的修订。根据联合国教科文组织官方网站上传的《马尔代夫共和国的历史与文化财产》❶，其条款只有如下三项内容：

"破坏或拆除任何在马尔代夫共和国境内发现的具有历史和文化价值的文物或建筑物，是一种犯罪行为。

"a. 本法规定的文化和历史文物或建筑物，是马尔代夫居民或居住在马尔代夫的外国人使用的文物和场所，可能有助于收集某一时期的信息。

"b. 本法规定的文化建筑和历史建筑，是由马尔代夫居民或在马尔代夫居住的外国人建设或建造的，其目的是生活或祈祷，或作为某人的纪念碑，或任何用于其他目的的纪念物，可能有助于收集某一时期的信息。

"c. 经政府有关部门事先批准，在不损害其原创性的前提下，对文化或历史文物和建筑物所执行的研究工作，可豁免本法。"

（3）问题与挑战

马尔代夫虽然国土面积较小，但遗留下来的文化遗产价值不小。在生存条件恶劣、物资匮乏的珊瑚岛上生活的人们，在此已经繁衍生息了 3000 多年。传统的岛屿生活方式向人们证明了人类可以在资源稀缺的环境下与自然和谐相处，积累可持续发展的生活智慧，这些经验是人类极其珍贵的文化遗产，但是马尔代夫的文化遗产保护却面临着巨大的自然与人为挑战。

马尔代夫是世界最低洼的国家，有 80% 的陆地海拔不到 1 米，温室效应导致海平面上升的现象已成为该国面临的重大问题。目前马尔代夫已有许多岛屿因海平面上升遭受海水泛滥和海岸侵蚀。这个自然灾害问题不仅是该国文化遗产保护所要迎击的巨大危机，亦是攸关国家存亡的严峻问题。

马尔代夫文化遗产保护面临的另一个严峻问题是，国民对于文化遗产的保护意识很薄弱，缺乏有关方面的教育。例如，该国有关历史、考古、博物馆和文物保护等单位的工作人员受过相关方面训练的很少。国家政府机构的职员在

---

❶ Law of Historical and Cultural Properties of The Republic of Maldives ［EB/OL］. （1979）［2019－01－30］. http：//whc. unesco. org.

这方面的认知尚且不足，更何况普通大众。因此，马尔代夫的文化遗产，尤其是非物质文化遗产，在现代化面前尤其脆弱。政府与专家虽然有意保护，但国家政治不稳定，经济条件欠佳，国民保护意识薄弱，政府能发挥的力量极其有限。2018年2月1日，在马尔代夫最高法院宣布决定推翻判决和下令重审前总统穆罕默德·纳希德等人后，该国出现了政治危机，现任总统宣布国家进入紧急状态。文化遗产会不会再次因为政治危机而遭受破坏，如同2012年2月7日发生的国家博物馆佛教文物破坏事件？乱局多坏事，谁也无法预测，一切只能静观其变。

7. 孟加拉国

（1）孟加拉国文化遗产保护简介

孟加拉国的文化可追溯到距今4000多年前的铜器时代。孟加拉国有着丰富多样的文化，三大宗教（印度教、佛教和伊斯兰教）对人们的生活方式和国家的文化历史有着巨大的影响，其文化遗产主要反映在建筑、舞蹈、文学、音乐、绘画和服饰方面。1968年颁布的《古物法》（1976年修正）及1986年颁布的《古物保护条例（草案）》构成了孟加拉国文化遗产保护的框架，其涉及了文物的所有权、发掘、交易、出口及保护区域、资金等问题。目前，该国的文化遗产由文化部下属的考古局（DoA）进行保护，但由于贫困程度高、人口密度大、政治不稳定等诸多因素，孟加拉国在文化遗产保护上投入较少，现行的相关法律法规需要进一步完善，文化遗产保护状况亟待改善。

目前，孟加拉国已成为《保护世界文化和自然遗产公约》《关于禁止和防止非法进出口文化财产和非法转让其所有权的方法的公约》《保护非物质文化遗产公约》《保护和促进文化表现形式多样性公约（2005）》的缔约国。

（2）重要法律法规简介

孟加拉国针对文化遗产保护的唯一现行法律就是1968年颁布的《古物法》（1976年修正）。实际上这部法律源于1904年英国统治时期通过的《古代遗迹保存法》，内容基本未作改变，1976年的修正案则是出于国家独立的需要。这部法律主要针对可移动文物。根据该法第2条，"古物"被认为是：任何可移动或不可移动的人类活动的产物，其展示了人类文明的任一方面，如艺术、建筑、工艺、风俗、文学、道德、政治、宗教、战争、科学等；任何具有历史、民族学、人类学、军事或科学价值的古代遗物和遗迹。"古物"还必须拥有至少 100 年的历史。孟加拉国通过授权经销商和要求他们报告交易控制出售和转让可移动文化财产，并允许考古物品的私人所有权，但如果所有者希望出售，则赋予国家优先购买权。同时，禁止出口超过 100 年的任何物品。

1986 年颁布的《古物保护条例（草案）》将文化遗产分为不可移动文化遗产、可移动文化遗产－文化财产两类。

但《古物法》不够全面，且当下并不能有效解决一些纷争，例如甚至没有规定对任何涉及保存、保护及修复的人采取相应措施以防止损失，而仅仅提出了赔偿。而该法在实际操作中也遇到了许多现实问题。2015 年，相关部门和学者向内阁提交了一份《古物法（草案）》，希望进一步完善相关法律法规，提出对破坏文物的行为给予更严厉的惩罚、将 100 年的历史标准减至 75 年、扩大缓冲区域，以及把一些在政治、经济、社会和文化方面具有历史意义的建筑物划为受法律保护的文物等建议。

（3）问题与发展

孟加拉国的文化遗产保护面临着一系列具有挑战性的问题，其中包括未解决的冲突、严重贫困、人口密度、持续的政治不稳定，以及政府腐败问题和无法有效地保护国家的建筑遗产。同时，孟加拉国也被公认为世界上最容易受到气候变化影响的国家，文化遗产保护的最大威胁是海平面上升和风暴强度的增加，尤其是建筑遗产在极端天气下将遭受可怕的后果。

文化遗产的破坏剥夺了人民认识、享受孟加拉国历史的权利以及参与文化活动的机会。没有政府机构的共同努力、国家经济条件的快速改善，该国重要的历史遗址及现代建筑的境况将继续恶化。

四、东方视角：对未来的展望

在世界遗产的背景下，有别于意大利和法国的文化遗产保护及其实践，美国和澳大利亚也曾立足于本国国情为遗产保护做出贡献。美国通过国家公园与遗产廊道等开展了对自然遗产的保护，澳大利亚的遗产实践者重新审视本国土著居民 5 万年的历史与文化，通过文化景观突破了"自然－文化"二元结构的割裂，在建筑遗产领域提出了"具有文化意义的场所"，这都是基于对本国历史文化遗产的反思。回到亚洲遗产保护的语境，亚太地区总体上没有经历过理性主义运动，各国都有"万物有灵"的传统思想，也有众多通过思想观念建构出来的文化遗产，如深受中国文化中"天人合一"思想影响的西湖文化景观，日本"信仰的对象，艺术的源泉"——富士山等。亚洲各国的遗产实践正处于迅速发展阶段，这种根植于传统的理念或思想将于未来的遗产实践中受到关注。期待亚洲地区间互相借鉴经验，在遗产实践领域深入探索，为遗产保护的未来提供多种可能。

（本文南亚部分各国资料的收集与整理者如下：印度，刘邵远；
斯里兰卡，鲁茵；巴基斯坦，张可儿；不丹，傅嘉伟；
尼泊尔，张安；马尔代夫，徐婉君）
（本文合作载于 2019 年文物出版社出版的《他山之石——
国际文物保护利用理论与实践》，曹兵武等主编，此处有修改）

参考文献

[1] World Heritage Committee. 世界遗产中心亚太地区第一轮定期报告［R/OL］.（2003 - 08 - 30）［2019 - 01 - 26］. Periodic Reporting 1st Cycle：Asia & Pacific（2003），Twenty - seventh session Paris，UNESCO Headquarters，Room XII 30 June - 5 July，2003. http：// whc. unesco. org/en/activities/665.

[2] 北川宗忠. 観光文化論［M］. 東京：株式會社ミネルヴァ書房，2004.

[3] 稻叶信子. 日本的世界遗产与日本遗产［G］. //杜晓帆. 从历史走向未来——亚太地区历史遗产与文化景观保护之路. 上海：复旦大学出版社，2017.

[4] 顾军，苑利. 文化遗产报告：世界文化遗产保护运动的理论与实践［M］. 北京：社会科学文献出版社，2005.

[5] 国家文物局第一次全国可移动文物普查工作办公室. 日本文化财保护制度简编［M］. 李黎，杜晓帆，译. 北京：文物出版社，2016.

[6] 米彦军. 浅析日本对文化遗产的合理保护［G］. //杨巨平. 保护遗产 造福人类：世界文化遗产的保护与管理. 北京：世界知识出版社，2005.

[7] 宋振春. 日本文化遗产旅游发展的制度因素分析［M］. 北京：经济管理出版社，2009.

［8］苑利. 日本文化遗产保护运动的历史和今天［J］. 西北民族研究，2004（2）：132 – 138.

［9］邹统钎. 遗产旅游管理经典案例［M］. 北京：中国旅游出版社，2002.

［10］中井将胤. 日本史迹保存与整备的现状和政策［G］//杜晓帆. 从历史走向未来——亚太地区历史遗产与文化景观保护之路. 上海：复旦大学出版社，2017.

［11］SRIMAL FERNANDO. Rich cultural heritage of the Maldivian islands［EB/OL］.（2014 – 11 – 08）［2019 – 01 – 26］. https：//sausociology. wordpress. com/2014/11/08/the – rich – cultural – heritage – of – the – maldivian – islands/.

［12］Maldives and world heritage［EB/OL］.（2011 – 05 – 27）［2019 – 01 – 26］. https：//www. slideshare. net/HarisDozz/maldives – heritage – 8131126.

［13］Law of historical and cultural properties of the Republic of Maldives［EB/OL］.（1979）［2019 – 01 – 26］. http：//whc. unesco. org.

［14］XAVIER ROMERO – FRIAS. The destruction of the cultural heritage of the Maldives［EB/OL］.（2016）［2019 – 01 – 26］. http：//www. academia. edu/30656906/The_Destruction_of_the_Cultural_Heritage_of_the_Maldives.

东亚文化遗产保护的交流与合作

一、缘起

东亚文明是人类最古老的文明之一，而且是现存唯一延续不断的人类文明。古代东亚文化的许多方面都在人类发展史上长期处于领先地位，为人类社会的发展做出了突出的贡献。然而在 19 世纪后，东亚的知识传统连同整个文化传统受到西方工业文明的严重冲击，具有悠久历史的东亚知识和文化传统出现了断裂。今天，人类共同面临着传承、保护与生存、发展的矛盾，如何保护从祖祖辈辈继承来的物质和非物质形态的文化遗产，是所有文化遗产保护者最为关心的主题。因为这些都是不可再生的珍贵资源，代表了各民族特有的精神价值、思维方式和想象力，体现着各民族的生命力和创造力，既是各民族智慧的结晶，也是全人类文明的瑰宝和集体记忆，我们负有保护的责任与义务。然而，近代意义上的历史文化遗产保护始于西方，所以当今国际所通用的保护规则绝大多数代表了西方的理念，不一定全部适用于东方。东亚各国的文化与文化遗产有许多相似之处，文物的种类及构成的材质也很类似。因此，建立适用于东亚的文化遗产保护理论与规则，在平等的基础上进行东西方之间的对话，成为我们急迫的任务。

1978 年日本竹下登首相访问敦煌莫高窟之后，开启了中日文物保护交流的先河。20 世纪八九十年代，以日本东京国立文化财研究所和奈良国立文化财研究所为主的研究机构及一些大学主要在丝绸之路沿线及河南、辽宁等地开展了一些考古学和文物保护方面的交流与合作。当时，交流与合作中更多的是日方在物质和技术上的支持，我国的专业工作者和学者赴日也多是访问和学习，在文化遗产保护理念、原则方面的交流相对比较少。20 世纪 90 年代以来，联合国教科文组织《保护世界文化和自然遗产公约》得到了越来越广泛的认可，在东亚各国的努力下，针对亚太地区文化遗产保护的特点，促成不少有关文化遗产保护的会议和宣言、文件等，如大家熟悉的 1994 年《奈良真实性文件》，以及 2003 年亚洲最佳保护实践《会安草案》等。但是，中日之间、东亚各国之间还没有一个交流的平台，能够定期地、具有广泛代表性地组织和开展活动。因此，20 世纪末到本世纪初，中、日、韩三国的专家学者就提出筹建一个学会性质的组织，来推动东亚地区文化遗产保护的合作与交流。

二、发轫

经过多年的酝酿与准备，2005 年 12 月在中国文物研究所（现中国文化遗产研究院）的大力支持下，在时任奈良文化财研究所埋藏文化财中心主任泽田正昭先生和韩国文化财保存科学会会长李午憙先生的努力下，中、日、韩三国学者汇聚在严冬的北京，召开了第一次三国学者共同参加的文物保护学术会议。会议筹备之初，本以为就是几十个人的会议，加上经费的局促，同声传译都是请业内能讲日语和韩语的研究者和留学生担任。但是，到了会议召开前夕，报名参加会议的日、韩学者已有 30 余人，全国各地报名的人数也远远超过会议主办方的预计，会场显得十分拥挤，同时又十分热烈。为了巩固会议的成果，最后一天下午安排了圆桌会议，请中、日、韩三国的专家就今后的交流、合作发表意见。故宫博物院研究员陆寿麟理事长代表中国文物保护技术协会发言，奠定了以协会为中心，与日本、韩国展开交流和合作的基础。时任联合国教科文组织驻华代表处文化官员木卡拉先生参加闭幕式，并发表了热情洋溢的讲话。这次会议虽然没有明确是一次国际会议，也没有形成中、日、韩之间的合作文件，但是三国学者的热情，加上几位德高望重的专家的支持，从此开启了中、日、韩三国文物保护工作者长期交流合作的先河。

2006 年 10 月，中、日、韩三国的学者又齐聚日本宫崎，召开了以"东亚文化遗产保护"为名的学术研讨会，为中国、韩国、日本的文化遗产保护专家们提供了一个交流的平台，对于相互间的了解起到了积极的作用。与会者都意识到共建平台的重要性，显示了东亚各国对于交流和平等对话的渴望。我国著名文物保护专家黄克忠、陆寿麟、马家郁、李最雄等参加了会议。这次会议上，三国专家一致同意尽快成立以三国为核心的东亚遗产保护学会，并开始讨论学会章程及运营等问题。

三、发展

2007年11月1—2日，东亚文化遗产保护学术研讨会在韩国首尔国立中央博物馆召开，来自中、韩、日三国的300余位学者参加了会议。大会闭幕式上，经过多年筹备的东亚文化遗产保护学会正式宣布成立，泽田正昭先生当选为第一任会长，陆寿麟先生、李午熹先生当选为副会长。会议期间通过了学会章程，并确定每两年在中、韩、日三国轮流举办年会。我国有近80人出席了此次大会，这也是中华人民共和国成立以来在文化遗产保护领域出访规模最大的学术代表团，著名文物保护专家王丹华、周保中、黄克忠、陆寿麟、陈中行、马家郁等先生参加了会议。

2009年10月17—19日，由中国文物保护技术协会与故宫博物院、东亚文化遗产保护学会共同主办的2009东亚文化遗产保护技术研讨会暨东亚文化遗产保护学会第一次年会在故宫博物院召开。时任文化部副部长、故宫博物院院长郑欣淼、国家文物局副局长张柏、中国科协调研员黄珏出席了开幕式。本次会议是东亚文化遗产保护学会成立以来的第一次学术年会，来自中国、日本、韩国、美国、英国、德国及匈牙利等国的200多名学者参加了会议。陆寿麟先生当选为东亚文化遗产保护学会第二任会长，聘任泽田正昭先生为名誉会长。按照学会章程，两年后的年会本来应该在日本召开，由于日本国内的筹备工作遇到一些困难，所以决定由中国再举办第二届年会。

会后，东亚文化遗产保护学会与内蒙古博物院、中国文物保护技术协会及其他协办单位、支持单位通力配合，积极展开筹备工作。2011年8月17—20日，由东亚文化遗产保护学会、内蒙古博物院、中国文物保护技术协会联合主办，日本文化财科学会、日本文化财保存修复学会、日本国宝修理装潢师联盟和韩国文化财保存学会协办，国家文物局、联合国教科文组织、中日友好协会支持的"2011 东亚文化遗产保护学会第二届学术研讨会"在内蒙古博物院召开，来自中、日、韩三国的 167 名学者参加了会议，发表论文 70 余篇。会议一致选举李午熹先生任学会第三任会长，聘任陆寿麟先生为名誉会长，并确认第三届学术研讨会于 2013 年在韩国庆州召开。

2013 年 9 月 5—9 日，由东亚文化遗产保护学会主办，韩国文化财保存科学会、中国文物保护技术协会、日本文化财科学会和日本文化财保存修复学会协办的"第三届东亚文化遗产保护学会国际学术研讨会"在韩国历史名城庆州召开，中、日、韩三国共 260 余位专家、学者及研究人员参加了会议。本次会议旨在加强东亚各国文化遗产科技保护领域的交流，建立东亚文化遗产科技保护的理念、原则、方法和运行规则，探讨文化遗产保护方面的诸多议题。会上共有 23 位代表就本国文化遗产科学保护理念与方法、新技术应用等方面发表了演讲，并发表海报 105 份。会议期间，东亚文化遗产保护学会同期召开了执委会，就建立专业委员会等事宜进行了讨论。9 月 7—8 日，代表们对韩国庆州佛国寺、石窟庵、国立庆州博物馆、天马冢、首尔国立中央博物馆、昌德宫、景福宫等多处文化遗产及保护单位进行了考察。会议一致选举西浦忠辉先生担任第四任会长，并决定东亚文化遗产保护学会第四届国际会议于 2015 年在日本召开。

2015 年 8 月 27—29 日，2015 东亚文化遗产保护国际学术研讨会在日本古都奈良召开。这是东亚文化遗产保护学会举办的第五届学术研讨会，来自中、日、韩三国的 260 余名代表参加了会议。在本届学术研讨会上，共有 24 位代表作了学术演讲。其中，彩画、壁画保护，X－探伤、CT 扫描、3D 数字转换等现代技术在文物保护中的应用研究，振动对文物的影响，传统技术、传统材料的研究，考古现场的文物保护和实验室考古等成为本次会议的强音，均有多位代表从不同角度涉及。除了会上交流外，会议期间还辟出两个展厅展示了近百幅研究海报。与会者有一个共同的感受：本次会议学术讨论互动明显增强。本次会议还改选了东亚文化遗产保护学会理事会，马家郁先生担任新一届（第五任）学会会长，并决定下一届学术研讨会于 2017 年在中国上海召开。

2017 年 8 月 24—25 日，主题为"传统技艺与现代科技"的东亚文化遗产保护学会第六届国际学术研讨会在上海的复旦大学与上海交通大学顺利召开。

来自中国、韩国、日本三国高校及文博单位的共计 400 多位代表出席了本次大会。恰逢学会成立十周年，此次年会在三国范围内首次在高校举办。会议期间，围绕"传统技艺与现代科技"这一主题，在复旦大学主会场共有 32 位代表作了演讲报告，140 余位代表作了海报发表，内容涵盖建筑、壁画、岩土、陶瓷、纸张、玉器、青铜等不同文化遗产类型，既有综述回顾，也有案例解读，从不同视角解读了各类文化遗产的保护理念与方法，分享传统技艺与现代科技在遗产保护修复方面的应用。上海交通大学举办了"木结构建筑保护技术"分论坛。中、日、韩三国的文物保护专家对这次会议给予了高度的评价。会议选举金寿起先生担任第六任会长，并确定下届大会在韩国大田召开。

2019 年 8 月 29 日，由东亚文化遗产保护学会、韩国国立文化财研究所主办，韩国文化财保存科学会、中国文物保护技术协会、日本文化财科学会、日本文化财保存修复学会、大田营销公社协办的 2019 大田·东亚文化遗产保护国际研讨会（东亚文化遗产保护学会第七届学术研讨会）在韩国大田开幕。来自中国、韩国、日本三国的 200 余位专家、学者参加了本届研讨会。开幕式还举行了东亚文化遗产保护学会功劳奖颁奖仪式，由现任东亚文化遗产保护学会会长金寿起先生分别为前三任会长（现名誉会长）泽田正昭先生、陆寿麟先生、李午熹先生颁发了功劳奖，感谢前辈们对学会创立做出的重要贡献。本次研讨会以"文化遗产分析的过去、现在和未来"为主题，韩国国际文化遗产研究所刘在恩先生、中国复旦大学杜晓帆先生、日本东北艺术工科大学泽田正昭先生围绕这一主题分别作了主题演讲。本次研讨会旨在谋求中、日、韩文化遗产保护科学的共同发展。在三天的会议中，与会学者带来了文化遗产保护理念、保护技术、保护材料、保护案例、分析检测等各方面的精彩报告。会议一致选举今津节生先生为第七任会长，并确定下届大会于 2022 年在日本北海道举行。

四、展望

从 20 世纪 90 年代中、日、韩三国学者开始讨论东亚文化遗产保护学会成立的可能性，至今已经经历了近 30 年的历程，如果以一个人的成长来计算，

30 年就开始进入成熟期了。从 2005 年在北京召开第一次学术研讨会算起，以中、日、韩三国为中心的东亚文化遗产保护学会已经召开了十次学术会议，发表论文（包括海报）千余篇，参加人数近 3000 人次，在国际文化遗产保护领域已经产生了积极的影响，周边一些国家的相关机构和学者也提出了参与学会的意愿。中、韩、日三国的专家代表在 2017 年上海大会后的感言和寄语是对学会工作的最好评价。

中国文化遗产研究院教授级高级工程师、东亚文化遗产保护学会执行委员黄克忠先生表示：有幸能参加东亚文化遗产保护学会组织的每次学术研讨会，这次参会人数达 400 多人，是六届会议中规模最大、论文水平很高、组织极好的大会，受到与会者一致好评。回想起 2005 年在北京由国家文物局批准、中国文物研究所承办的文物科技保护研讨会，借用近邻中日环境科学研究院的会场，中、日、韩三国的同仁共同探讨文物科技保护的理念与技术。由于各国的文化传统、保护修复哲学及准则的差异，在交流研讨的过程中，遇到实施计划的不同观点，出现争论、交锋也是难免的。此时如何建立起互信合作关系，增进彼此间的相互了解就显得十分重要。另外，从这六届学术研讨会的十多年时间，能明显地看到我国文化遗产保护事业的巨大进步，这次会议上中方提交的高质量论文就是明证。也希望借此平台，能进一步加强东亚各国的交流、合作，为具有特色的东亚文化遗产保护在国际舞台上得到更多的关注和发言权做出贡献。

韩国传统文化大学教授、东亚文化遗产保护学会名誉会长李午熹先生表示：首先，我要感谢为 2017 上海东亚文化遗产保护国际研讨会付出辛苦努力的中国支部和复旦大学相关工作人员。同时，还要为让此次学术会议有条不紊、圆满结束的现场工作人员送上热烈的掌声和赞辞。众所周知，东亚文化遗产保护会议于 2006 年由日本宫崎开始，从 2007 年韩国首尔、2009 年中国北京、2011 年中国呼和浩特、2013 年韩国庆州、2015 年日本奈良到 2017 年上海国际研讨会的召开，经历了 10 年的岁月，东亚文化遗产保护学术会议已成长为两年一次的大规模国际学术会议。此次国际研讨会以"传统技艺与现代科技"为主题，非常恰当。中、韩、日三国，历史悠久，很早就有使用传统材料和技术保护文化遗产的情况，这些材料和技术到现在也还在被使用。我认为通过科学方法，研究并阐明这些材料和技术的优点是我们学会今后的主要研究课题。为了保护文化遗产，中、韩、日三国相互协作，在上海东亚文化遗产保护学术会议上形成了沟通未来的高格调技术交流和讨论，比一般的国际学术会议又上了一层。8 月 24 日大会欢迎晚宴上，复旦大学的师生们准备了各种娱乐节目，将三个国家凝聚在了一起，让我非常感动，永生难忘。2019 东亚文化遗产保护国际研讨会召开地点在韩国，我将准备更多、更精彩的主题等待大家。

日本东北艺术工科大学教授、东亚文化遗产保护学会名誉会长泽田正昭表示：对于以中、日、韩三国为主的东亚地区而言，探讨其在漫长历史中孕育而成的东亚独有的传统文化，是非常切实且重要的课题。在上海举办的第六届东亚文化遗产保护学会会议上，有相当多专家的学术报告是达到了国际水准的，有这种感觉的应该不止我一人。在发表的各种报告中，运用高等数理解析进行修复监控研究的数量似乎也在增加。在面向 21 世纪研究高度不断提升的同时，在此次会议中，感觉到各地区传统文化正在被深入研究，但围绕大会主题对传统案例研究的论文却为数不多。在此，希望对传统保存材料和技术的研究将有所加强和重视，并能不断取得新的进展。基础科学研究的重要性在此已毋庸赘言。就本学会来讲，不仅要把对根植于地方的传统技术的再认知作为一个重要的目标，同时也要特别关注对广袤的中国各地区的传统保存修复技术的传承。在对文化遗产保存科学的探索中，我们不应只是寻求最新的科学技术手段，更要对根植于地方的传统技术不断进行重新审视。

面向未来，东亚文化遗产保护学会任重而道远。尽管不同文化传统的文化遗产存在状况和保存技术具有多样性和复杂性，但在各不相同的保护实践中，仍然存有高度概括凝结的共同哲理与原则，透过各自的研究成果与彼此间的经验交流，可以相互借鉴、应用具有共性的保护技术。今天的文化遗产保护事业已经具有全球性、开放性、与时俱进的特点。文化遗产的基本理念、观点、技术等都在不断地变化，它们产生于丰富的实践之中，又需要在不同文化背景、不同自然环境、不同技术传统和不同遗产类型的应用过程中被检验、证明、修正、丰富，从而衍生出和变化出新的、更具有时代气息和地域特点的、更有针对性也更符合实际的新内容。东亚各国有着共同的文化渊源及千余年相同的文化形态和记载、传播、保存物质文化的方式。随着历史的变迁，虽然各国社会制度不同、国情有别，却也都在不同程度上面临着文化遗产保护与修复的问题。近百年来的实践让我们认识到，文化遗产保护修复的目的并不只是将文化遗产的物质形态留给后代，而是也要把文化遗产所积累的悠久历史文化信息一同传承下去。为此，就要讨论东亚文化遗产所特有的真实性。东亚各国不仅在气候、土壤、周边环境和地理、文化层面，而且在文化遗产领域的资料信息方面，都具备了共享的条件。在文化遗产保护修复的诸多领域，如材料、技术、理念、修复方针等方面也存在很多共同点。时代需要东亚地区文化遗产保护修复的专家们共享保护修复的哲学、保护修复的思考方式，寻找修复技术的共同点和差异，倾听对方的意见，学习对方的技术，传播自己的理念和本国的技术。东亚各国之间的交流与合作也需要建立在一个长期相互了解的过程中。联合国教科文组织虽然鼓励不同文化之间的交流，但不同文化的交流和保护文化的多样性存在着矛盾与难以克服的障碍。一个民族的文化遗产蕴藏着该民族传统文化的根源，保留着形成该民族文化的原生状态，包含着该民族特有的思维方式等。因此，在保护文化遗产的国际合作中，需要尊重各国文化遗产的文化传统、保护修复哲学及准则。促进国际交流，首先重视人的交流，建立彼此互信的关系，在修复基准、保护哲学不同的情况下，需长期努力增进彼此间的相互了解。

东亚文化圈及其文化遗产保护

这个题目是主持筹办本次会议的冈田健先生给我的命题作文。当初接到冈田先生的电话通知时，我是欣然允诺的。考虑到十几年来我一直在积极参与有关东亚文化遗产保护的合作与交流活动，对这样一个题目应该能够有所回应。但是，在收到正式的会议通知，根据会议的要求再认真思考之后，我觉得这篇作文还真不好作。从东亚这个概念本身，到文化遗产的价值观和价值体系，如果没有一个比较一致的认识作前提，谈交流与合作的意义就很难得出符合实际的结论。现在，我只能根据自身对东亚、东亚文化圈及其与文化遗产关系的肤浅认识，加上这些年在文化遗产保护国际交流与合作中的实践，从东亚文化圈的观点出发，谈谈文化遗产保护国际交流与合作的意义，不妥之处敬请指正。

一、东亚和东亚文化圈

东亚作为一个地理概念，其地域范围本来应该比较明确。一般来说，东亚是指亚洲东部，包括中国、朝鲜、韩国、蒙古和日本，面积约 1170 万平方千米，人口 15 亿多。如果仅从地理位置上考虑，俄罗斯的一部分领土也延伸到了东亚，因此在经济领域讨论东亚区域合作的时候往往也包括了俄罗斯。

东亚文化圈作为一个区域文化的概念，其范围既有与地理上的东亚相重合的部分，又有超越东亚地域范围的部分，再加上对文化理解的差异，文化圈的界定就更加复杂了。地理上的东亚是先于人类社会出现，并在人类历史上相对不变的，而东亚文化则是一个随着历史而演进的范畴，有其产生和发展的轨迹。

人类历史的不同时期存在若干个文明与科学的中心。以这些中心为内核，出现了若干文化地理板块，也就是所谓的"文化圈"，即由主要文化特质相同或相近、在功能上相互关联的多个文化群体（民族文化、区域文化）共同构成的有机文化体系。东亚文化圈的基本要素为汉字、儒学、中国式律令制度与农工技艺和佛教。这些要素给东亚诸国的语言文字、思想意识、社会组织结构、生产力发展水平以深刻影响。

中华文化向朝鲜半岛、日本列岛及越南等国的传播有三个层面，并衍生出维系东亚文化圈的四根纽带。三个层面是：①物质文化，主要是中国向朝鲜、日本、越南三国的民族迁徙所伴随的汉字及稻作文化的传播；②精神文化，主要是儒学和佛教的传播；③制度文化，主要是官制和法制的传播。四根纽带是：①汉字的使用奠定共同的心理基石；②儒学促进精神文化整合；③汉传佛教维系共同信仰；④中华礼治体系维系区域政治秩序。古代东亚，文化较为先进的中国与三个近邻互相促进，共同构建了一个具有同质文化丛的东亚文化圈。

当然，作为包含了不同国家与不同民族的东亚文化圈，它的文化传统也具有多元的特点。首先，从来源上看，东亚各国的文化都是在各地某种原生文化形态的基础上逐渐发展起来的，而非全然由外部移民而导致的文化植入。其次，东亚文化传统的多元性还表现在这一地区几种具有普遍意义的文化因素，如儒学、佛教等，经过不同地区和民族的吸收与发展，逐步发展出地区性的特征。最近几年，东亚共同体成了政界和经济界的热门话题。而所谓的东亚共同体，除了各国之间的利益关系外，很大程度是建立在对文化的认同感之上的。

二、全球化过程中的东亚文化圈及其文化遗产保护

东亚文明和文化是人类最古老的文明之一，而且是现存的唯一延续至今的古老的人类文明。古代东亚文化的许多方面都在人类发展史上长期处于领先地位，为人类社会的发展做出了突出的贡献。然而在 19 世纪后，东亚的知识传统连同整个文化传统受到西方工业文明的严重冲击，具有悠久历史的东亚知识和文化传统出现了断裂。

在过去的几十年中，几乎在所有领域、所有学科都有一股全球化的狂热。全球化作为一种涉及极广的力量，很难轻易加以分析。它代表着文化的输出和输入，其速度和密度近年来都达到了前所未有的水平。经济和市场的全球化必然带来文化传播的全球化。各种文化得到空前的交流和融合的同时，全球化的力量也正在同化世界各地的本土文化。经济全球一体化的同时，如何防止文化的全球一体化，是我们面临的一个严峻课题。全球化有其两面性：一方面，它能促进文化的发展，给地域文化以新的内容和新的机遇；另一方面，它也具有极其强大的破坏力。特别是与强势文化相比，处于弱势的地方文化如果没有自觉的保护和发展意识，就会在文化趋同的洪流中失去文化特色，丧失竞争力。全球化不仅成为一种趋势，而且是一个非常现实的过程。目前，这一过程正在深入发展，并影响着整个世界经济和文化的格局，不同地区、不同民族的传统文化也面临着更多的挑战和生存压力。

今天，人类共同面临着传承、保护与生存、发展的矛盾，如何保护从祖辈那里继承来的物质和非物质形态的文化遗产，是所有文化遗产保护工作者最为关心的问题。因为这些都是不可再生的珍贵资源，代表了各民族特有的精神价值、思维方式和想象力，体现着各民族的生命力和创造力，既是各民族智慧的结晶，也是全人类文明的瑰宝和集体记忆，我们负有保护的责任与义务。

历史文化遗产的保护始于西方，所以当今国际通用的文化遗产保护规则绝大多数代表了西方的理念，不一定全部适用于东方。东亚各国的文化与文化遗产有许多相似之处，文物的种类及构成的材质都很类似。因此，建立适用于东亚的文化遗产保护理论与规则，在平等的基础上进行东西方之间的对话，成为我们最迫切的任务。

近年来，在东亚各国共同的努力下，我们已经开始为亚洲乃至国际的文化遗产保护做出贡献，促成不少有关文化遗产保护的会议和宣言、文件的发布等，如大家熟悉的1994年的《奈良真实性文件》和2003年亚洲最佳保护实践《会安草案》。

2002年12月、2006年10月和2007年11月分别在中国北京、日本宫崎、韩国首尔召开的东亚文化遗产保护学术研讨会为中、日、韩等国的文物保护专家提供了一个交流的平台，在首尔大会上成立了东亚文化遗产保护学会；2009

年 10 月，来自中国、日本、韩国、美国、英国、德国及匈牙利等国的 200 多名学者参加了在北京故宫举办的第 1 届学术年会；2006 年 5 月、2007 年 8 月和 2008 年 9 月分别在北京、福冈和首尔举办的东亚纸质文物保护修复研讨会，参会人数远远超出主办者的预想，这反映了东亚各国渴望建立一个可供交流和平等对话的平台。

2007 年 5 月，在北京召开的"东亚地区文物建筑保护理念与实践国际研讨会"对北京故宫、天坛和颐和园的修复工作进行了研讨。来自联合国教科文组织（UNESCO）世界遗产中心、国际文化财产保护与修复研究中心（IC-CROM）、国际古迹遗址理事会（ICOMOS）以及包括中国、日本、韩国在内的 20 多个国家的 60 余位代表共同探讨亚洲文化遗产的突出普遍价值、真实性和完整性，以及国际社会通过的保护原则对东亚地区的意义。会议通过了《北京文件》，并就保护原则、文化多样性与保护、记录档案、真实性、完整性、修缮和修复、木结构的表面油饰彩画处理、重建、管理、展陈、培训等问题达成共识。此外，专家也对北京世界遗产地的保养和修缮提出了意见和建议。由此可见，通过广泛、深入的研讨与交流，不同国家、不同组织的专家和同行仍然可以达成解决问题的共识。

三、东亚文化遗产保护交流与合作的国际意义

尽管不同文化传统的文化遗产存在现有状况和保存技术的多样性与复杂性，但在各不相同的保护实践中仍然存有高度概括的共同哲理与原则，透过各自的研究成果与彼此间的经验交流可以相互借鉴、应用具有共性的保护技术。

今天的文化遗产保护事业已经具有全球性、开放性、与时俱进的特点。文化遗产的基本理念、观点、技术等都在不断地变化，它们既产生于丰富的实践之中，又需要在不同文化背景、不同自然环境、不同技术传统和不同遗产类型的应用过程中被检验、证明、修正和丰富，从而衍生出和变化出新的、更具有时代气息和地域特点的、更有针对性也更符合实际的新内容。东亚各国有着共同的文化渊源及千余年相同的文化形态和记载、传播、保存物质文化的方式。随着历史的变迁，虽然各国社会制度不同、国情有别，却也都在不同程度上面

临着文化遗产保护与修复的问题。

近百年来的实践让我们认识到，文化遗产保护修复的目的并不只是将文化遗产的物质形态留给后代，而是要把文化遗产所积累的悠久历史文化信息一同传承下去。为此，就要讨论东亚文化遗产所特有的真实性。东亚各国在气候、土壤、周边环境和地理、文化层面，以及在文化遗产领域的资料信息方面都具备了共享的条件，在文化遗产保护修复的诸多领域，如材料、技术、理念、修复方针等方面也存在很多共同点。时代需要东亚地区文化遗产保护修复专家们共享保护修复的哲学、保护修复的思考方式，寻找修复技术的共同点和差异，倾听对方的意见，学习对方的技术，传播自己的理念和本国的技术。

东亚在努力继承和发扬东亚的传统技艺和传统材料，在如何解决好传统工艺技术与现代科技的结合层面，特别是在具有东亚特色的传统技术如纸张、漆器、竹器、纺织品等的制作技术和现代保护技术的结合方面已积累了不少值得互相学习与交流的经验。

逐步建立可以共同利用的数据库，共享有关监测和分析数据的资料，不仅会对文化遗产的保护和修复产生积极的影响，对研究文化、技术及材料的传播和交流线路等也具有重大意义。

此外，东亚作为地理上具有诸多联系的地区，许多自然灾害问题需要共同面对，尤其是东亚的世界文化遗产，由于环境和材质的特点，在面对人为和自然因素的破坏时都显得非常脆弱，所以彼此间的信息交流和共享非常有必要，这对于改善环境也有所助益。

文化遗产的保护和修复最终需要面对社会化和市场化的问题，如何在遗产地保护和旅游开发中探索出一条可持续发展的路径，为世界文化遗产的保护和发展树立典范，是我们共同的任务。因此，我们应确保保护工作的标准化、规范化，并加强保护修复人员的资质提升。各国在研究和制定相关的规则时相互交流，有助于完善本国法规的建设。此外，在某些领域建立和制定区域性的规范和操作指南，可指导该区域甚至是分散于世界各地的东亚文化遗产的保护与修复工作。

东亚各国之间的交流与合作也需要建立在一个长期相互了解的基础上。联合国教科文组织虽然鼓励不同文化之间的交流，但不同文化的交流和保护文化的多样性存在着矛盾与难以逾越的障碍。一个民族的文化遗产蕴藏着该民族传统文化的根源，保留着形成该民族文化的原生状态，以及该民族特有的思维方式等。因此，在保护文化遗产的国际合作中，我们要尊重各国文化遗产的文化传统、保护修复哲学及准则。促进国际交流，首先要重视人的交流，建立彼此互信的关系。在修复基准、保护哲学不同的情况下，需长期努力增进彼此间的相互了解。

　　同时，文物保护科学的合作交流中经济问题尤为重要。因为经费原因，常常不得不舍弃最佳的技术或方案，退而求其次。因此，在制订保护计划和方案的时候，一定要考虑到当地的经济条件，特别是选择仪器设备时，除了考虑其效能，还要充分考虑当地的人员素质和气候条件等。

（本文原载于 2010 年東京文化財研究所刊印的アジア文化遺産国際会議報告書《東アジア地域の文化遺産—文化遺産保護国際協力活動を通じて我々は何を発見し共有しうるか—》，此处有修改）

东南亚文化遗产保护利用现状探析

　　东南亚地区包括 11 个国家，即缅甸、老挝、柬埔寨、越南、泰国、马来西亚、新加坡、文莱、印度尼西亚、东帝汶和菲律宾，它不仅是一个由诸多人种和语言群体（ethno – linguistic groups）构成的多民族区域，更是一个多方文明交汇的地区。

　　最早影响这里的外来文明来自印度，所以在东南亚的广大地区可以看到不少代表印度文明——佛教与印度教的文化遗产，除了物质文化遗产，如寺庙、建筑遗址外，很多非物质文化遗产如语言、礼仪、艺术、宇宙观、饮食、服饰等也烙上了印度文化的印记。中华文明与东南亚的邂逅最早可以追溯到秦朝向南开拓疆土至北向户（越南北部）时期，但大量华人南下东南亚则是中世纪以降直到西方殖民东南亚时期的事。当时东南亚海上贸易繁荣，马六甲海峡诸多重要港口吸引了大量华工的到来。从过客到落叶归根，华工除了对当地的经济、文化等建设做出贡献，还产生了新型的族群与文化类型——峇峇娘惹。因此，中华文明对东南亚的文化影响虽不及印度文明，但仍可见到不少文化遗存分布在东南亚各国，特别是越南北部，文化遗产具有浓郁的中华文明特色。伊斯兰文明和中华文明一样，主要随着贸易进入东南亚。中东地区的穆斯林商人大约于七八世纪抵达东南亚进行贸易活动，但直到 13 世纪，伊斯兰文化才开始借助伊斯兰教的传播而影响东南亚。16 世纪后，西方列强逐步拉开殖民东南亚的序幕，对这里的文化产生影响。在东南亚各国的世界遗产中可以见到印证印度文明、中华文明和西方文明的文化遗产，但缺乏代表伊斯兰文明的文化遗产。

一、东南亚已登录世界遗产分布情况

截至 2018 年，东南亚 11 国中共有 38 项遗产列入《世界遗产名录》，其中印度尼西亚和越南最多，各占 8 项；文莱和东帝汶（2002 年独立）没有项目列入（表1）。整个东南亚的世界遗产以文化遗产为主，共有 24 项，占比高达63%；自然遗产有 13 项，占比为 34%；混合遗产仅 1 项，占比为 3%（图1）。文化遗产又可分为历史城市遗址、历史城镇、宗教建筑、文化景观及考古遗址（图2）。文化遗产中，历史城市遗址有 3 项（占 12.5%），历史城镇有 8 项（占 33%），宗教建筑有 6 项（占 25%），文化景观有 4 项（占 17%），考古遗址有 3 项（占 12.5%）。遗产类型以历史城镇和宗教建筑为主，历史城市遗址和历史城镇合起来占比高达 45.5%，印证了古代东南亚的璀璨历史曾受到古印度文明、中华文明、伊斯兰文明的灌溉，更是 16 世纪以后东西方文明交汇的成果；宗教建筑则记录了东南亚人精神信仰的历史，以及对宗教的虔诚。

由图 2 可见，东南亚的宗教类文化遗产特别丰富。但多元的宗教也隐藏了冲突的因子，造成此区域的不稳定，不利于本区域的文化遗产保护。

表1　东南亚各国的世界遗产名单

国家	世界遗产总数（共38项）	文化遗产（共24项）	自然遗产（共13项）	混合遗产（共1项）	首项和最新登录《世界遗产名录》的年份	预备名单❶
缅甸	1 项	古骠国遗址	—	—	2014	16 项
老挝	2 项	1. 琅勃拉邦 2. 占巴塞文化景观内的瓦普庙和相关古民居	—	—	1995/2001	3 项

---

❶ 数据截至 2018 年。

续表

国家	世界遗产总数（共38项）	文化遗产（共24项）	自然遗产（共13项）	混合遗产（共1项）	首项和最新登录《世界遗产名录》的年份	预备名单
柬埔寨	3项	1. 吴哥窟 2. 柏威夏寺 3. 三波布雷科	—	—	1992/2017	8项，全部于1992年申请
越南	8项	1. 顺化历史建筑群 2. 会安古镇 3. 圣子修道院 4. 河内升龙皇城 5. 胡朝城堡	1. 下龙湾 2. 方芽—科邦国家公园	长安名胜群	1999/2015	7项
泰国	5项	1. 阿育他亚（大城）历史城及相关城镇 2. 素可泰历史城镇及相关历史城镇 3. 班清考古遗址	1. 童·艾·纳雷松野生动物保护区 2. 东巴耶延山—考爱山森林保护区	—	1991/2005	6项
马来西亚	4项	1. 马六甲海峡历史城市——乔治市和马六甲市 2. 玲珑谷地考古遗址	1. 京那巴鲁国家公园 2. 姆鲁山国家公园	—	2000/2012	4项
新加坡	1项	新加坡植物园	—	—	2015	0项
印度尼西亚	8项	1. 婆罗浮屠寺庙群 2. 普兰巴南寺庙群 3. 峇厘文化景观 4. 桑义兰早期人类遗址	1. 苏门答腊热带雨林 2. 科莫多国家公园 3. 马戎格库龙国家公园 4. 洛伦茨国家公园	—	1991/2004	20项

续表

国家	世界遗产总数 （共38项）	文化遗产 （共24项）	自然遗产 （共13项）	混合遗产 （共1项）	首项和最新登录《世界遗产名录》的年份	预备名单
东帝汶	0项	—	—	—	—	1项
菲律宾	6项	1. 维甘历史古城 2. 巴洛克教堂 3. 科迪勒拉山的水稻梯田	1. 汉密吉伊坦山野生动物保护区 2. 图巴塔哈礁自然公园 3. 普林塞萨港地下河国家公园	—	1993/2014	19项

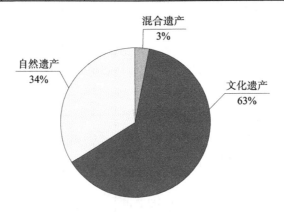

图1　东南亚各国的世界遗产分类统计

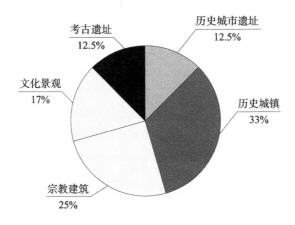

图2　东南亚世界文化遗产分类统计

二、东南亚文化遗产保护管理的难题

文化遗产的保护需要良好的人文与自然环境。良好的人文环境意味着政治稳定、宗教和谐、种族融合、高水平的国民教育程度、社会安定无战争等。但纵观东南亚的近代史，除了新加坡、马来西亚和文莱的政治环境相对稳定，其余国家的政治、社会环境都经历了长期的不稳定，面临族群冲突等各种混乱局势。

多元宗教、多元文化和多元种族本来应该为这个区域带来更丰富的文化遗产，不幸的是，事实恰好相反，东南亚多国普遍存在政治、宗教及种族等因素操控、拆毁文化遗产的情况，大量文化遗产尤其是少数民族的文化遗产有意无意地被执政党忽视或遭到破坏。

政治、宗教、种族及经济四个因素深深影响了东南亚文化遗产的保护，且这四个因素之间存在相互影响。

（一）不稳定的政治局势

不稳定的政治环境随时会引爆社会冲突、动荡甚至内战，非常不利于文化遗产保护，如中东地区因政治动荡而导致很多珍贵的文化遗产遭到破坏。目前东南亚11国当中，政治稳定的国家只有3个，即新加坡、文莱和越南；马来西亚和印度尼西亚的政治局势表面稳定，其实暗流汹涌，不时面临宗教与种族问题的挑战；新建国东帝汶直到2008年才进入稳定发展时期；其余各国的政治环境长期处于不稳定状态，背景不一。

（二）宗教激进势力的威胁

多方文明交汇的东南亚不仅文化丰富，宗教亦多元化，存在佛教、伊斯兰教、基督教、天主教、婆罗门教、道教等多种宗教。各种宗教在这里原本和谐共处，但自20世纪末起，宗教激进主义势力传播，改变了原本宗教和睦的氛围。

宗教激进主义势力传播、宗教之间的冲突升级已经成为东南亚文化遗产保护不可忽视的问题。

（三）为利益撕裂种族融合

东南亚的族群多如繁星，仅印度尼西亚一国，已知的民族就达 300 多个。族群间为了保障本族利益，多次发生冲突事件。

在种族不和谐的情况下，文化遗产很容易被利用，如保护政策的偏颇，故意强化或忽视某族群的文化遗产。

（四）经济与教育普遍滞后

政治局势不稳，自然会拖垮经济。东南亚 11 国人均 GDP 超过 5000 美元的只有 4 个国家（新加坡、文莱、马来西亚、泰国）。新加坡与文莱是东南亚经济最繁荣的国家，其后是马来西亚和泰国，其余超半数国家的经济状况不理想。

经济滞后导致国民教育水平偏低，间接影响了文化遗产保护教育和修护技术的传播与发展，造成东南亚大部分国家在文化遗产保护领域亟须接受外来资金与技术的支持。

新加坡是东南亚诸国中唯一把文化提升为国策的国家，但因国土面积较小，格局受限，其建国初期为了发展经济也摧毁了不少文化遗产，如今只能依托硕果仅存的几条街道及殖民时期的建筑打造出一个东西方文明交汇融合的历史城市街区，让游客体验多元种族多元文化的东南亚异国风情。

新加坡的经济及教育水平为东南亚之冠，最有能力创建符合东南亚地区文化遗产保护现状的理论和方法，但由于其国土面积小，文化遗产资源有限，缺乏实践经验。其他经济条件较差的国家只能依赖外援。在这样的情况下，东南亚短期内尚未整理、发展出符合当地文化遗产现状的保护方法与理论。

实际上，新加坡政府对于文化遗产保护利用具有相当大的抱负，这可从其《文艺复兴城市计划Ⅲ：文化遗产发展计划》的目标得知——"从硬件到芯件：成为一个独一无二的全球遗产和文化枢纽"。可以预期，新加坡或许可以加大力度参与东南亚各项文化遗产保护实践工作，引领东南亚各国建立符合本区域的保护方法与理论，再结合东亚三国的文化遗产保护经验，发展出属于东方的文化遗产保护理论，以便和西方站在同一个高度对话。

（五）自然灾害及其他威胁

位于环太平洋火山带的印度尼西亚、东帝汶和菲律宾长期处于自然灾害区，经常面临火山爆发和地震的威胁，非常不利于文化遗产保护。地震也曾经给缅甸、越南和老挝当地的文化遗产带来不小的破坏。

除了自然灾害、政治、经济、宗教、种族、教育水平等因素外，严重的盗窃、贫穷、施工机构欠缺文物知识、地方与中央政府对文化遗产价值认知的不同、游客量过大等都是东南亚文化遗产保护面临的严峻考验。

三、公民参与文化遗产保护

东南亚各国对于公民参与文化遗产保护的态度有所不同，但大致上都持开放与积极的态度。尤其是新加坡，为了达成建立"一个独一无二的全球遗产和文化枢纽"的目标，有计划地提高国人文化遗产保护意识，政府积极鼓励社区参与文化遗产保护工作，并采取了双向策略——让文化遗产走进社区，让社区走近文化遗产。

印度尼西亚为了消除伊斯兰积极分子对于非伊斯兰宗教遗产保护的疑虑，不仅积极鼓励社区参与文化遗产保护工作，并且将社区参与列入《文化财产法》中，肯定公民参与的重要性。这样，一方面可以让公民了解文化遗产的意义，另一方面可以利用民众的力量共同保护文化遗产，避免被宗教积极分子损坏。

在马来西亚，民间非营利组织及社区参与文化遗产保护的活动相当活络与积极，其背后的原因，一是国民教育开始普及，二是政府执行力不强且政策有所偏颇❶，民间只好自发自组。例如，槟城乔治市最初并未列入联邦政府的申遗名单，在槟城古迹信托会与州政府的自发组织下，最终争取到与马六甲市联名申遗。

其他国家如柬埔寨、缅甸、老挝等国的政府也鼓励社区参与文化遗产保护

---

❶ 当时的联邦政府更积极申报马六甲，因为马六甲代表马来人最辉煌的历史，而以华人人口为主的槟城则是英殖民政府时期的文化遗产。

工作，尤其是非物质文化遗产的保护，缺乏居民的参与，根本无法落实计划。此外，国际组织在协助各国进行文化遗产保护工作时也注重培训当地人，鼓励当地居民的参与，这些行动间接地增强了社区参与文化遗产保护的意识。

四、文化遗产的商业化

新加坡是东南亚诸国中最早也是最懂得利用文化遗产的国家。囿于国土面积小，新加坡建国之初为了刺激经济，改善国民生活，拆除了许多文化遗产。但自 20 世纪 80 年代中期后，为了突破旅游业的"瓶颈"，在完成了滨海南部填海工程、国土面积增加了 243 公顷后，新加坡开始改弦易辙，积极保护文化遗产，活用文化遗产。

凭着活用文化遗产的经验与雄厚的资金，新加坡企业北上马来西亚世界文化遗产历史古城马六甲与槟城乔治市，大量购置老建筑，改造成特色旅馆或是其他有利可图的餐馆、特色店等。当然，他们的目的并不是保护当地的文化遗产，而是以"文化搭台，经济唱戏"为目标。新加坡大量购置老建筑的行为令当地非营利文化遗产保护组织担忧。

对于活态遗产，如历史城镇，文化遗产不仅是物质文化遗产，更多包含了非物质文化遗产的内容。而自由市场经济是逐利的机制，当文化遗产碰到市场经济时，往往会对当地的文化生态造成一定的影响。以马来西亚为例，马六甲市与乔治市在 1969 年颁布的《屋租统制法令》的制约下保障了居民可以租赁到便宜的殖民时期老建筑，此政策间接地促进了历史城镇原生态的保留。1997年，《屋租统制法令》撤销，并于 2000 年开始生效，近 30 年未调涨的租金立刻飙涨。租金上涨后，许多当地居民纷纷搬离，尤其是年轻一代更愿意选择设施更好的新社区生活。当然，最大的影响还是 1998 年申遗成功，使得原来残破不堪的老建筑变成富含商机的地方，吸引了大量国内外企业家投资或购买，借文化遗产之名营造吸引游客的现代经营模式的商店或餐馆。业主易手，很多原住民搬迁，导致原生态发生了很多变化，许多老行业、老传统随着人口的迁离而消失。

文化遗产的商业化不仅困扰着东南亚，也困扰着其他发达国家，只是东南亚的问题更为严重，因为他们根本无法与来自国际的雄厚资本竞争，最终导致强势的外来文化侵蚀本土文化。到目前为止，尚未见到当地政府采取有效的政策来应对。

五、结语

除了泰国，东南亚其他国家在历史上都曾受到西方列强的统治。西方列强一方面在殖民地掠夺资源，破坏殖民地长期建立的政治制度与社会秩序，另一方面又在此区域推行国家现代化管理、制度和法规。这些现代化管理制度本应有利于文化遗产的保护与发展，但遗憾的是，各国独立后混乱的政局破坏了殖民政府遗留的制度和法规，导致各国不仅没能在殖民政府建立的基础上得到良性发展，反而倒退了二三十年。东南亚国家当务之急是重整国家体制，建立完善的法规，有计划地开展经济文化建设，包括建立文化遗产保护机制。

尽管东南亚文化遗产面临严峻的挑战，但为了建立民族身份、国民自信，以及发展旅游业、改善国民经济，保护文化遗产已是大势所趋。因此，无论是发达国家、发展中国家还是贫穷落后的国家，当前无不重视文化遗产。总体来说，东南亚文化遗产的保护现状如下：

1）法规大多受殖民政府遗留的法规所影响。

2）除了新加坡将文化遗产提升到国策以外，其余国家的法规多有不完善之处，有些甚至很简单。新生国东帝汶目前尚未拟定相关法规。

3）东南亚 11 国，除了老挝、越南、印度尼西亚、菲律宾有文化遗产的分级分类，其他国家有的只有分类没有分级，有的甚至完全没有分级分类。

4）因政治、宗教和种族因素，文化遗产政策有所偏颇/缺失。

5）大多数东南亚国家鼓励/重视民众参与文化遗产保护工作。

6）考古和建筑遗产是东南亚文化遗产保护的重点；对于传统村落，只注重发展，没有保护的意识，即使保护也是从环境生态保护的角度出发。

中国与东南亚的历史源远流长，尤其是与中国领土接壤的国家——越南、老挝、缅甸，深受中华文明的影响。"一带一路"倡议提出后，中国与东南亚将展开新一轮的合作。中国作为世界遗产大国，拥有丰富的申遗经验，且同样属于东方文化，可以为东南亚各国提供成功申遗的经验，协助他们申遗，促进发展良好的国际关系。此外，东南亚各国目前尚无传统村落保护的意识，中国近年积极保护传统村落，所积累的经验可以为东南亚提供有价值的参考。东南亚的非营利组织参与文化遗产保护的经验也相当有特色，亦可以成为中国取经的对象。

（本文合作载于 2019 年总第 90 期《中国文化遗产》，此处有修改）

参考文献

［1］刘东. 中华文明读本［M］. 南京：译林出版社，2013.

［2］孙和声. 从印度文化谈起［N/OL］. 东方日报，2014 – 04 – 05. https：//www. orientaldaily. com. my/news/wenhui/2014/04/05/6301.

［3］STEFANO FACCHINETTI. Cultural heritage management in Myanmar：a gateway to sustainable deveolopment［EB/OL］.（2016 – 02 – 01）［2019 – 01 – 18］. European Institute For Asian Studies，2014. http：//www. eias. org/wp – content/uploads/2016/02/EIAS_Briefing_Paper_2014 – 6_Facchinetti. pdf.

［4］National Heritage Board. Renaissance City Plan Ⅲ：heritage development plan［R/OL］.（2008）［2019 – 01 – 18］. https：//www. nac. gov. sg/dam/jcr：18cf2883 – 7907 – 4938 – 9931 – 384333e210ce.

［5］UNESCO. Law of The Republic of Indonesia Number 11 of 2010［EB/OL］.（2010）［2019 – 01 – 18］. http：//www. unesco. org/culture/natlaws/media/pdf/indonesie/ind _ act11 _ 10 _ clther_entof.

［6］入遗十年系列一：世遗金招牌擦亮旅游业 乔治市新旧绽光彩［N/OL］. 星洲日报，2018 – 07 – 19. http：//www. sinchew. com. my/node/1769012.

［7］香港立法会秘书处. 新加坡的文物保护政策资料摘要［EB/OL］.（2008）［2019 – 01 – 18］. https：//www. legco. gov. hk/yr07 – 08/chinese/sec/library/0708in27 – c. pdf.

寻找经济发展与文化遗产保护的平衡点

发展经济与保护文化遗产两者之间的矛盾是客观存在的，这是任何一个国家都需要面对的问题。然而，如何处理发展经济与保护文化遗产之间的关系，我们必须引起重视。

首先，对于文化遗产的价值要有一个正确的认知。因为对文化遗产的保护和态度是建立在对其价值的认识和判断基础上的，而这种认识和判断又与其所处时代和社会背景下人们的价值取向分不开。

发展经济与保护文化遗产之间的矛盾在发展中国家似乎更为突出与明显。在中国，伴随着经济的迅猛发展，城市化也在高速推进。在这个过程中，我们遇到了其他国家或许是上百年间才可能遇到的一些问题。我们看到人们物质和文化生活水平得到极大提高的同时，也看到了社会上存在着浮躁和过于功利之风。对于价值高低的判断，有的人以评价商品的方式来评估，如价格、人气的高低，所以才有了要把文化遗产产业化、把孔子产业化等种种新奇的提法。然而，以这种方式对文化遗产价值进行判断显然是错误的，甚至是可怕的。

文化遗产并不都是指那些纪念碑性的建筑和价值连城的艺术品，也并非单指那些看起来似乎冰冷、没有生命力的遗址和遗存。文化遗产不仅记录着过去，也在今天人们的生活中继续发酵，可以为人类未来的发展提供借鉴和有益的参考。因此，文化遗产与人们的生活密切相关，是动态发展的，包含着不同时代的印痕。所以，保护文化遗产应该更重视遗产与人之间的关系和真实状态，而非凝滞在某一个历史片段；不仅要注重对其整体环境和原有历史风貌的保护，更要注意保护贯穿于其中的历史文脉和珍贵的人文元素。这种价值的重要性怎能仅用商业价值来衡量？这或许正是当今文化遗产保护的难点所在。

其次，要合理把握文化遗产保护和利用之间的关系。不管是保护还是利用，都要有一个合适的度。

"度"这个词其实讲的就是合理性，比较好地处理各方面的关系。针对今天社会上的浮躁之风，在文化遗产的保护和利用上这也是值得提倡的一个方法。

在浮躁的社会风气下人们往往容易走极端，更多地考虑眼前，对于长远想得比较少。今天，一些人在谈文化遗产的保护或利用时也采用了极端的方式，有时候甚至超越了其自身的讨论范围。这种情况我们在故宫星巴克、曹操墓的发掘等事例中就可以看到。

其实，发展经济与保护文化遗产两者之间的矛盾虽然客观存在，但并非不可解决。

文化遗产随着时代的变迁和社会的不断发展也会发生变化。如果对文化遗产仅是教条、机械地进行保护，并且希望其只处于某个历史时期的断面，与其相关的一切都一成不变，这种保护是脱离现实的。因为它忽视了与现实社会之间的关系，忽略了社会是持续发展的事实，特别是忽视了现实生活中人的现状与需求。这种保护往往不为社会所接受，对经济的发展也不利。

最后，文化遗产要利用起来，也具有现实的价值和意义。

然而，是不是能够将所有的文化遗产商品化或产业化，以便产生出经济价值，是需要商榷的。这些年，一些具有特质的文化遗产，如丽江、周庄、少林寺等给当地带来了丰厚的经济效益和社会效益，但也把不少人带进了对文化遗产认识的误区，认为文化遗产只有通过产业化才能发挥最大的效益，或者说体现它最大的价值。

文化遗产虽然可能会带动相关产业的发展，但它本身不是产业，也并非商品。类似"将世界遗产产业化"的提法是绝对错误的。

产业化的目的是追求经济利益和效益的最大化。文化遗产的产业化会使开发者只注重遗产中的经济价值，对于文化遗产背后那些产生不了商业价值的文化价值缺乏应有的重视，将导致开发过后的文化遗产形式与内涵分离，使文化遗产中蕴藏的诸如信仰、风俗、艺术等文化内涵最终弱化甚至消失。

所以，无论是文化遗产保护还是文化遗产利用，都不能极端化。保护文化遗产，就是要保证传承给我们这个时代的遗产的真实性和完整性尽量少受人为干扰。当然，随着经济和社会的快速发展，我们也清楚地认识到，发展可能远比我们所预料的要复杂，面对人类的历史和不可预知的未来，发展不能看作一个单一的、整齐划一的、直线形的路径。所以，在错综复杂的发展环境中，我们不仅需要智慧，也需要耐心，特别是在一些有疑惑或是有争议的问题上，不要急于下结论，应尽可能做好文化遗产的完整保护，给未来更好地利用留下空间。

（本文原载于 2010 年 1 月 25 日《光明日报》，此处有修改）

名人故里与文化遗产保护

一、名人故里之争

2004 年之前，"文化遗产"对于大多数人来说还是一个比较陌生的概念。这一领域的研究者可能都没想到，文化遗产在今天会被这么多人关注，有的还被进行了有效的利用甚至开发，并取得了一定的社会和经济效益。可以说，文化遗产保护意识已经渗透到了诸多社会领域。然而，我们为文化遗产受到社会和大众高度关注而欣喜的同时又为当下的一些现象而担忧。诸如近期国内出现的所谓名人故里之争——夜郎国故里、三国故里、李白故里、老子故里、诸葛亮故里、曹雪芹故里，甚至曾经的西门庆故里之争等，争论的范围和热度远远超出了学术范畴，有的还涉及社会和道德的层面。

毫无疑问，历史地名也好，名人故里也罢，都是有一定价值的文化遗存，是文化遗产的一种存在形态。利用这些文化遗存来提高地区的文化影响力，或是进行适当的旅游开发，提高当地的经济收益，无可厚非。但是，对这些遗存过度包装和炒作，有的甚至无视真实历史，刻意编造故事，不仅是对文化遗产的极大破坏，也会伤害到民族文化传承和文化形象的树立。

基于此，首先我们需要对文化遗产的基本内涵进行了解。一般来讲，文化遗产是指一个民族或国家长期积累形成的物质文明和精神文明，是一个民族、国家乃至全人类共有的财富。文化遗产既是独一无二的历史文化载体，也是人类历史发展的重要见证。由于文化遗产往往是一个国家和民族历史文化成就的重要标志，有着不可再生性和不可替代性，所以它常常是某种文明的代表符号和象征。此外，它还与人类的文化感情、群体认同有着密切的联系。因此，文化遗产不仅具有重要的文化价值和科研价值，也具有重要的社会价值乃至经济价值。但是，所有这些价值的形成都建立在一个重要的基础之上，即真实性。《实施世界遗产公约操作指南》指出："列入的文化财产至少应符合《保护世界文化和自然遗产公约》所列出的突出普遍价值中的一项标准以及真实性标准。"这就是说，只有在保持真实性的前提下，遗产的历史价值、艺术价值和集体记忆才能得到真正的保护和传承。

中国历史悠久，不同时期、不同领域和不同地区曾涌现出许多杰出的人物，也发生过许多值得铭记的事件。这些人物与事件不仅对当时的社会产生过积极而巨大的影响，有的还影响到了中国周边地域，是构成一个地区文化和社会特色的重要组成部分。对这些杰出人物和事件的纪念不但可以唤起我们的民族记忆，同时可以激发当代人的民族自豪感和文化认同，也是保护与传承民族文化的重要手段之一。因此，保护这些人物与事件的历史真实面貌也就显得格外重要。

那么，如何保持文化遗产的真实性呢？答案很简单，就是要尊重历史，尊重现实。我们经常会讲：还历史以一个真实的面目。这是说，在还原历史背景的基础之上，让人们去真实感知那个年代所发生的事情。这就要求今天的我们要做到既不遮盖、也不歪曲、更不去编造。当然，由于时代间隔和现实等客观因素，我们无法清晰地了解过去，无法真实地还原历史，会对历史有陌生感，也会存在思想和认识的障碍。然而，这并不妨碍我们对真实历史的追寻，因为这种探索求真的过程本身就具有积极的价值，也会让我们从中学会如何去理解和认识文化遗产的真正价值。

改革开放40多年来，人们的物质和文化生活水平得到了极大的提高。然而，特别是近10年来伴随着经济的迅猛发展，人们的思想和价值观也在遭受着前所未有的冲击。一些人常常使用评价商品的方式对事物进行价值高低的判断，出现了文化遗产产业化、商品化的新奇提法。最近出现的争夺名人故里的现状可以说是当前一些错误的价值观主导下的必然产物。

眼下我们看到的名人故里之争多数已不属于学术意义上的辩论，而只是一些地方对文化遗产中经济价值的追求。无视历史的真实，忽视文化遗产利用的真正意义，就会使其形式与内涵分离，成了有形无魂的躯壳。有些地方在追求所谓的"名人故里"的争论中还凭空臆造，穿凿附会，把一些神话人物和传说当成文化遗产来"创造"历史。有的地方甚至把一些中国历史上或文学作品中的反面角色的代表作为"名人"开发利用，挑战我们一贯倡导的正义、善良、健康、向上的传统价值观，带来了极为不良的文化因素。如果以这种名义进行文化遗产的保护，显然是错误的，甚至是可怕的。这种对待文化遗产的态度不仅会影响到我们对历史真实性的明辨，还会使我们无法从历史中得到经验和教训。

古语道，以史为鉴。法国历史学家雅克·勒高夫也曾说："拒不思考历史的民族、社会和个人是不幸的……丧失往昔的人是不幸的。世人应当认识和尊重过去，以便建设符合情理的未来。"文化遗产是人类的记忆，不仅是一个民族在历史进程中留下的重要足印，更是一个民族和人类选择未来的重要参考。通过不同遗产、不同时期的历史信息，循着走过的轨迹，才能追索真实的"血脉之根"，从而为后人留下一部值得称信的历史。

同时，文化遗产随着时代的变迁和社会的发展而不断变化。如果对文化遗产仅是教条、机械地进行保护，并且希望其只处于某个历史时期的断面，与其相关的一切都一成不变，那么这种保护是不现实的。因为这种保护忽视了与现实社会之间的关系，忽略了社会是发展的事实，特别是忽视了现实生活中人的现状与需求。这样的保护往往不会为社会所接受，也不利于经济发展。

文化遗产是要被利用的，也具有现实的价值和意义。然而，利用不是要将所有的文化遗产商品化、产业化。由于某些文化遗产给当地带来了丰厚的经济效益和社会效益，人们对文化遗产产生了错误的认识，认为只有通过产业化，文化遗产才能发挥最大的效益或者说体现它的最大价值。文化遗产的产业化会使开发者只注重遗产中的经济价值，而忽视背后那些产生不了商业价值的文化价值，导致开发过后的文化遗产形式与内涵分离，使文化遗产中蕴藏的文化内涵最终弱化甚至消失。

对名人故里的归属和真实性的争论本是一种正常的文化现象，也有着积极的学术意义。然而，如果无视历史的真实性，只是为了满足当下的某种现实需求，以保护的名义把文化遗产当成获取经济利益的工具时，这其实是在背叛历史，而非保护文化遗产。其带来的结果会让我们既无法面对过去和未来，也无法得到他人和后人的尊重。

因此，无论是在文化遗产的保护上，还是在文化遗产的利用上，都不能走极端。保护文化遗产，就是要保证传承给我们这个时代的遗产的真实性和完整性尽量少受人为干扰。当然，随着经济和社会的快速发展，我们也清楚地认识到，发展可能远比我们所预料的要复杂，面对人类的历史和不可预知的未来，发展不能看作一个单一的、整齐划一的、直线形的路径。所以，在错综复杂的发展环境中，我们不仅需要智慧，也需要耐心，特别是在一些有疑惑或是有争议的问题上，不要急于下结论，而应尽可能做好文化遗产的完整保护，以便给未来更好地利用留下空间。

二、从梁林故居被拆看文化遗产保护

近年来，有些地方忙于争夺各种历史名人，利用所谓的名人故里进行包装和炒作，有的甚至无视历史真实去刻意编造故事，以提高当地的知名度，达到增加经济效益的目的。与此同时，令人惊讶和难以置信的是，在国家大力倡导文化大繁荣、大发展的今天，在文化遗产保护也貌似被全社会空前关注的背景下，同样是被冠以名人故居的文化遗产却遭遇着两种截然不同的命运。

最近媒体纷纷爆出位于北京东总布胡同的梁思成、林徽因故居被拆的消息，引起了社会上特别是学术界的关注。

这处故居是梁思成、林徽因夫妇在 1931—1937 年租住的，其子梁从诫也出生在这里。尽管在此租住了仅仅 6 年的时间，但这 6 年却是两人对中国建筑史及文物保护做出重要贡献的时期。因为此时的梁思成不仅担任着中国营造学社法式部主任和国民政府中央古物保存委员会委员之职，还出版了《清式营造则例》等重要著作。此时，梁家也是沈从文、萧乾、朱自清、金岳霖等一批文化名人经常聚会的场所，是京城有名的文化沙龙，对于 30 年代京派文人的聚合、文学风格的相互渗透有着不容忽视的力量。因此，这处看起来并不起眼的普通民居在文化史上具有非同寻常的意义。

众所周知，名人故居是历史上的文人墨客和政治家等具有一定影响力的人物曾经居住的地方，是一种特殊的文化载体，其历经了岁月的洗礼依然记录和保留着与这些人物相关的点点滴滴，这些遗存无论在精神上还是物质上可以说都映衬着曾经的历史，是我们不可忽视的珍贵记忆，是具有价值的文化遗产。1931—1937 年的梁林故居，不仅是缅怀梁思成和林徽因两位先生在中国建筑史上做出卓越贡献的一个场所，也是那一时期中国文坛与学术界非常活跃的重要缩影。然而，即使是这样一处受人关注的文化遗存，也难以逃脱拆迁的命运。

一方面是一些地方忙于争夺名人故里，大打"文化遗产"牌，另一方面是部分名人故居无人问津遭到拆除。

冷静审视这两种不同的结果，会发现它们都潜藏着同样一个不容争议的事实，就是急功近利式的对当下现实利益的追求。所以，我们也就会看到，一方面是不少文化遗存面临濒危，少人关心甚至不断被破坏的痛心场面，另一方面又是一些地方热衷于制造"新文物"和"假古董"的景象。面对这样貌似背离却又本质相同的境遇，我们不得不再次思考，在今天这个急速转型和发展的时期，我们究竟该如何面对自己的历史和文化遗产？

我们知道，文化遗产与人的生活息息相关，它并不静止在一个点，而是持续发展的，包含了不同时代的印痕。所以，保护文化遗产应该更重视遗产与人之间的相互关系和真实状态，不仅要注重对其整体环境和原有历史风貌的保护，更要注意保护贯穿其中的历史文脉和人文元素。

毫无疑问，与所有文化遗产一样，名人故居对于民族文化的传承，特别是对一个社区文化的培育、一座城市的精神构建是有重要影响的。作为一个区域的文化"细胞"，它与其他大大小小的文化元素构成了我们民族鲜活的历史画面和生生不息的文脉，潜移默化地影响着我们的生活和行为，也为我们树立起了文化自尊和自信。这样的价值怎能简单地用商业价值来衡量？然而，这正是当今文化遗产保护的困难所在。

在社会较多关注经济效益的情势下，人们往往忽略了那些不显见的、对于精神道德层面的有益滋养。所以，有一些人就会认为，那些在今天看起来无法直接产生经济效益的名人故居就可以被牺牲掉了。

文化遗产作为一个民族、一个国家乃至全人类共有的财富是需要大力保护的，这是一般的、普世的价值观，任何人都不会公然反对。然而在现实各种利益的博弈过程中，那些不能在当下产生直接经济效益的文化遗产却经常被忽视甚至遭到抛弃。

我们对文化遗产的价值必须有正确与清晰的认知，因为对于文化遗产的保护和态度是建立在对其价值的认识和判断基础上的，而这种认识和判断又与其所处时代和社会背景下人们的价值取向分不开。我们强调文化遗产的利用价值和现实价值，并不意味着要将其商品化或者产业化，使它们产生现实的经济价值。与商品不同，对名人故居的价值和意义判断需要保持一种更为理性和冷静的学术态度，需要我们把它放在一个更为全面和客观的历史和社会背景下来看待。这不仅是学术界的责任，也是全社会的责任。只要我们能就文化遗产的价值和意义达成共识，即使在保护理念和保护方法上还会不断地商榷甚至争论，但是保护本身将不再成为困惑。

可以相信，梁林故居被拆事件会成为历史长河中无法修改的一页、一段留下了缺憾的记忆，并将面对后人的评判。希望媒体也不单单是把它作为一个简单的新闻事件来报道，而是通过学术界和媒体界对此类事件的认真讨论和反思，引起全社会和每一个公民对文化遗产价值和意义的思考与认识。倘能如此，也算是我们对梁思成和林徽因二位先生最好的纪念了。

（本文整理自笔者《从文化遗产保护看名人故里之争》和
《从梁林故居被拆看文化遗产保护》两篇文章）

守住城市历史的"芯"

　　5000 年来，城市一直伴随着人类文明的进程。因此，城市历史遗产成为人类文明最为丰富和多样的表现载体之一，更是通过空间和时间来说明人类的努力和抱负的关键证据。19 世纪中叶，欧洲就开始关注历史性纪念建筑物，经过 100 多年的实践，保护和传承城市历史遗产已经成为全人类的共识。但是，保护什么、为谁保护、如何保护，依然是充满挑战的话题。同时，随着时代的不断发展，对于城市历史遗产价值的认识也在不断地更新和变化。英国学者拉斯金于 19 世纪后半叶提出保护城市历史遗产的概念，他认为城市历史遗产应具有以下两方面的价值：一方面是纪念价值，另一方面是地域价值。城市历史遗产可以唤起人们对往昔的回忆，是城市记忆的象征。同时，城市记忆又反映了城市的个性特征，地域价值使城市历史遗产成为本地民族和地域身份特征的基本组成。在此基础上，奥地利、法国、意大利等国学者又相继补充论述了城市历史遗产的纪念性作用和历史性作用，将城市历史遗产的价值归纳为认知价值和经济价值。历史发展到今天，依照法国学者弗朗索瓦丝·萧伊的观点，城市历史遗产已经由崇拜走向了价值开发。所以，我们面对城市文化遗产的时候，显然很难像对待建筑物一样去评价其所谓的艺术价值、科学价值、历史价值或者其他的工艺价值等。城市文化遗产是城市在历史上留下来的完整系统，因此，首先，它应该是可持续发展的；其次，它应该是能够传承的；最后，它应该也是城市发展中非常独特的资源，或者说是其他城市不可替代的。正是因为具有这样特殊的价值，城市历史遗产才能够营造出多样性的场所精神，成为一座城市文化多样性的培养场所。

　　我国对城市历史遗产的全面保护始于 20 世纪 80 年代。当时虽然已经开始公布国家历史文化名城，但是整个社会还处于没有保护意识的状态。到了

2000 年左右，随着城市建设的快速发展，保护在发展面前显示出明显的弱势，大量的城市历史遗产以发展的名义被拆毁。1997 年，丽江和平遥同时成功进入《世界遗产名录》，在引以为豪的同时，我们的国土上已经难以再寻找到如此规模和如此完整的古城了。21 世纪以来，随着文化遗产越来越受到社会各界的重视，城市历史遗产的保护也呈现出了多样化的态势，特别是越来越集中到了对文化多样性以及创造和享用这种文化的人的关注之上。文化遗产日益成为与普通大众和社会生活息息相关的一部分。但是面对快速推进的城镇化浪潮，城市历史遗产的保护、传承与可持续发展依然是我们面临的重大课题。不仅历史文化街区、历史文化名城等国家、省市一级的城市历史遗产问题丛出，即便是进入《世界遗产名录》的平遥和丽江也不容乐观。这些年来，在国家法律法规和国际公约的框架下，城市历史遗产的物质形态及周边的环境基本上得到了保护，但是维系城市特色最为重要的人文环境却受到了极大的威胁。以丽江为例，申报世界遗产成功之后，旅游业的迅速发展导致了城市功能的改变，也给原住民的生活带来了很大的变化，出现了古城核心区原住民外迁率较高、原住民和旅游产业关联度低、古城内原住民老龄化等现象。其结果是城市的物质空间出现了严重的"二元分离"现象，占整个古城面积约 30% 的沿街商业空间因为旅游业开发而活力强劲，70% 背街面的居住空间因为缺乏固定的、长期的、有经济投入能力的使用者而逐步衰败。这些现象在平遥古城中也十分突出。部分管理者或者商业投资者可能更看重城市历史遗产的旅游价值，所以直接将旧的城区进行改造，即使当地居民已经搬迁，原来的历史文化空间尚存，依旧作为旅游资源进行开发，从而形成我们最不愿意看到的历史城市发展方式。然而，在诟病城市历史遗产过度商业化的同时，如何保护其真实性和完整性，如何改善居民生活环境、保护原住民的利益、促进社区和谐发展，仍然是一项既艰巨但又必须完成的工作。

如何能够使城市历史遗产的保护与当地的经济发展达到和谐平衡的状态？首先，要明确认识城市历史遗产的核心价值。城市历史遗产与文物建筑不同，它是活着的遗产，是城市的有机组成部分。因此，城市历史遗产的保护与发展必须兼顾遗产的保护、文化的传承、经济的发展及人居的改善几个方面。随着城市生活方式和运转方式的更替，以及在城市中生活的人的变化，一部分由历史建筑、场地、街区等组成的原始使用功能或空间特征不再适用于当代的城市生活。然而，它们记录了城市由昨天走到今天并迈向未来的发展轨迹，具有不可替代的历史、文化和社会价值。其与现代城市环境的关系应该不是被动地相互适应，而是现代生活和整体环境中不可缺少的一部分，关键在于如何利用。通过功能的优化或更替，城市历史遗产应继续体现自身特征，达到新的完整性，在城市中发挥新的活力。

城市一定是持续演化的，所以我们首先需要考虑的应是如何保护、管理和控制，进而引导城市文化遗产和居民生活方式的变化，让其变成城市发展中重要的经济和社会资源。对于变与不变，生活在城市中的人们是最为清楚的，而传统生活方式的传承更需要依赖原住民。在城市历史文化遗产的保护过程中，我们往往很轻易地将城市当作一个管理系统去考虑，而忘记了生活在城市中的居民。正是这些居民构建了城市发展的"基因"，而这些"基因"就是一座城市历史遗产的"芯"。如果没有保住原有的"基因"，没有守护住我们的"芯"，城市终归有一天会变成我们不希望看到的样子。在城市历史文化遗产的保护过程中，常常会出现以保护真实性和完整性的名义企图恢复所谓某个时代的环境，而完全忽视某一时代之后的历史和环境变迁的情况。因此，我们不仅要重视其中那些重要的建筑形态和城市格局，更要关注那些与该地区文化历史相关的所有物质的和非物质的元素，特别是生活在其中的人。正是现代居民的存在才共同构成了历史城市今天特有的环境和文化表征，而这个环境又恰恰反映了一个民族或者一个地区文化发展的过程。所以，保护文化遗产应该更重视其与人之间的血脉关系，包括二者之间的历史和当代的真实状态。《威尼斯宪章》强调文化遗产不仅要注重对其整体环境和原有历史风貌的保护，更要注意保护贯穿其中的历史文脉和珍贵的人文元素。

城市历史遗产在其保护、传承与可持续发展的过程中，要避免原住民的大量外迁和过度商业化，除了重视城市历史遗产物质形态的维护、保养和功能提升外，最为关键的应该是对社区和居民的政策和态度。一个历史城市或者历史街区所拥有的特殊社会和人文因素是建立在社区和居民长期的共同经验和社会交往的基础上，自然而然逐渐形成的，是无法通过规划来实现的。历史性的社区一旦消亡，城市历史遗产的真实性和完整性就会受到极大的损坏。因此，在关注城市历史遗产的物质载体的同时，必须重视构成城市人文环境和文化表征的社区和居民。在城市历史遗产的保护中，如果能够做到以社区发展和居民生活质量的提升为首要目标，过度商业化的问题就会在一定程度上得到解决，守住城市历史遗产的"芯"才成为可能。

（本文原载于 2014 年 8 月 22 日《中国文物报》，此处有修改）

文化遗产阐释方法研究

——以史前遗址为核心

针对传统概念中的文物价值或者文物内涵进行阐释，其方法是比较明确的。但随着遗产的概念越来越宽泛，如包括历史街区、乡村遗产等，如何向公众阐释其价值，阐释其于利益相关者及社会的意义，就显得不是那么容易了。考古学的意义似乎比较容易被大众所理解，但是对于大量的考古遗址，特别是史前遗址，由于与当下的社会和生活跨度太大，如何阐释它们对人类、对当下社会、对人类未来到底有什么启示，是我们面临的巨大问题。一个史前遗址，通过对它的认知，怎么把信息比较准确地传递给观众，不仅在中国，在国际社会也是一个难题。

遗产价值阐释的重要性不言而喻，但价值阐释的方式主要是通过展览把信息传递给公众。董翠平馆长在介绍周口店时讲到，如何让普通的参观者能够理解遗址的价值。虽然专业人员认为考古遗址有着很深的内涵和很高的价值，但是我们的展览往往难以将它展现出来，展览传递给观众的信息与我们的期望还有一段距离。另一方面，由于展览中各种因素的限制，观众在参观遗址时所获取的信息也有限。

史前遗址长期不受关注的原因很多。今天会议的议题是关于周口店遗址发现 100 周年，虽然我们不愿意看到这种情况，但周口店遗址与北京地区的其他世界遗产地相比，观众量相对较少。如果和故宫做比较，前些年可能故宫一天的游客量比周口店一年的观众还要多。这也从侧面反映出，在面对那些过去的遗址时，观众可能有很多问题和困惑需要解答。史前遗址历史年代久远，和现代人的生活有一定的割裂感，大多数遗迹或遗物缺少观赏性与趣味性，在视觉上缺少冲击力与吸引力，且其历史、科学、艺术的价值较抽象，无法从表面简单解读，需要借助一定的方法。目前的展示方法让大多数观众处在看不懂、难理解的状态。因此，如何在当下让人们参观遗址时能更好地理解其价值的问题亟须解决。对史前遗址，社会各界通过展览、通过各种阐释手法想了很多办法，希望让大家理解，但是仍然要面对很少人关注的问题。举一个例子，华南地区一个美丽城市的近郊有一处非常重要的新石器时代遗址，年代距今9000—7500年，是华南地区新石器时代早期有代表性的遗址。这个城市的旅游业在改革开放之前就已经有很好的发展，现在游客也非常多，但去过这个遗址的人却非常少。遗址博物馆做了很多努力，希望众多到这个城市旅游的人也能光顾博物馆，到这个遗址看一看，但收效甚微，至今这种状态也没有改变多少。为了扩大遗址博物馆的影响，他们与一家企业合作，在一个与旅游景点比较相近的地方营造了所谓新石器时代的场景，并雇用了一些西南地区的少数民族同胞，让他们演绎当时的场景，游客称之为原始人旅游项目。

我曾与前故宫博物院张忠培院长和国际博物馆协会的同仁一同去过这个遗址。张忠培先生从考古专家的角度表示这个项目与历史不符。据说类似的旅游项目并不是孤例。为了让公众能对人类早期的社会生活有一个直观的了解，其动机可以理解，但采取的方法和手段应该说是不恰当的。

遗址阐释的方法似乎有很多，也有很多理论依据，但实施起来往往很困难。从内部来说，如何理解遗产价值并在此基础之上进行展示设计是一大难题。对于外部，观众也好，学习者也好，他们对展览的需求是什么，这些问题需要进行访客研究。虽然现在每个遗址、每个博物馆都会做一些访客调查，但针对不同的群体，具体通过什么样的方式去表达时，又会很困难。

根据很粗浅的分类，史前遗址价值阐释方式大概可以分成以下几种：基于遗址本体的原址展示、设立遗址博物馆、修建遗址公园。在此过程中，又以各种相应的方式辅助展示，如文化教育活动、创意产品等。现在周口店已经在思考如何以建立国家遗址公园的方式把遗址价值及内涵通过衍生的各种方法展示给大家。

基于遗址本体的原址展示是在国内外遗址保护与利用中最基本的方法。20世纪五十年代以来，我国有很多史前遗址采用了基于原址的保护与展示方式。例如西安半坡的史前聚落遗址，至今依然以原址展示为主。还有比较新的田螺山遗址，以及浙江省新近发现、发掘的河姆渡文化遗址，也是通过大型设施做现场展示。

另外一种较为常见的方式是在遗址保护区修建遗址博物馆，如周口店的博物馆，通过展览对遗址的内涵和价值作阐释。其他的例子还有现在正在申报世界遗产的良渚博物院以及十分受大众关注的沈阳新乐博物馆。我们利用大数据平台做了一些调研，发现因为新乐遗址离沈阳市比较近，绝大多数人去的都是新乐遗址，而非其博物馆，这是一种有趣的现象。

还有一种方式是采用遗址公园的形式。考古遗址能不能做成公园，国内外考古界都有争议。有的学者认为，考古遗址就是遗址，怎么可以成为公园？在许多国家，公园和遗址的管理机构不同，服务的对象和目的也不同。所以，将考古遗址当作公园区建设，展示要如何做是一个问题。此外，展示的内容是否能真实地阐释遗址的价值？很多时候为了满足公园的需求，需要做很多超出遗址价值之外的事情。这些事情怎么去评价、怎么去看，目前还缺少很好的商讨机制。日本是比较早就有遗址公园制度的国家，一般采取露天保护、复原展示、文物陈列和考古发掘展示相结合的展示手法。考古遗址一旦成为公园，它的管理机构就由文部省转为国土交通省了。日本的吉野里遗址是日本弥生时代大规模环濠聚落的遗迹，位于佐贺县神埼郡吉野里町和神埼市的吉野里丘陵上，面积约 50 公顷。遗址在 1986 年被发现，现在大部分属于国有的吉野里历史公园。作为弥生时期的考古遗址，这里游客很多、很热闹，但大家视为游乐园，所以也有争议。有人质疑，复原那么多房子，还有很多的娱乐活动，是不是反映了真实的历史？是否能够重现遗迹的真实原貌？是否会误导观众？考古遗址是否需要以这样的方式阐释它的价值？这些都是我们面对史前遗址要有更多思考的原因，就是到底应该通过什么样的方式做价值研究。

以上是遗址的三种基本展示模式。作为考古遗址价值阐释的补充，现在各个考古遗址都在积极地寻求创新的文化教育活动，包括像周口店遗址的科普进校园互动活动等。另外，文化创意产品也被认为是博物馆或者遗址的文化价值的延伸，而且成为近年来文博界非常重要的一项工作，在有些博物馆甚至有喧宾夺主之势。文创产品的开发本来是商业行为，不应该属于文博事业的范畴。社会企业有营利的目标，与文博单位合作开发一些纪念品无可厚非，但如果变成了文博事业中的一部分，甚至是重要的部分，就值得商榷了。况且，大多数史前遗址类的文创产品不易开发，对于阐释其价值的意义也不大。一些遗址博物馆或者遗址公园的很多创意活动，虽然有的吸引了很多游客，得到了游客的认可，但也存在着模式化的趋向。现在有些史前遗址有钻木取火的活动，问题是该遗址在那一时期是否有钻木取火的技术？一些有陶瓷出土的遗址做的则是陶艺活动，而没有考虑陶艺技术和那个时期有没有关系。这样的遗址活动是否能真正诠释或者阐释遗址的价值需要更多的思考。

我们认为，目前对史前遗址的价值阐释存在以下三个问题：

第一，缺乏完整性。我们对于遗址的价值阐述很少能够做到让观众从进入史前遗址到最后离开时可以对遗址本身或者对整体有比较完整的了解。这是由于，在空间上，一方面，遗存的展示多以遗址区域内某单体遗存（如墓葬、房址等）展示为主，难以揭示史前人类生活面貌，另一方面，对遗址周边环境缺少关注与研究，往往将核心遗址区外围景观做成休闲公园；在时间上，遗址的展示多停留在某一个时间段，难以展现史前人类生活的历时性演变。例如周口店遗址，我非常有感情，也深知其价值与重要性，但是它的整体展示还有很大的空间可以思考。我在一些场合和学校教学过程中经常以周口店为例做调查，应该说很多观众参观后并没有留下深刻的印象，展览也没有达到理应产生的效果。周口店的展示如果能够帮助观众对人类的起源有所了解，对人类的未来有所感触，对史前遗址的价值有所认知，我们的目的就达到了。尽管存在很多困难，但是周口店仍然有很多优势，可以利用外部机会，不断地通过国际交流更多地向专业工作者学习。例如，周口店特别需要中国科学院古脊椎动物与古人类研究所的专家指导，如内容怎么表达，最核心的东西是什么，对人类的意义是什么，等等。这个展览可以做得更简洁，形成一个完整的系统，更容易被观众理解。

第二，缺乏学术支撑。史前遗址最大的问题是学术支撑不够，或者说是对遗址价值的理解不足，主要原因是做展示的人和专业研究人员之间的沟通不够。这也造成了由于展示说明文字、解说系统表达信息内容不够充分，一定程度上影响了遗址价值与内涵的传递。此外，建筑遗迹、生活场景复原等复原性方式在一定程度上有失遗址的历史真实性。特别是史前遗址、早期人类历史怎么理解、怎么展示，需要有一些更好的方式。

我们可以通过两处各具特点的案例来说明遗址阐释可以采用各种灵活且具有创新性的方法。一个是西班牙阿塔皮尔卡考古遗址的临时展览，用乐高立体模型展示阿塔皮尔卡考古遗址。这个史前遗址展览非常受欢迎，公众评价非常高，与观众尤其是儿童进行了很好的互动。另一个是阿尔塔米拉洞和西班牙北部旧石器时代洞窟艺术展览，作为世界遗产，它在国际社会上很受关注。其实能够进入这个洞内参观的游客人数非常少，为了保护遗址，每天仅限 15 个人到原址参观，遗址展示更多的是通过外部展示的方法来进行。在遗址博物馆中，通过展示旧石器时代洞窟艺术出现的前中后期的情景，做到了时间上的连续性。网络和社会上的评价表明，这个遗址是史前遗址中展示满意度最高的，80% 的受访者对展示的手段非常认可。

第三，通过以下遗产价值阐释的意义图，我想强调的是，无论是史前遗址还是考古遗址，包括历史城区、历史街区价值的阐释，向观众传递其价值，最核心的是要把遗产对人类社会的未来有什么意义阐释清楚。如果对这个问题没有清晰的解答，阐释系统就很难做到成功。

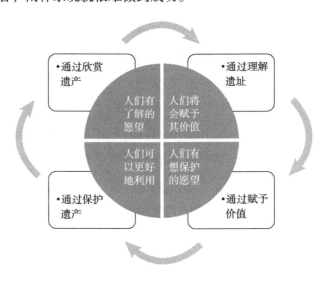

遗产价值阐释意义图

（根据笔者 2018 年在"纪念周口店遗址发现 100 周年国际研讨会"的演讲稿整理）

遗产保护与文化旅游

一、为了什么而保护文化遗产

保护文化遗产对于生活在当下的人们到底有何意义？这是遗产从业者经常会被问到的一个问题。当然，我们可以在《世界遗产公约》《中华人民共和国文物保护法》《历史文化名城名镇名村保护条例》等文件和法律法规中寻找答案。但在实际生活中，一般老百姓在面对这些遗产，特别是一些尚未显现太多经济价值的遗产时，经常会质疑，保护这些文化遗产的意义何在？

在当今这个时代，价值，尤其是经济价值，往往被作为判断"物有所用"最重要的标准。我们目前面临的最大问题是对文化遗产价值的认知，从专家与社会的层面，对文化遗产的价值都需要有一个哲学层面的认知与回答，而不是简单的概念上的解释。

举一个韩国文化遗产的例子。韩国首尔的崇礼门，俗称南大门，是韩国的第一号国宝，也是首尔历史最悠久的木结构建筑。韩国在"二战"结束之前曾被日本殖民统治长达几十年，日据时期的韩国不仅本土文化遭受了巨大的破坏，众多珍贵的历史文物也损失惨重。崇礼门作为古代韩国汉城府最大的城门，被誉为韩国的"国门"。在日据时期城墙被拆除后，南大门成为弥足珍贵的历史载体，是韩国保留较好的文化遗产，成为韩国重要的代表性古代建筑。崇礼门虽然历史久远，历经数次修缮，但木质的主体建筑结构仍然保存完好。可惜的是，它在 2008 年被一场大火烧毁。一个 70 多岁的老人由于对社会不满，将一桶汽油带到城楼上点燃，这便是韩国"崇礼门纵火事件"。

南大门被烧之后，韩国社会举国震动，文化部部长引咎辞职，一系列相关人员被降薪处罚。韩国国民接受不了这样一个事实：如此重要的文化遗产被瞬间烧毁。经过国会和专家的评定，韩国政府决定重新修复南大门。在对修复方案进行了慎重的评审后，修复工作正式启动。此前，在日本的长期统治下，韩国很多传统文化业已被日本同化，有的甚至消失。崇礼门是韩国精神与文化的象征，专家们希望在修复南大门的同时能够恢复韩国已经失传的相关传统工艺。为此，秉持恢复传统的精神，所有南大门新补的石料都是以古法手工打制的。笔者曾问过管理施工的人员，现在机器切割很快，为什么非得用手工？他们说手工打制出来的痕迹与机器切割不一样。包括一些打制石材用的铁凿子，都是在现场烧炼锻造出来的。最难的部分是建筑彩绘，专家们希望完全使用传统的颜料和工艺，但是遇到了很多问题。首先是矿物质颜料的缺乏和韩国已经失传了的动物胶制作技术，其次是将颜料绘制在建筑木构上的方法。由于建筑彩绘的材料和工艺都遇到难题，当时担任南大门修复专家委员会委员的韩国文化财保存学会会长想通过我向中国相关单位咨询。故宫、天坛、避暑山庄等官式建筑曾进行过彩绘修复，他期待中国能针对修复材料和工艺给韩国提供一些经验和建议。但经过咨询，令我和韩方始料不及的是，故宫等大量的官式建筑早在民国时期就开始使用法国的合成材料进行修缮了，而现在故宫等建筑在彩绘修复时用到的蓝色和绿色颜料都是德国的材料，并不是中国传统的材料。材料发生了很大的变化，工艺固然也随之改变。取法无门，这个结果让韩国同行非常失望，也让我非常意外。故宫大修，我们一直强调的"传统彩绘材料"其实早已发生了变化。不过，韩国没有因此停止对传统工艺和传统材料的恢复。为了使用矿物质颜料，他们几乎买光了日本的动物胶，因为韩国本土生产不了。为了恢复传统的彩绘，韩国同行的确做出了最大的努力。经过5年的努力，文保专家们最大程度上恢复了传统工艺和材料。南大门开放后，登楼参观、陈列馆等配套设施全部是免费的，人们只需预约就可以参观，每周门楼开放两次，每天都有大量的游客到访。修复城门的同时，周边环境也做了一些整治，东面的城墙也向外延伸了。

　　修复这样一座门，韩国政府和社会为什么倾注了巨大的财力和人力？为什么一定要恢复传统材料和工艺？修复之后又是免费开放，这样一处遗产对于韩国到底具有什么意义？我想肯定不是为了经济价值，也不是为了旅游，而是为了重新树立韩国人的民族自豪感和文化认同感，其价值远远高过能够看得见的经济利益。

二、遗产保护与文化旅游的关系

遗产保护与文化旅游，无论是在学术界还是在实际工作中，无论是在中国还是在世界其他地区，都是一个相互离不开而又非常矛盾的话题。大家都觉得两者应该是密切相关、能够紧密地结合在一起的，但在实际工作中又往往是如同走在两条平行线上的两个领域，所以从管理部门到学术研究机构都是在并行的两条线上，看似相近，却没有很好地交叉和结合，离我们期望的目标有很大的距离。

我们先对文化遗产本身做些思考。我们通常认为文化遗产包括景观、历史遗迹、场所和环境等，还有过去和现在进行的文化活动，传承的知识和生活经历，它们记录和表达了历史发展的漫长过程，是构成不同的国家、地区、民族和地域特征的本质，并且是现代生活的必要组成部分。作为生动的社会参照点和发展变化的积极手段，每一个社区和地点的特别遗产和集体记忆是不可取代的，是现在和将来发展的重要基础。所以，我们必须有一个最基本的认识，一个国家保护自己的文化遗产，其根本目的不是发展旅游。

旅游给我们带来的变化和冲击是什么？进入 21 世纪之后，旅游业在中国快速发展，其势头是我们在 20 世纪八九十年代没有预料到的。根据世界旅游组织的统计，国际跨境旅游人数逐年增长，虽然金融危机给世界经济带来了一定的冲击，但是 2012 年的国际旅游人数还是超过了 10 亿人次，未来还会有更多的人进入跨境旅游的行列。特别是在一些发展中国家或者欠发达地区，政府积极地推动旅游，希望通过旅游解决一部分经济发展的问题。这样的状况在中国也很普遍。

那么，什么是文化旅游呢？文化旅游与一般旅游有什么不同之处呢？这个问题看似简单，实际上很难回答。可以说，有多少个文化旅游者，就会有多少个文化旅游的定义。回顾历史，应该说早在欧洲的罗马时代、中国的春秋时期，一些出行活动就有了我们今天所说的文化旅游的意义。只是 20 世纪 70 年代以后，文化旅游才被视为一种特殊的旅游产品。文化旅游的概念很难说清楚。但是文化遗产与文化旅游的关系又是如此的紧密，我们几乎无法回避。在此举一个日本传统村落的例子，也许有助于我们理解文化旅游。

日本奈良地区有一个村子叫明日香村，日本延续至今的天皇制历史就是从这个地区开始的。隋末唐初时，日本吸收中华文化，建立了最早的飞鸟王朝，并出现了最早的天皇，直到藤原时代。其都城藤原京也在这个区域。之后，都城迁到了平城京，在今天的奈良市西郊，再后来迁到了京都，最后在江户时期迁到了今天的东京。明日香村是日本1400多年前的政治文化中心，虽然延续的时间并不长，但一直保留着非常传统的文化气息，保存了很多历史古迹和传统建筑。但是，这个区域也面临着和其他传统村落同样的问题。20世纪六七十年代，日本经济快速发展之后，这个区域开始衰败，年轻人外出谋生，村里只剩下年长者。不过，经过二三十年的发展后，其经济水平达到了一定的高度，很多原来外出的人又回到了这里。为什么呢？因为这个区域不仅保留了传统文化，而且自然生态环境优美，非常宜居。但严格来说，这里的古迹、古建筑都缺少所谓的震撼力，或者说缺少所谓的观赏性，包括发掘的地下都城遗址，普通人很难看出所以然来。这样的资源显然不适合观光式的大众旅游模式，因为它缺乏那些"非看不可"的旅游景点。有意思的是，当地政府设计了几条不同的线路，把一些看似并不起眼的历史遗迹联系在一起，使其具有了很高的历史价值和教育价值。例如，其中的"大化改新线"，把与日本在公元646年学习中国唐朝律令制度的"大化改新"事件相关的遗迹，如一些重要的历史事件发生地、重要人物的墓葬等联系在一起，使其成为一条线路，成为通过旅游了解"大化改新"这一重要历史事件非常好的手段。又如，"万叶线"将日本著名的古代诗歌集《万叶集》中描述过的相关名胜及诗人们活动过的场所等联结起来，旅游者通过行走这条线路，不仅可以游览诗中提及的名胜和古迹，而且可以对《万叶集》中的诗歌产生更深刻的切身体会。此外还有几条满足不同爱好者的线路，如"石质文物线""佛教文物线"等。这种体验式的旅游活动可能和我们讲的文化旅游更接近，旅游者不仅仅是观光或者只游览一处名胜地，而是通过旅游使自身在历史、文学及人生等方面都有所获益，更加具有人文情怀，称它为文化旅游更加贴切。

三、遗产地旅游的挑战与机遇

旅游给文化遗产带来的影响可以说是挑战和机遇并存，其挑战主要有三方面：

第一，对维护文化和自然遗产价值所产生的影响。文化资源被纳入发展的日程表时，很自然地被认为是取之不尽、用之不竭的资源。但是，无论是物质还是非物质的文化遗产，都是不可再生的，都是过去特定时期或特定地区特有的创造物。文化遗产和自然遗产的价值有时候通过旅游会发生改变，类似的例子我们常常可以看到。

第二，对当地社会、居民及非物质文化遗产的影响。旅游业作为全球化的重要经济形式，可能会促进地方社会的转型。如果我们对旅游业不加以管理，任其无序发展，不重视环境和社会文化，最终会给当地社会、文化及语言等带来巨大的影响。当地的非物质文化遗产，包括本土居民的生活方式、价值观念、传统信仰等，很可能将遭到无序发展的旅游活动的破坏。当非物质文化遗产为了游客变成一种表演时，其与当地居民的生活、信仰、民俗文化关系也就不大了。

第三，如何建立利益群体合作关系。只有公共权威（public authority，也可译为政府当局）、旅游行业、文化遗产保护专家和本地居民建立起合作关系，才能全方位有效地维护文化遗产的价值，既满足当地居民的需求，又促进旅游业的发展。如果处理不好遗产保护、旅游和利益相关者之间的关系，就会引发很多问题。

除挑战之外，旅游也可以为遗产保护带来机遇。全球旅游业不断发展和多样化，并成为许多贫穷国家经济增长的亮点：1998—2008 年，世界粗放型旅游业收入的平均增长幅度为7%，而在欠发达国家这一参数为12%。为了创造更好的旅游环境，政府和商业机构会对文化遗产地所在区域进行投资，改善环境和基础设施，这些措施有助于促进当地居民生活状况的改善，同时也为遗产的可持续保护与利用奠定基础。

旅游是促进文化交流的良好渠道，尤其是跨文化的交流对于促进人与人之间的联系和相互理解具有非常好的推动作用。通过旅游道德的教育和宣传，游客自身的情怀和信仰也会从中得到提升，这对维护世界文化多样性、促进人类和平发展都会有所助益。

那么应该如何处理好文化旅游与文化遗产保护之间的关系？如何使文化旅游与文化遗产都能够可持续发展呢？以下是笔者的两点建议：

第一，定期对各类景区进行评估，把控景区面临的压力。故宫在 2012 年国庆"黄金周"期间，日游客量达到 182 万人次，如果不加以管控，将会对故宫的建筑及环境造成破坏，同时游客也不能得到应有的优质服务，几乎难以看到一个真正的故宫。因此，必须考虑遗产地的游客承载力，不能单纯追求游客数量。又如，柬埔寨的吴哥窟，从 2000 年到 2007 年，游客从 185921 人上升到 1106890 人，在短短的 7 年里增长了将近 4 倍。当大量的游客进入以后，由于管理难以同步，出现了多种对遗产造成破坏的不文明行为。如果遗产得不到很好的保护，最后的结果就是旅游失去目的地，更谈不上发展旅游业。

第二，当地政府、群众和企业之间要建立适当和平衡的合作关系，把旅游业与地方社区的发展联系起来，做好各方面相关的工作，包括提升公众遗产保护的意识，对各方利益相关者进行伦理道德教育，加强旅游业从业人员培训，提升参观者的体验感等。为此，国际组织做了多方面的探索和实践：世界旅游组织于 1999 年颁布了《全球旅游伦理规范》，同年国际古迹遗址理事会颁布了《国际文化旅游宪章》，联合国教科文组织 2005 年通过了《文化遗产专业导游项目》，国际古迹遗址理事会 2008 年颁布了《文化遗产地阐释与展示宪章》。这些文件基本上针对的是旅游从业人员。2012 年，联合国教科文组织驻华代表处启动了一个叫作"善行旅游"的项目，其目标是"通过旅游有效促进遗产保护和人的发展"，希望通过这个项目梳理出一个导则，以对提高旅游管理者、从业者特别是旅游者自身的素质有所帮助，最终为遗产的可持续保护和利用做出贡献。

四、文旅融合与遗产价值传播

文化空间主要是遗产地民众具有特色的传统生活常态，游客作为文化的学习者，在文化空间中能够感受到独特的、真实的人文生态和自然生态，他们获得了整体文化感受，并愿意支付报酬，这种利益应该由社区共享。

我们不能为了迎合旅游者的一些兴趣而去编造一些所谓的文化。文化既不能打造也不能编造，打造和编造出来的文化肯定经不住历史的考验。旅游中的娱乐项目就是娱乐项目，是旅游化的，而富有文化意义的是另外一种，我们应该把旅游项目中的文化要素进行甄别检验，而不是重新创造，不应把娱乐的东西当成真实文化的一部分。

旅游应该成为传播遗产价值的重要途径。可以有遗产主题的旅游产品，但遗产本身绝对不是旅游产品，这个认识我们一定要明确。旅游需要文化的支撑，是传播文化的良好载体，这是双方互利的事情，但双方要摆正各自的位置，将商业的行为植入文化时，千万不能把文化庸俗化。

如果单纯地从旅游产业上说文旅融合，特别是在中国这样一个以源远流长的历史和博大精深的文化为背景的大环境中，几乎所有的旅游项目都离不开文化。从这个角度来说，旅游和文化的结合是必然的，对于每一个具体的项目来说都是一个大方向。我们东方人和西方人在价值观上是不同的，西方人会把自然和文化分开看，而东方人一直把自然当成文化的一部分，不会把一座山单纯地当成自然的山看待，而是赋予它很多文化内涵。

文旅结合最根本的目的是解决人的问题，活动的核心是人，是为了满足人的需求。我们过去往往把旅游单纯地说成娱乐休闲，但在文化旅游中，人自身的成长是非常重要的。所以，一个好的文旅产品应该对每一个旅游者的认知都有一定的提升。纯粹的娱乐只能是一个商业项目，而不是文旅项目。

保护文化遗产，是因为它们内在的价值或对社会的意义，而不是由于它们作为旅游吸引物而具有的外在价值。人类都是走在自己历史的延长线上，我们都希望、也必须前进，但发展时不应该脱离这条延长线。文化遗产保护的终极目标就应该是让人类不偏离、不脱轨于自己历史的延长线，在人类前进的道路上把握好一个度。

遗产地旅游与社区发展

文化遗产到底是为谁保护？应该是为创造或维护、延续了文化遗产的当地人，或者说是文化遗产的拥有者，因为他们是遗产的主体。遗产保护并不是为了旅游者或专家学者，也不是为了政府，其根本的目标应该是为了当地的人。旅游只是遗产可持续利用的一个方面，但我们不能否认，旅游会同时给遗产带来正面和负面的巨大影响。每年国际和国内的旅游人数都在增加，遗产地应该如何面对旅游增长呢？我们知道，遗产地有向公众开放的义务，公众也有欣赏它的权利，即使面临保护的压力，但是向公众展示依然是必须的，因此我们需要找到一个平衡点。

遗产地管理者及社区希望通过游客的到来促进当地经济的发展，但是旅游是否真的能够解决所有遗产地尤其是城乡村镇和社区的发展问题？即使有些遗产地可以通过旅游带来收入，但如何处理好旅游发展和遗产保护，以及旅游收入与社区居民之间的关系，这都是非常迫切的现实问题。

一、处理好遗产与社区居民的关系

2013 年进入《世界遗产名录》的云南红河哈尼梯田，规模宏大，气势磅礴，绵延整个红河南岸的红河、元阳、绿春及金平等县。梯田非常美，哈尼族的民俗风情也令人心神向往，它的价值通过申报世界遗产得到了世界的认可和关注，但是当地居民的实际生活并不便利，传统的居住条件也比较差。因为常年雨雾缭绕，为避免潮湿，当地人居住的蘑菇房建筑上鲜有窗户，外来者却认为这样的建筑非常有特色，来到这个地方就是想看他们住的蘑菇房，看他们在梯田里种水稻，创造四季各异的美丽景色。可是，哈尼族的人们不是单纯为了保护文化遗产而生活的，他们是为了自己过好日子而生活。所以，他们会盖一些不是我们希望看到的新式房子，对于水田耕作方式的选择也会根据市场、收入而改变，因为高山梯田在没有任何机械动力的情况下要维护和管理灌溉系统、维护稻田水系，需要付出非常大的劳动量。如果外出打工比种田收入高，如果从事一些与旅游服务相关的行业收入也高于种植水稻，有谁还愿意在梯田里辛苦地耕作呢？其实这是一个非常简单的道理。要申报世界遗产，政府、社会就要把它作为一项文化遗产来管理，而日常的维护又离不开它的主人，这就是我们面临的现实问题。

我们保护哈尼梯田到底是为了什么？对于它的所有者来说，它最根本的价值是什么？如果仅仅将其看作外来人或者旅游者眼中一个美丽的景观，旅游和文化遗产保护之间就会出现很大的矛盾。当地政府希望它能够成为一个经济增长点，当地的村民也对旅游抱有很大的期望，但是如果不能处理好保护与旅游之间的关系，可持续利用对于两者都会成为一句空话。这是一个遗产地对旅游充满渴望的例子。哈尼梯田的价值毋庸置疑，但我还是很担心，将来那些梯田的维护靠什么维持下去？什么样的机制能够支撑农民还愿意在那么艰苦的环境中耕种，而不是转向更容易获得收入的服务业？

旅游到底能为遗产地带来什么？旅游是否可以解决遗产地的发展问题？平遥古城于 1997 年成为世界文化遗产，是我们非常值得骄傲的一件事情，但是它的基础设施建设、居民生活改善、社区发展等问题并没有因为大量游客的到来而得到解决。旅游在一定程度上为平遥当地解决了一些就业问题，但游客带来的旅游收入距离改善平遥古城内部的居民生活条件等还很遥远。更为严重的问题是，平遥古城中的院落在逐渐减少。2005 年山西省建筑规划院做了一个调查，当时尚有 513 处值得保护的院落，到 2008 年同济大学调查核实时只剩下 473 处。所以，像平遥这样一个居民在古城中生活的遗产地，单单依靠旅游是解决不了问题的，我们需要对文化遗产保护的方法和理念做更多更新的思考。

文化遗产的保护依赖于社区居民，传统的激活要依靠大众的参与，而文化旅游也要依赖当地居民的参与，否则就失去了核心价值，成为嘉年华式的娱乐行为。例如，日本京都每年 7 月的祇园祭不仅日本人，世界各地的人都会前去观看，但是在节日中展示的山车，其维护和表演都是依靠社区的力量，政府只在节日期间维护交通秩序，并不会参与民俗活动。

二、遗产地旅游的真实性

关于遗产地旅游，还涉及旅游对象的真实性问题。在文化遗产保护领域，真实性已经是一个最基本的原则，但是在旅游界，真实性问题似乎还没有引起足够的重视，对于旅游对象的真实性缺乏广泛的讨论。因此，在遗产地我们常常会看到，为了引发游客的兴趣，导游有时会讲述一些没有事实依据的离奇故事，而遗产的真正价值并没有得到诠释。可以说，文化遗产领域里的真实性概念对于旅游业同样适用。对于消费者来说，任何商品都应该是一个真实的产品，所以旅游目的地即使作为商品来促销，其内容也必须是真实的。但现实的状况是，有些城市在重建或者新建所谓的古城、古街，打着保护历史城市和街区的名义开发旅游。国内目前有一些城市正在或者准备恢复古城，在将来设计旅游目的地时，如果把新建的古城说成是某一时代的古城或街区，就是对旅游者的欺骗。

当然，作为旅游产品的文化遗产也需要促销，需要通过包装使其商品化，从而变成可以消费的产品。但是这个商品化的过程需要有一个度的把握，如果超出这个度，就会失去文化遗产的真实性。例如，一些与人类早期活动相关的遗址，虽然历史、科学、文化价值都很高，但可观赏性较差，一般游客难以理解，面对这种情况，有的经营者有时会在展示或者文化诠释上采取一些极端的做法。例如，桂林甑皮岩遗址作为华南地区新石器时代早期的代表性遗址，是南方早期人类活动的重要遗址，历史文化价值非常高，邓小平同志在 1978 年春节期间曾经参观过这里。根据 2008 年的统计，桂林市人口为 500 多万，到桂林旅游的人数为 1100 多万，但是到甑皮岩参观的游客却寥寥无几。一家旅游公司与甑皮岩遗址博物馆合作，开发了一个"时光隧道"，招募了一些少数民族同胞表演所谓的甑皮岩时代桂林人的生活，其中还有婴儿参与表演家庭生活。这种旅游展示项目，不仅与历史的真实状况相距甚远，很多长期的表演甚至损害了表演者的人身权利。由于这个遗址与表演者没有太多的联系，展示表演也未能起到吸引游客的效果，前来参观的游客仍然寥寥无几。类似这样的遗址，当游客非常少时，一些管理部门就会想一些较为极端的办法。

再看另一个案例。福建土楼在成为世界遗产之前，本来是客家人生活的场所，而成为世界遗产之后，一些部门为了所谓的环境治理，甚至为了满足游客需求，限制居民在土楼里面养鸡养鸭，把客家人生活的场所变成了纯粹的旅游目的地。

同样的情况也发生在日本的白川乡和五屹山，它们于 1994 年成为世界文化遗产，是很有名的一个村落。村子里的农耕和建筑及非物质文化遗产原本是结合在一起的，随着生产方式发生变化，农耕和村民的生活没有了密切关系，服务于农耕的民俗活动几乎变成了一种表演。每年耕种时期，村民在田里耕种时都需要面对来自各地的记者和游客。此外，村里的非物质遗产消失得也很快，如村民互助修建屋顶的组织"结（UMI）"已经基本消失了。日本社会包括日本文化厅的官员非常担忧，村落变成旅游目的地，非物质遗产变成表演，当初列为世界文化遗产时的承诺是否还有意义。

三、民俗文化保护与旅游开发

在民俗文化保护与民俗旅游开发中同样存在值得思考的问题。毋庸置疑，这两者的核心都是民俗，无论是保护还是旅游开发，都需要其得到良好的保护和有效的传承。但是，由于两者目的不同，因此在规划设计过程中有所区别。旅游是传播民俗文化的重要途径，民俗文化可以产生以民间艺术为主题的旅游产品，但是民俗文化本身绝对不是旅游产品。

旅游产品是要讲求经济效益的，如一些地方和旅游开发部门组织的类似嘉年华性质的所谓民俗活动，即使在经济效益上有所建树，也不是真正意义上的民俗文化。民俗来自民间，同时需要由民间力量自然传承而形成传统。目前，国内的一些民俗旅游开发走向了另一个极端，有时候把民俗文化变成了一个徒具形式的躯壳。如祭孔大典，如果只是在形式上对孔子进行祭拜，组织者、参与者没有发自内心深处对孔子的崇敬，这样的大典具有什么意义也就难免让人有所质疑。如果本地居民缺乏对孔子及三孔的崇敬之情，整个城市没有儒家气息，却要求旅游者进入孔庙之后对孔子充满景仰，这或许就有些勉为其难了。当地民众对自身传承的文化没有自豪感，外来游客就难以产生共鸣和感动。只是停留在一种猎奇式的观赏层面的旅游项目是没有可持续性的。因此，要保护民俗文化与其拥有者之间相濡以沫的关系，保护民俗文化的真实性就显得尤为重要。

四、遗产是为社区而保护

前面提到文化遗产保护到底是为了什么。应该首先是为了当地的社区，如果离开社区，遗产就没有了存在的价值。

德国的埃森矿业同盟于 2001 年进入《世界遗产名录》。埃森在德国的钢铁行业及制造业等曾有着非常重要的地位，是支撑德国经济非常重要的工业区之一。埃森矿业同盟也曾经是世界上规模最大、效率最高的煤矿，但是它在20 世纪 60 年代后期开始衰落，1986 年停业关闭。1986 年煤矿倒闭后，北威州政府没有拆除占地广阔的厂房和煤矿设备，而是买下全部的工矿设备，使煤矿工业区的结构得以完整地保留下来。沉寂的车间、斑驳的构筑、巨大的储气罐，甚至传输带、生产设备及锅炉机房等都得到了精心的保护，成为一个活的产业博物馆。当地政府的努力受到国际社会的肯定。由于其出色的整体保护，2001 年埃森矿业同盟被联合国教科文组织列入《世界遗产名录》。笔者曾经为了了解工业遗产的展示方法而去参观埃森工业遗产地。对于工业遗产的保护和利用，笔者一直在思考一个问题：为什么同样是文化遗产，工业遗产在保护和利用的时候可以对里面的结构进行大量的改造，尽可能地满足利用者的需求，而其他类型的文化遗产为什么就不可以采取同样的方式？工业遗产的保护标准是不是和其他类型的文化遗产不一样呢？我选择参观世界文化遗产中最早的工业遗产之一埃森，就是希望了解国外在工业遗产再利用方面的手段和方式。实地考察之后，我发现埃森工业遗产也采取了同样的方式，也是在遗产地举办各式各样和原来的工业遗产并没有直接关系的活动。但是埃森工业遗产里面还设有一个博物馆，其展厅虽然也是直接利用原来的建筑改造而成的，但展示的方式给我留下了深刻的印象。参观之前，我还在想它的博物馆怎么去做展示呢？

还是陈列工业设备吗？刚进去时确实看到有一些当时的工业设备，包括楼梯都仿做了炼钢用的红泥球，没有太大的惊喜，但在看了展室里面陈列的照片后，我的感受很深刻，照片的展示使得这个遗产和当地社区紧紧联系在一起，所有陈列的照片展示的都是当地的居民，如果没有当地的这些人就没有这个遗产地，这就是展览要展示的主题。

我们到一个遗产地，一般很少看到在展示上着重强调"谁创造了这些东西"，"和当地人的生活有什么关系"。但是埃森的博物馆里展示的是，当地人最初是怎么生活的，现在是怎么生活的，和这个地方的关系是怎样的，有哪些不同的宗教信仰，人们现在做什么样的工作，所以我的感受非常深。他们展示了当地人生活的各个方面，不仅有中文的阐述，而且当地社区拥有的各种文化都得到了展示。人是文化遗产的灵魂，这个遗产地的展示给了我一个更深的印象：文化遗产离不开当地的社区，离不开人，如果把社区和人忘记了，只记得遗产，可能就背离了我们保护文化遗产的初衷。

从广泛的意义来说，自然和文化遗产属于全人类，我们每一个人都有权利和责任去理解、欣赏和保护它的普遍价值。文化遗产的展示功能也是它的重要属性，通过展示，遗产的内蕴能得到更多人的理解。在文化遗产地开展旅游是不可避免的，遗产保护与旅游发展之间的关系因而成为一个长期的话题。国际古迹遗址理事会作为一个专业的文化遗产保护组织，在1999年10月通过的《国际文化旅游宪章》中对文化遗产和旅游之间的关系作了非常明确的阐述。宪章指出：开展任何形式保护的一个主要目的，是希望通过良好的管理方式，让来访者和东道主社区对文化遗产所在地的重要性有所了解。出于对历史文化遗迹共同的尊重和对此项资源脆弱性的担忧，保护组织和旅游业必须合作，共同保护和展现世界文化和自然遗产。

实 践 篇

国际背景下的文物保护科技动向

文化遗产作为人类文明的结晶和最宝贵的共同财富，是人类社会得以延续的文化命脉，它包含了人类无限的情感，包含着深远的意义和极大的价值，关系着人们的生活和整个社会。一个民族的文化遗产往往蕴藏着该民族传统文化的根源，保留着形成该民族文化的原生状态，以及该民族特有的思维方式等。因此，在当今社会，无论是发达国家还是发展中国家，对文物保护及文物保护科学技术的认识和投入均处于加强的趋势。

一、文物保护科学技术

文物保护科学技术从学科结构分析包括三个层次：文物的科学技术、保护技术和保护工程。文物的科学技术即对文物性状、内涵、生成和赋存进行研究的科学技术；保护技术是指在不影响文物基本属性的前提下，通过各种技术手段阻止和延缓文物随时效和自然环境变迁发生质和形的变异，避免人工环境变迁和突发事件对其质和形的破坏；保护工程是指对具体文物的保护处理和预防性保护工程实施。根据保护的性质又可将文物保护划分为预防性保护、抢救（被动）性保护和加固、修复性保护及养护性保护。

自 19 世纪下半叶，随着人们对文物普遍性价值和基本性能认识的深入，随着文物调查和发掘技术的进步，科学技术迅速应用于文物研究和保护。"二战"以后，文物的不可再生性、价值普遍性和产出地域性等原则因学术界的深刻探讨而逐步成为共识，代际公平的意识逐步增强，文物保护逐步成为政府的基本职能和衡量民族责任感的一个标尺，也逐步成为评价一个国家综合实力和科学技术实力的一个因素。

　　由于文物种类繁多，其生成与赋存环境极其复杂，文物及其保护科学技术形成了一个庞大的跨众多自然科学、技术科学门类，并与多个社会科学与人文科学相关联的学科群。不仅文物保护成为第一目标，考古学、艺术史、科学技术史也成为研究对象，一系列科学技术的前沿研究也往往有赖于对文物的科学技术研究的推进。众多的自然科学和工程技术领域都与文物保护有不同程度的联系。在现代科学技术迅猛发展的 20 世纪下半叶，文物保护科学技术最显著的特点是：一切科学发现和技术发明都会被考虑和尝试应用于文物研究及其保护工作中，现代科学技术成为文物保护的核心，并尽可能地吸收传统修复保护技艺的合理因素。

　　文物的不可再生性、多样性、时代性、地域性和不可替代性等特点决定了保护技术的审慎原则和技术方案的差异性，即便是同一地点出土的同类同质文物，其保存现状、损坏程度等也会存在区别，因此不可能以一种保护技术解决所有问题。

　　强调文物保护科学技术的基础研究已经成为发达国家和国际文物保护界的共识。人们一般是先找到文物病害产生的原因，然后"对症下药"，去除造成病害的根源，以达到长期保护的目的。利用现代自然科学和技术的理论、手段、方法，可以对文物材质进行整体的、分子的、原子的结构分析，调查文物自然损坏的原因和全部具体过程，探索有效延缓和阻止文物损坏的方法，以及最佳保存手段和途径。在这些基础研究的基础上，才从文物的基本属性和文物保护的基本原则出发，精心设计技术与工艺，在实验室反复进行不同时效和环境比对实验，筛选出相对安全的材料、工艺和技术，然后才能对文物进行小规模的保护操作并跟踪研究，取得工艺和技术参数，再经过时效验证后方能成为针对某个和某类文物的保护方法，并同时制订相应的操作规范和标准。即使如此，跟踪研究依然会持续相当长的一段时间。

　　保护性处理及材料研究是文物保护的关键，也是国际文物保护界科技研究的重点。随着现代科技水平的发展，在进行文物保护工程技术研究的同时，环境监测、测试分析、环境模拟、现场实验和标准化等方面的研究也日益深入。

　　文物保护科技比较发达的国家重视跟踪监测数据的积累，对于重要的文物和遗迹，一般都有连续的档案记录。这些档案记录成为诊断文物病害产生原因的第一手资料，是保护方案设计的基础，也是进行保护处理的重要参数，更是对保护结果进行评估的依据。

二、文物保护政策和文物保护科技政策

当今社会，无论是发达国家还是发展中国家，政府和民众都强烈意识到保护文化遗产是责无旁贷的基本义务。几乎所有国家都对文物进行了立法保护，一些发达国家还呼吁和督促其他国家政府加大文物保护的力度。政府间组织中，以联合国教科文组织的推动最为有力，最具代表性的是1972年缔结了《保护世界文化和自然遗产公约》，我国于1985年加入。

在发达国家，除国家文物保护法律之外，很多地区还制定了特别法律以加强文物保护，并在具体的保护工程中先后制订了一系列的操作标准和技术规范。

以美国为例，联邦政府拥有、掌握并管理着一系列重要的历史文化资源，这些资源共同组成了国家遗产的主要部分。在保护和增加美国的历史财富方面，联邦政府扮演着重要的角色，保护的对象既包括国家公园、国家森林和博物馆，也包括用于政府事务的国家财产、军用装备、娱乐设施及场地和供研究之用的实验室。这些资源均是国家文化遗产的重要组成部分。联邦政府对这些资源的管理深化了公众和其他机构对遗产保护的认识，并且为遗产保护方面的各种合作提供了机会。在关注和保护公共财产方面，联邦政府处于首要的位置。随着1966年美国国会对《国家历史保护法案》（*the National Historic Preservation Act in* 1966）予以通过，联邦政府成为历史遗产保护方面的领导者和全力合作者。联邦政府的职责是指导历史遗产的维护工作，以及创建一个使现代社会和历史文化资源可以和谐共存其中且充满活力的环境。该法案的通过有一个极其重要的推动作用，就是它把联邦政府从一个常常造成历史资源的损失、并对这些损失漠不关心的机构变成一个对国家的未来负责的管理机构。

日本从明治时期建立文物保护制度以来，随着时代的变化，经过多次的修改和完善逐步形成了国家、地方公共团体、所有者和国民共同保护文物的良性格局。国家、地方公共团体、所有者、国民对于文物的保护认识清晰、职责

明确。

1. 国家的职责

1）制定文化财保护法。

2）重要文化财的指定和选定，身边的文物（建筑物）的登录。

3）对指定文化财所有者进行的管理、修理、公开展出等发出指示、命令、劝告。

4）指定文化财的现状变更的控制、输出的制限、回复原状的命令。

5）对指定文化财所有者的管理、修理、公开等活动给予补助。

6）对文化财公有化的地方公共团体给予补助。

7）制订有关指定文化财税制的特例措施。

8）博物馆、剧场等公开设施、文化财研究所的设置、运营。

2. 地方公共团体的职责

1）制定文化财保护条例。

2）重要文化财的指定和选定等（国家指定等除外）。

3）对指定文化财所有者进行的管理、修理、公开展出等发出指示、命令、劝告及对现状变更进行控制。

4）对指定文化财所有者的管理、修理、公开等活动给予补助。

5）为了文化财的保护、公共设置、运营相关设施。

6）为了保护文物，推动有关文化财的学习活动、爱护活动、传承活动等地域性活动。

7）作为管理团体管理、修理国家指定文化财等。

3. 所有者的职责

1）申报国家及地方指定文化财所有者的变更、消失、毁损、所在的变更等。

2）文化财的管理、修理。

3）文化财的公开。

4）重要文化财等转让时向国家提出交售申请。

4. 国民的职责

1）协助国家及地方公共团体举办文物保护活动。

2）发现遗迹后提出报告。

3）在明确有地下文物的地点进行发掘时提出申报。

4）为了调查地下文物，进行发掘时提出申报。

20 世纪末，以美国为代表的发达国家开展了"挽救美国的财富"计划。该计划是一项由美国联邦政府发布的倡议，开始于 1999 年，作为美国新千年庆祝活动的一部分，意在提高公众的遗产保护意识，以及提高一些最重要的国家历史遗产保护工作的投资。"挽救美国的财富"是由美国国家信托（the National Trust）与美国国家公园服务组织（the National Park Service）合作的一项公共项目。它与国家公园建设项目（the National Park Foundation）和遗产保护项目（the Heritage Preservation Program）一起致力于发现和抢救那些作为美国传统的永远象征的历史遗产。"挽救美国的财富"是一项独特的合作项目，它在 1999—2001 年提供了近 1 亿美元的资助。除此之外，这个项目还吸引了5000 多万美元的私人捐助。日本和韩国则先后推出了"文化立国"计划，其主要内容都是如何更好地保护和利用文化遗产。进入 21 世纪，美国又率先推出了"维护美国行动计划"。这一倡议发布于 2003 年 3 月 3 日，旨在激发公众对历史建筑、历史园林及其他具有历史意义的地方的关注，从而达到挽救过去、保护未来的目的。这项倡议希望能够提高公众对美国国家历史的普遍认识，加强各地域人民的地域认同感和自豪感，促进各地对自然和文化遗产保护工作的参与，并支持增强各个团体的经济活力。作为一项执行法令，《美国国家历史保护法案》要求各机构"与各州政府、当地政府、印第安部落，以及私人单位建立协作伙伴关系，来推动历史遗产景点和当地经济发展；与其他国家进行官方合作，推动联邦各州旅游业的发展；2004 年 9 月前，制定一份历史遗产的详细目录，描述各历史遗产的现状、改进现状的发展计划以及发展历史遗产景点旅游经济的可能性；2005 年以后，每 3 年向历史遗产保护顾问团（the Advisory Council on Historic Preservation）报告各历史遗产改善计划的进展情况，再由顾问团和内务部（the Interior Department）向总统进行总结汇报；委派一名高级官员监督检查历史遗产保护的进程，这名高级官员须是助理秘书、副助理秘书或是相当级别的官员"。城市、企业和其他机构都符合条件的，接受总统颁发的奖励，以鼓励和表彰他们在推动历史遗产保护方面所做的努力。

法国在欧洲国家中可以说是最重视保护自己的文化遗产的国家。在欧美进行的贸易谈判中，法国一贯主张保护欧洲的文化产品。法国推出的"国家文化遗产（科技）研究计划"由政府投入，集中了53个研究团体，进行科研项目攻关，涉及从文物保护理论、基础科学研究到各种保护技术和具体保护工程项目等多个领域。此外，法国有6000多家以保护地方历史建筑及进行维修为使命的协会。意大利则有国家大学科研部文物保护研究3年计划（2003—2005），参加项目单位多达350个，其中有64个分布在国家研究委员会、大学和文化遗产部的主要研究机构里，计划内容涵盖了从文物和文物保护理念、文物保护科技基础研究、文物保护材料、文物保护方法到具体文物保护的诸多方面，包括文物保护技术转移、国际合作研究、国际交流、研究成果出版、人才培养、中央与地方的合作、吸引民间资金投入等多个方面，预算总额达3亿欧元。

从以上发达国家的实例可以看出，在文物研究和保护领域，政府是积极的倡导者和资金提供者，筹措研究和保护经费是政府的一项职责。同时，政府制定了一系列政策，特别是税收优惠政策，倡导和鼓励民间资本资助文物保护和保护研究。在政府的积极倡导和推动下，在社会各界的广泛支持下，科学家和工程师积极投身于文物和文物保护的科学技术研究，众多的民间团体和法人财团也竭力开展文物保护研究与保护工程。

三、研究机构

科学技术是文物保护的核心力量。早在19世纪末期，一些国际著名的博物馆就开始建立实验室开展研究工作。1888年，德国在皇家博物馆建立了第一个实验室；1898年，东京成立的日本美术院开始了文物保护科学和修复技术的研究；1921年，大英博物馆建立了文物保护实验室；1930年，法国卢浮宫设立了文物保护实验室；1930年，日本帝国美术院附属美术研究所（东京文化财研究所的前身）成立；1939 年，意大利成立了罗马文物修复中心；1952 年，日本组建了奈良国立文化财研究所。

20 世纪下半叶，人类文化遗产得到了政府和民间团体的高度重视，专门的文物保护研究机构和大学在政府的资助下相继建立起来，一批知名大学组建了文物保护科学研究所，开展了文物保护科学的教学和研究工作。同时，民间科研机构和院校也在不断建立。联合国教科文组织日益关注文物保护，在罗马建立了国际文化遗产保护研究中心，并吁请博物馆设立文物保护科学实验室，从事文物保护科学研究和保护工作。

国立的研究机构规模普遍比较宏大。意大利罗马文物修复中心拥有一支 400 人的科研队伍，设有 9 大科学研究实验室和 11 类材质修复实验室，与 30 多个国家有科技合作课题及项目；苏格兰保护修复社有 400 多人；澳大利亚文物材料保护中心有 115 人；韩国国立文化财研究所正式编制人员有 80 余人；美国史密森学会不但在十多家博物馆设有研究和保护实验室，还有 2 个直属的保护材料和保护技术研究所，拥有一支近百人的研究队伍。

美国盖蒂保护研究所是国际上私立保护研究机构的杰出代表，虽然只有十多位研究人员，但是强大的财政支持和高效率的管理与运作模式使他们能延揽全世界最杰出的专家，开展世界各地的文物保护研究和实践，享有国际声誉。美国盖蒂保护研究所是在美国盖蒂基金会支持运作下的一家国际性文物古迹保护研究机构，与盖蒂基金会、盖蒂博物馆和盖蒂研究所组成盖蒂中心。盖蒂保护研究所由办公室、科学部、项目部、信息部组成，是一所世界著名的文物保护研究机构，拥有世界一流的固定科学研究队伍和科学分析测试设备。项目部是盖蒂保护研究所一个非常重要而且独具特色的部门，它主要通过在全世界实施不同的重要保护项目来实现盖蒂保护研究所的国际保护宗旨。资深项目科学家（senior project scientist）是项目部的核心人员，一般由资深项目科学家筹划、申请和组织项目，分批分阶段实施获得资助的保护项目。项目科学家有很大的自主权，直接向所长负责。项目确立后，项目科学家可根据项目的特点和要求组织项目部的部分人员具体实施。当项目部或盖蒂保护研究所人员短缺时，可从全世界聘请。盖蒂保护研究所通过科学研究、教育培训、田野项目和传播研究成果实现其国际性文物古迹保护目标。

近些年，国立文物保护机构也在进行改革，优化资源配置，其代表是日本将东京和奈良的两所国立文化财研究所合并为一个机构。

四、支撑系统

强大、持续的政府资金投入和社会的广泛支持是发达国家文物保护事业取得优良成绩的保证。20 世纪 60 年代以来，日本政府每年都制订文物保护计划，90 年代又推出了国家重点研究基地计划。难得的是，在日本政府预算逐年减少的情况下，文物保护经费仍在逐年增长（2000 年日本国家预算为 85 万亿日元，文物保护经费为 540 亿日元；2001 年国家预算为 83 万亿日元，文物保护经费为 574 亿日元；2002 年国家预算为 81 万亿日元，文物保护经费为581 亿日元）。根据 2003 年日本文部科学省发布的有关资料，2002 年日本文化厅预算总额为 985 亿日元，占国家总预算的 0.12%（国家总预算为 81 万亿日元），而用于文物保护的预算为 581 亿日元，占文化厅预算的 59%。国家财政以外，地方政府对文物保护的资金投入从 1990 年至 1995 年一直保持在 1400亿日元左右。除了重视对现代科学研究机构的投入，日本政府在昭和 60 年修改《文化财保护法》时，对传统保护修复技术所需要的特殊或短缺材料在法律上给予了物质和财政保障。

意大利的文物保护经费占国家财政收入的比重从 20 世纪 80 年代的 0.16%增长到 2003 年的 0.4%（35 亿欧元），2000 年还追加了专项经费约 15 亿欧元，每年 1.5 亿欧元的彩票收入也用于文物保护。

法国政府用于保护文化遗产的开支巨大，文化部文化遗产司 2000 年的预算为 20 亿法郎。为了解决资金缺少的问题，法国政府还成立了一个文化遗产基金会。

发展中国家对文物保护也非常重视，如印度每年的国家投入约合 3.1 亿元人民币，墨西哥每年的国家投入约合 14.2 亿元人民币。埃及旅游点门票收入的 90%上交国库，再返还文物部门，用于文物保护，政府每年用于伊斯兰古建筑的保护经费达 5000 万元人民币。

在研究经费方面，各国政府的投入都是巨大的。以德国为例，除了政府科技和文化部的专门预算外，政府的 DBU 基金会也是文物保护研究资金的主要提供机构，其从 1991 年成立起已经资助了 190 个保护项目。罗马文物修复研究中心每年经费为 6000 万欧元，加拿大保护中心每年经费为 150 万加元，1996 年日本给予两个国立文化财研究所的总经费为 286 亿日元（其中人头费为 121 亿日元，东京国立文化财研究所研究费为 47 亿日元，奈良国立文化财研究所研究费为 118 亿日元），韩国国立文化财研究所每年经费为 600 万美元。

除政府主导投入外，社会力量的支持也是各国文物保护的重要保障之一。在美国，建立于 1949 年的美国国家信托基金主要资金来源于私人资助者，它为保护美国的各种历史遗产和为振兴各个团体提供指导、教育培训和建议咨询。此外，《美国国家历史保护法案》还推动成立了历史遗产保护基金。这个基金的资金源自联邦政府在外层大陆架矿产开采中获得的收入。它是国家公园服务组织遗产保护服务项目的一部分，此项目还支持"美国历史战争阵地""国家历史大事""历史图景""土著部落社区"等项目。历史遗产保护基金通过与国家政府、各地方政府及国家信托历史遗产保护基金的合作开展工作。历史遗产保护基金从 1968 年开始已经征得了超过 10 亿美元的资助，但这些资金是远远不够的，还需要"联邦政府历史遗产保护税务鼓励计划"的帮助。历史遗产保护工作最主要的刺激手段就是历史遗产保护税务信贷。"联邦政府历史遗产保护税务鼓励计划"是联邦政府最成功的振兴推动项目之一。1976 年的税务改革法案首次为历史遗产保护创制了联邦税务鼓励措施。此法案通过向进行古旧建筑复原工作的私人投资者提供信贷业务鼓励对历史遗产保护的私人投资。这项税务鼓励措施提供了高达维修花费 20% 的贷款，大大刺激了私人投资者的投资兴趣。迄今为止，这项鼓励措施帮助挽救了 27000 多所建筑，刺激了 180 亿美元的私人修复投资。

从人才培养上看，美国有 4 所大学开展了文化遗产研究与保护人才教育，提供从短期培训到博士研究生教育等一系列课程。欧盟设有一所专门培训纸质文物和古文献资料保护的学院；意大利有两所国立专业修复人才培训学院和 16 所民营文化遗产保护修复学校，有 9 所大学设有文物保护系；西班牙有 2 所文物修复学校；德国有 3 所文物修复学院；法国有 1 所国立文化遗产保护学院；波兰哥白尼大学的文物保护专业已有近 60 年的历史；日本有 7 所国立大学和 8 所公立、私立大学，与专门的文物保护研究机构合作，培养不同层次的文物保护人才，另外有 2 所国立博物馆也在培养研究生；韩国在 2000 年新成立了一所国立文物保护大学；印度在 2003 年也成立了一所文物调查学院，专门培养文物保护专业人才。

  强化职业培训是文物保护工作做得比较好的国家的重要经验。法国国立遗产学院是为博物馆等遗产保护管理机构培养遗产保护和管理高级人才的专门学院，学员学成后可获得从事遗产保护工作的执业资格。

（本文为国家文物局"文物保护科技'十一五'规划项目"的

研究课题报告，此处有修改）

文化景观视野下的石窟寺保护

一、问题的提出

2003 年，阿富汗巴米扬山谷的文化景观和考古遗址是第一个以文化景观进入《世界遗产名录》的石窟寺遗址。世界遗产委员会在遴选理由的第四条中这样评价：巴米扬山谷是杰出的文化景观，描述了佛教发展史上一段辉煌的历史。

中国是世界上拥有石窟寺最多、最丰富的国家，从 1987 年的莫高窟开始，1999 年大足石刻、2000 年龙门石窟、2001 年云冈石窟也先后进入《世界遗产名录》，从类型上来说，中国在《世界遗产名录》中所占比例最大。但是，无论是申报理由还是世界遗产委员会的评价，均未提及这些石窟寺作为文化景观的价值。

以往，我们对于石窟寺的保护、管理和研究更多的是关注石窟及其遗址本身的艺术和历史价值，对石窟寺作为信众礼拜的对象、石窟与自然环境的关系及石窟发展和形成的过程等相对不够重视。由于缺少对石窟寺整体文脉的理解和把握，过分强调每一个石窟本身，而没有注意石窟之间的脉络，过分强调从内部进行保护规划，而没有考虑从外部空间向石窟内部的过渡，因此在保护规划的设计过程中缺失了作为文化景观的石窟寺所包含的内容。以文化景观的视野来考量石窟寺的保护和管理，无疑可以对保护石窟寺及其遗址的真实性和完整性有所帮助。

二、世界遗产视点下的文化景观

庐山国家公园于 1996 年以文化景观列入《世界遗产名录》，而在这之后的很长一段时间里，国内特别是文化遗产领域对文化景观并没有给予足够的重视，几乎看不到任何公开发表的研究成果。

2004 年，日本东京文化财研究所召开了一个以文化景观为主题的国际学术会议，主办方委托我在国内邀请一名学者参加会议，虽然在高校及文物界多方咨询，但还是没有合适的人选。最终勉为其难，由我作为代表参加会议，介绍中国的相关情况。最近两年，文化景观在中国逐渐"热"了起来，2008 年在杭州会议上形成的"杭州建议"，代表了中国对文化景观的认识；2010 年进入《世界遗产名录》的五台山，由当初申报时的文化与自然双遗产改为文化景观；2011 年西湖以文化景观申报世界文化遗产，文化景观的概念进入了民众的视野。然而，我们对于作为文化遗产的一种类型的文化景观的研究和认识还有许多工作需要加强。虽然世界遗产中文化景观理念的实践已经历 20 多年，但许多关键的概念和相关思考仍处于发展与深化的阶段，处于不断的探讨和争论当中。而国内相关的研究更加薄弱，需要引起文化遗产领域学者的关注。

文化景观并不是一个新概念。早在 1925 年，美国加州大学伯克利分校地理学系教授索尔（C. O. Sauer）就首次提出了这一术语。他认为，"文化景观是通过文化群体作用而形成的自然景观。文化是动因，自然物是媒介，文化景观是结果"。在他提出这一概念之后的几十年中，文化景观的研究并未引起人们的广泛关注。大规模开展文化景观的研究始于 20 世纪 80 年代。基于对文化景观的不同理解，不同研究机构、组织和个人对文化景观的定义也不尽相同。1992 年 10 月，联合国教科文组织世界遗产委员会文化景观专家组报告提出："文化景观是自然与人类的共同作品"，"它体现了人类与自然环境相互作用的多样性"。由此，文化景观成为文化遗产中一个新的类型。

世界遗产中的文化景观代表了《保护世界文化和自然遗产公约》中第一条指明的"人与自然的共同作品"（combined works of nature and man），是世界遗产委员会 1992 年召开的第 16 次大会上列入文化遗产范畴的一个新的类型。文化景观遗产的概念早在 1984 年即提出讨论，并于 1992 年正式纳入世界遗产范畴，国际上关于其定义、价值、功能、分类、保护和管理等的研究已颇为丰富。

文化景观是依附在自然物质之上的人类活动形态，是人类社会和聚居环境演变的例证。因此，它是持续发展的，其发展变化顺应着自身的发展规律。文化景观的形成是一个漫长的过程，每一个时代都对文化景观有所贡献，当然每个时代的人都是按照其文化标准对景观产生影响的。由于民族迁移等因素，一处文化景观往往并非由单一民族创造。文化景观作为世界文化遗产中的一个类型固然需要研究和重视，此概念在文化遗产保护中的理念与方法对于发展中国家来说意义更为重大。

对于文化遗产保护来说，文化景观的理念具有以下四个重要意义：

1）关注文化遗产与自然的关联性，拓展了文化遗产价值的复杂性和多样性。

2）强调任何一项文化遗产的形成都经历了一个长期发展的过程。

3）更加注意人与文化遗产之间的关系，尤其是非物质性的价值。

4）为文化遗产提供了整体保护的方法论。

三、文化景观的理念与石窟寺的保护

任何一座石窟寺在其兴建之初，从选址到洞窟的开凿，开窟者们除了考虑地理、地质环境和洞窟安全，无不充分地考虑了与周边环境的关系。而且作为一个宗教活动的场所，住寺僧人和信众的活动轨迹是由洞窟的分布及洞窟的内容决定的。同时，现存石窟的规模都是经过了一个长久的历史过程才得以形成的，形成过程中各个时期宗教自身的发展变化、信众群体组成的变化、绘画技巧、造像工艺、审美的变化及特殊的历史事件等都对石窟产生过影响。

因此，在对石窟寺实施保护的过程中，特别是制定保护总体规划的时候，我们不能忽视以上问题。文化景观的保护理念可以为石窟寺的保护和管理提供以下几个方面的借鉴作用：

第一，充分认识和把握石窟寺的整体文脉，在关注每一座石窟本身的同时注重窟与窟之间的脉络关系，在强调从内部进行保护规划的同时，考虑从外部空间向石窟内部的过渡，也就是在文化景观保护的整体性理念指导下使石窟寺的完整性得以更好地保护。

第二，加强对石窟寺的选址、开凿及形成过程与自然环境关系的研究，并将研究成果体现在保护和管理规划中。这对于保护方法的选用及保护和展示设施的规划、设计具有重要的意义。

第三，充分认识和把握石窟寺曾是一个地域重要的宗教场所的事实，加强对僧人及信众在石窟寺内活动轨迹的研究，为展示和说明石窟寺的宗教、历史、文化及艺术价值等提供真实的依据。同时，在客观条件允许的情况下，尽可能地为参观者提供合理的参观、学习和体验线路。

总之，文化景观除了是文化遗产中一个新的类型，它的保护理念同样可以为石窟寺的保护做出一定的贡献。特别是在落实整体保护的策略时，为规划设计提供方法论。在总结以往石窟寺保护规划经验的基础上引入文化景观的保护理念，对像龟兹石窟这样由众多石窟组成的石窟群的整体保护，实现其真实性和完整性的最佳保护和展示就会成为可能。

（本文原载于 2016 年《龟兹石窟保护与研究国际学术研讨会论文集》，此处有修改）

从高松冢古坟看日本的文化遗产保护

从 2007 年 4 月 5 日拆除了位于古墓北端天花板上的第一块石头开始，日本奈良县明日香村高松冢古坟，这座在日本文化遗产保护工作中具有代表意义的墓葬解体维修工程正式开始实施。根据最新的报道，5 月 28 日，在日本全社会的高度关注下，施工单位成功将第六块组成墓室的石块搬运到了距离墓葬500 米的临时保护修复设施中。全部解体和搬运工作预计 7 月中旬能够按计划完成。

关于高松冢古坟壁画的保护，日本各种媒体已经连续报道了 5 年多，从对文物保护工作本身的失望，到对行政管理部门的质疑，除了报纸上整版的新闻纪实报道，电视媒体也做过许多专题节目。相关行政机关的负责人引咎辞职，文化厅长官自动减薪。一座古坟壁画的保护工作为什么能够引起新闻媒体乃至整个社会的如此关注呢？

一、高松冢古坟的发现

高松冢作为古代墓葬被发现其实是早在 1697 年的事情了。因为在坟丘上有松树，所以定名为高松冢。只是当时人们错误地认为它属于文武天皇安古冈陵，直到 1939 年在调查平城京遗址时才被否定。1960 年，当地村民发现坟丘中埋藏有石灰岩的石块。

1972 年，奈良县明日香村、奈良县立疆原考古研究所和关西大学组成的考古发掘队对高松冢古坟进行了发掘，3 月 21 日在石室内部发现了大约公元 7 世纪后期的壁画。人们一般认为高松冢古坟壁画是受到了唐代文化的影响，特别是其中的人物群像图，与 20 世纪 60 年代初在陕西发现的唐永泰公主墓壁画非常相似。不过，高松冢古坟与永泰公主墓在规模上不可相提并论，永泰公主墓从墓道入口至墓室全长 87.5 米，而高松冢古坟的墓室只有 2.65 米。高松冢古坟的人物群像图中的人物仅 38 厘米高，而永泰公主墓的人物都接近真人身高。高松冢古坟壁画的画面虽小，但绘画的技艺却丝毫不低，更显精雕细作。1974 年高松冢古坟壁画就被日本文化厅指定为国宝。

由于第一次发现了有星象、四神、人物群像等内容的精美壁画，当时在日本社会引起了极大的轰动，不仅在学术界，就是在新闻媒体乃至一般公众中，壁画内容也成为很长一个时期议论的话题。考古学和文物保护学因此而受到了全社会从未有过的青睐。

高松冢古坟壁画于 1972 年 3 月被发现，4 月初就成立了调查保护应急处理委员会。随后，其保护工作就成了日本文物保护界的中心任务。日本政府先后派人前往意大利、法国、德国及韩国考察，并邀请意大利和法国专家到现场参加保护方案的研究。经过慎重的讨论和研究，最后采用了在原地保护的方针。为了保持古坟石室内部恒定的环境，在墓室前面设计了三个前室，并安置了大型的空调设备来调节内部的温湿度。每次进入墓室，都要通过前面的三个保护室，以便保持内部的温湿度。石室上部虽然恢复了坟丘，但保护设施与墓室入口（原来的盗洞）之间有一定的空间，利用原来的盗洞（平时是封闭的）可以进入石室检查。我在奈良文化财研究所工作期间曾进入墓室内部，对保护设施与入口处空间进行灭菌处理的经历使我印象深刻，从进入第一个设施到接近古坟石室花了将近一个半小时。因为墓室比较小，从不对外开放。

这是一个耗资巨大的保护项目，不仅初期的投入巨大，之后的维护费用也难以计算。高松冢古坟的保护方式成为日本文物保护界的骄傲，也成为周边乃至西方国家考察日本文物保护情况的必看项目。

二、问题的出现

从已经公开的工作日志看，1978 年 12 月已经明确发现部分壁画有霉斑产生，当时负责保护工作的东京国立文化财研究所的工作人员做了绘图记录，并进行了相应的处理。1981 年又有一些部位出现了白色的霉状物，相关部门也做了应急处理。这些情况当时都没有对外公布，对于出现霉斑的原因也没有作出很好的解释。

2001年2月13日至3月2日，为了防止石室天井北侧出现崩落，利用保护设施与入口处的空间进行了施工，但是施工结束后不久，石室外部及封土上出现了大量的霉菌。3月25日的工作日志中有详尽的记录。我在2001年初秋进入石室附近，也是为了观察和消除霉菌。

2001年秋季的例行检查中发现墓室内部的壁画上面又出现了一些霉斑，虽然很快进行了杀菌处理，但霉斑还是不断出现，到了第二年出现了大面积的黑色霉菌（图1、图2）。霉菌反复出现，并越发有继续发展的趋势，对此文化部门内部已经难以消化，不得不向社会公开。自此，媒体展开了历时5年多的高松冢古坟壁画保护修复跟踪报道，有关壁画保护的所有消息都成了媒体和社会关注的焦点（图3）。

图1   图2

图3

直到现在，壁画上的霉菌还在持续产生，最新解体搬运的男子人物像及星象图等上面都发现了黑色或白色的霉菌。根据近年来的调查和研究，霉菌大量产生，除了 2001 年的施工引发的多种因素外，地球暖化也是一个重要原因。从 2001 年至今，奈良县的温度逐年升高，而在 20 世纪 70 年代温度基本没有变化，80 年代升高了 1℃。墓室内部的年平均温度在 20 世纪 80 年代前基本保持在 16℃ 以下，进入 90 年代后温度有所上升，为 16～17℃，2000 年以后温度一直呈上升趋势，到 2004 年已经上升到了 18℃。年平均温度为 18℃，在气温最高的七八月，墓室温度就会超过 19℃，为霉菌的产生和繁殖提供了很好的条件。

有关霉菌及处理的具体情况，在日本文化厅的网页上点击高松冢，就可以看到许多极为详尽的报告和图片资料，网址为 http://www.bunka.go.jp/takamat-suzuka_kofun/index.html。

三、维修方案的争论与实施

1972 年发现高松冢古坟壁画之初，考虑到壁画的历史及美术价值、保护环境的变化对壁画的影响，以及揭取壁画在技术上存在的困难，确定了就地保护的原则。经过了 30 多年，由于霉菌不断产生而且有加剧的趋势，加上白灰层的老化剥落，日本文化厅先后组织了"高松冢古坟保存对策调查会"（霉菌被发现后）、"国宝高松冢古坟壁画紧急保存对策检讨会"（2003 年）、"国宝高松冢古坟壁画恒久保存对策检讨会"（2004—2007 年），委员会由日本国内考古界、美术界及文物保护界的学者组成，并因为各种原因进行过多次的人员调整。在恒久保存方针决定之前，委员会曾经提出了不移动壁画和移动壁画的五种方案，并进行了广泛的讨论，最后确定了现在正在实施的第四套方案，即解体维修保护。为此，委员会制定了工程开始后 10 年的工作流程表，向全社会公布。

解体保护工作从 2005 年开始，首先在坟丘上建造了一个巨大的临时保护屋（图 4），以便保持内部环境的恒定。在对封土进行了分析调查并揭去了一部分后，利用冷却管降低墓室内部的温度（图 5）。待封土及墓室内部温度达到要求,再打开封土对石室进行解体搬运。

图4   图5

解体后的石室利用特制的货运卡车和减振装置搬运到距离高松冢500米的一个恒温恒湿、全封闭的保护设施中,调查、分析后再对壁画进行保护。经过加固修复后的壁画将重新安装回原来的古坟中。

现在,解体搬运工作正在按计划进行中,预计7月底可以完成。一共由16块石头组成的石室,仅解体搬运就需要4个多月,之后将进入漫长的壁画本体修复阶段,预计要10年的时间。10年后能否按计划将壁画回归原位还是未知数,许多专家表示怀疑。

四、高松冢古坟壁画保护工作的启示

高松冢古坟壁画的保护工作曾经是日本文化遗产保护工作的骄傲,然而,保护设施运转不到30年,古坟内部的壁画上面就出现了霉斑。经历了1300多年的古坟曾遭遇过盗墓,而基本完好地保存下来的壁画,为什么在现代人所谓的保护下不到30年就出现了问题?从对文物保护工作的失望到对行政管理部门的质疑,社会各界高度重视。最近由于解体搬运,各家媒体又掀起了一轮新的报道高潮。我的几位师长曾经很痛心地和我讲,文化遗产保护工作在日本现在处于一种危机和不被信任的状态。

高松冢古坟壁画作为国宝受到日本学术界及普通国民的高度关注是可以理解的。但是,我们看看日本文化厅的官方网站,再看看媒体连篇累牍的报道,可以看到许多内容已经超出了文化遗产保护领域,让我们不得不去探究更深层次的原因。

　　高松冢古坟壁画被发现后虽然受到了前所未有的重视，但是一般的公众甚至绝大多数的专家学者都没有机会亲眼一观。为了长期、有效地保护壁画，采取封闭不公开的形式也是可以理解的。问题是 30 多年间，墓室内部发生过很多状况，除了自然的原因，还有人为的原因。特别是原有的管理及组织体系，出现问题时往往只是内部处理，不向外部和社会公开，是造成全社会对文化遗产保护领域产生信任危机的主要原因。文化厅长官自降工资，希望挽回公众对文化遗产保护领域的信任和理解，然而效果并不明显。而在专家学者关于石室是否应该解体的争论中，日本国民则表现了对文化遗产真实性的关注，因为石室一旦解体，它本身及周边环境等能否真正恢复原样都将是未知数，特别是坟丘中的信息会损失很多。

　　无论采取什么方法或手段，保护高松冢古坟壁画是毋庸置疑的，关键还是到底为谁保护，保护的是什么。作为国宝，在保护过程中花费了巨额的国民税收，所有公民对其保护方式是否也有发言权？文化遗产的命运是不是只掌握在相关行政机构和专家委员们的手里？日本社会对于高松冢超出寻常的关注应该是全体国民对文化遗产的一种态度的表现，我们应当引以为鉴。另外，地球温室效应对文化遗产保护的影响也应该成为我们关注的课题。

（本文原载于 2007 年第 4 期《中华遗产》，此处有修改）

东亚古代墓室壁画的保护与修复

本文是笔者在 2001 年 10 月参加由陕西历史博物馆主办的"唐墓壁画国际学术研讨会"提交的论文，大会发言后未做过正式的发表。20 世纪末，日本发现了第二座绘有壁画的墓葬（装饰古坟除外）龟虎古坟，引起了日本学术界对墓室壁画研究的广泛重视。当时，我在奈良国立文化财研究所做特别研究员，负责日本国家课题中的东亚色彩文物研究，因而比较关注墓室壁画，并做了一些调查和研究。最近偶然又发现此文，虽然是 15 年前的旧作，但是对中日墓室壁画保护的梳理还是有点价值的，所以又麻烦曹可硕同学和俞惠老师将其重新编辑，并出版。同时，这也是对我在奈良国立文化财研究所工作的纪念。

一、墓室壁画的发现

古代墓室中绘制壁画的风俗是人类比较普遍的一种现象。早在古埃及王朝的萨卡拉墓地（约公元前 3100—前 1085 年）中就有许多贵族墓葬都绘有非常精美的壁画，其题材主要是世俗生活，刻画生动具体，是研究古王国时期社会状况的重要资料❶。公元前 8 世纪中叶，受希腊文明的影响，在意大利半岛中部和南部，墓室四壁的上部开始出现类似青蛙等动物纹样。公元前 6 世纪之后，不仅墓室四壁绘有壁画，天井上面也出现了人物等形象，德才的运用及绘画的题材都已经十分娴熟。公元前 4 世纪和公元前 3 世纪，在巴尔干半岛的中

---

❶ 仁田三夫，村治笙子. 古代エジプトの壁画［M］. 东京：岩崎美术社，1997.

南部和东南地区也流行在墓室中装饰壁画❶。公元 2 世纪开始修建的罗马地下墓窟中还存有 2—4 世纪表现耶稣形象和圣经传说故事的简单壁画、题铭和宗教图签等，是研究早期基督教历史和美术的重要资料。中美洲印第安人文化古典期（公元 300—900 年）的蒙特阿尔万遗址位于墨西哥南部城市瓦哈卡郊外，其中的地下石室墓最富特征，现已发现 150 多座，有些墓室中饰以精美的壁画❷。

墓室壁画在东亚地区虽然有大量的发现，但壁画在墓室中最早出现的年代现在还无法确认。陕西扶风杨家堡西周墓内发现的菱格式和带状形式的花草纹图案壁画是迄今为止中国境内发现的最早的墓室壁画❸。战国时代的墓室壁画已经有几处发现。1957 年在河南洛阳小屯村发掘出一座战国大墓，墓室四壁有用红、黄、黑、白四种颜料绘制的大型壁画的残迹❹。在湖北江陵天星观出土的一座大型战国中期木椁墓中的板壁上也绘有菱形和"田"字形的装饰纹样和卷草纹样。但是，就现有的资料，对先秦时期的墓室壁画还难以作出比较准确的判断❺。

在中国，大量墓室壁画是汉代以后才出现的。汉代的墓室壁画不但出土数量多，而且分布十分广泛。早在 1913 年，辽阳太子河畔的迎水寺就发现有汉代壁画的古墓，之后辽阳地区多有墓室壁画被发现❻。河南的汉代壁画墓发现较早，而且数量最多。1916 年，在开封古董商刘鼎方的监督下，盗掘了洛阳八里台（实际位置在洛阳烧沟和火车站一带）西汉后期墓，出土了壁画空心砖。此墓被盗后，壁画砖由上海运至美国，又从美国辗转到法国巴黎，1924 年经巴黎古董商卢林斋（C. T. Loo）拍卖给美国波士顿美术馆❼。如果能够了解这 5 件壁画砖在波士顿美术馆做过什么样的保护处理，现在的保存状态如

---

❶ 青柳正规. ヨーロッパの古代墓室壁画 ［M］//国立歴史民俗博物館. 装飾古墳の世界. 東京：朝日新聞社，1993.

❷ 夏鼐. 中国大百科全书·考古学·国外考古 ［M］. 北京：中国大百科全书出版社，1986.

❸ 罗西章. 陕西扶风杨家堡西周墓清理简报 ［J］. 考古与文物，1980（2）.

❹ 中国科学院考古研究所洛阳发掘队. 洛阳西郊一号战国墓发掘记 ［J］. 考古，1959（1）.

❺ 楚启恩. 中国壁画史 ［M］. 北京：北京工艺美术出版社，2000：23.

❻ 李文信. 辽阳发现的三座壁画古墓 ［J］. 文物参考资料，1955（5）：15 –25.

❼ 俞剑华. 中国壁画 ［M］. 北京：中国古典艺术出版社，1958；洛阳市第二文物工作队，等. 洛阳汉墓壁画 ［M］. 北京：文物出版社，1996：101.

何，也是非常有意义的事情。

隋唐壁画墓的发现比较晚，都是在 20 世纪 50 年代之后。1962 年永泰公主墓的发现在中国墓室壁画史乃至绘画史上均具有划时代的意义。20 世纪 70 年代以来，大量精美的唐代壁画的出土不但让我们能够重睹唐代绘画的真面目，也引起了社会上对墓室壁画保护研究工作的重视。陕西不单成为收藏墓室壁画最多的省份，也成为墓室壁画保护研究的中心之一。20 世纪 80 年代以来，河北省各地出土了大量不同时代的墓室壁画，特别是北朝时期及辽代的壁画，美术价值极高❶。现在，河北省还主要依靠中国社会科学院考古研究所对壁画进行揭取和保护，将来应该培养自己的力量，成为另外一个壁画保护研究的中心。

在日本的考古学界和美术史学界一般将古代墓室壁画分为两种形式：一种是我们都很熟悉的，以 1972 年发现于奈良县明日香村的高松冢古坟（7 世纪末至 8 世纪初）为代表的壁画古坟，石室中绘有受隋、初唐影响的具有大陆风格的精美壁画❷；另一种是所谓的原始绘画，发现于壁画主题与上述内容截然不同的装饰古坟，主要分布在九州北方地区，建造的年代大约在公元 5 世纪中叶到 7 世纪上叶。装饰古坟的发现比较早，且很多被盗，有些长期以来缺乏基本的保护。高松冢壁画墓的发现不仅引起了学术界的重视，而且得到了日本国民的关心和注目。如何保护墓室中的壁画成为日本考古界、美术史界、绘画界及文物保护界共同的课题，文物保护科学这一学科也以此为契机被世人所了解❸。1983 年 11 月，同样是在奈良县的明日香村，工作人员曾通过盗洞将纤维镜伸入一座古坟的石椁内部，观察发现了北壁绘有玄武，此坟即被命名为"龟虎古坟"。之后，由于周围环境的变化及阪神大地震的影响等，为了了解古坟内部壁画的保存情况，1998 年 3 月工作人员又利用日本放送协会开发的直径不到 3cm 的微型摄影机由盗洞伸入墓室，对内部进行观察，发现了天文图、青龙及白虎❹。因为事前就受到媒体的重视，这次调查引起了轰动。对于考古学界和美术史学界，这座古坟在古坟壁画的保护研究方面成为继高松冢之

---

❶ 参见《文物》1996 年第 9 期，河北省古代墓葬壁画专辑。

❷ 高松塚古墳総合調査会. 高松塚古墳壁画調査報告書 [M]. 京都：便利堂，1973.

❸ 泽田正昭. 日本文物保护事业百年史 [J]. 杜晓帆，译. 文博，2000 (6)：74-80.

❹ 百桥明穗. 再探龟虎古坟 [J]. 杜晓帆，译. 历史文物月刊（台北），1998，8 (12)：43-49.

后又一个重大的课题。2001 年 3 月，工作人员由盗洞将数码相机伸入石椁中，第一次拍摄到了南壁的朱雀。

二、墓室壁画保护修复的现状

（一）中国

自 20 世纪初发现墓室壁画，直到 50 年代，对墓室壁画的保护和修复基本上没有开展太多工作。从现有的文献资料看，1952 年陕西省咸阳底张湾工地发现唐墓壁画后所进行的壁画揭取工作可以说是墓室壁画保护的开端。揭取壁画的方法及加固技术都是考古和文物保护工作者在发掘现场摸索出来的❶。50 年代中期，当时的文化部邀请捷克壁画修复专家约瑟夫·格拉尔到敦煌莫高窟对壁画做修复试验，他所使用的卡赛因（酪素胶）❷ 据陕西历史博物馆李西兴先生介绍，在后来墓室壁画的揭取和保护中也被应用过❸，但不清楚具体是用在什么墓葬中。关于壁画背面的加固方法，1957 年王世襄先生曾发表文章，介绍了他于 1948 年在加拿大托朗多博物馆学习壁画背面加固技术的详细情况，并对加固材料作了介绍❹。但他的文章当时大概并没有引起注意，因为直到 20 世纪 60 年代初，壁画的背面加固处理使用的依然是石膏，在一些壁画揭取及修复的研究报告中也没有看到被引用。

对壁画墓进行整体搬迁、复原大概始于 20 世纪 50 年代后期，洛阳市将发现的汉代壁画墓集中搬迁至王城公园，后来建立了古墓博物馆❺。东北地区发现的高句丽墓室壁画及甘肃省河西地区的两晋南北朝时期的壁画砖墓，由于揭取和搬迁比较困难，所以基本上是在现地保护。

到目前为止，墓室壁画的保护主要采取以下三种方法。

---

❶ 茹士安. 介绍我们处理古墓壁画的一些经验［J］. 文物参考资料，1995（5）：77 - 79.
❷ 胡继高. 敦煌莫高窟壁画修复加固工作的检讨与展望［J］. 文物保护与考古科学，1989，1（2）：10 - 18.
❸ 李西兴. 陕西唐代墓葬壁画［M］//陕西历史博物馆馆刊（第二辑）. 西安：三秦出版社，1995：258 - 262.
❹ 王世襄. 记修整壁画的"脱胎换骨法"［J］. 文物，1957（3）：32 - 35.
❺ 徐金星，黄明兰. 洛阳市文物志［G］. 洛阳市文物局，1985：88 - 98.

1. 揭取·修复壁画

这一方法经过近 50 年的发展，技术日趋成熟，已经成为保护墓室壁画的重要手段。墓室壁画的揭取工作以陕西省为中心，在河南省、河北省、辽宁省、内蒙古自治区、宁夏回族自治区、山西省、山东省及北京市等地都有开展。各地区由于墓葬年代、壁画制作方法及壁画保存条件不同，在揭取技术、加固材料的选择上也多少有所不同，但基本的原则及揭取的程序是相同的。

桃胶水和团粉糯糊是揭取壁画时常用的黏结材料，但因为都属于有机物质，壁画揭取后如果不能及时处理，一旦受潮壁画表面很容易出现霉变，所以有必要加入适量的防霉剂❶。在宁夏地区，继徐毓民先生于 1984 年成功揭取了北周李贤墓壁画后❷，聚乙烯醇成为揭取没有地仗层或地仗层比较普遍时使用的黏结剂❸。1983 年，辽宁省文物考古研究所在揭取北票莲花山辽墓壁画时使用了三甲树脂（甲基丙烯酸甲酯、甲基丙烯酸丁酯和甲基丙烯酸)❹ 作为画面的黏结加固剂❺。2001 年 1 月，内蒙古展览馆举办了"敖汉旗博物馆藏辽墓壁画展"，展出的全部壁画作品都是以三甲树脂作为黏结剂揭取下来的❻。

由于有些壁画的表面颜料有脱胶现象，所以在揭取前还需要对画面进行加固。传统的方法是用喷雾器将胶液或胶矾水喷在壁面上进行加固❼。宁夏地区的墓室壁画由于大多没有地仗层，所以加固壁画画面便十分重要，一般使用的

---

❶ 杨文宗. 略谈古代壁画揭取中的保护工作 [M] //陕西历史博物馆馆刊（第 4 辑). 西安：西北大学出版社；张孝绒. 五代冯晖墓壁画揭取技术总结 [J]. 考古与文物，1994 (6)：13 - 15.

❷ 徐毓明. 北周李贤墓壁画的揭取和修复新技术 [J]. 文物保护与考古科学，1990，2 (1)：26 - 31. 聚乙烯醇和聚醋酸乙烯乳液使用于壁画的加固和揭取，最早的实验应该是敦煌文物研究所在胡继高先生的指导下实施的，据李云鹤. 莫高窟壁画修复初探 [J]. 敦煌研究，1985 (2)：174 - 184.

❸ 冯国富. 固原隋唐出土壁画的修复与保护述略 [J]. 宁夏文物，1993 (7).

❹ 中国社会科学院考古研究所. 考古工作手册 [M]. 北京：文物出版社，1982；王浩天，李春雷. 江苏徐州狮子山汉墓陶兵马俑的表层加固实验 [M] //中国社会科学院考古研究所. 考古求知集. 北京：中国社会科学出版社，1997.

❺ 李宏伟. 辽宁北票莲花山辽墓壁画的揭取 [J]. 考古，1988 (7)：655 - 657，662，680.

❻ 据敖汉旗博物馆馆长邵国田先生介绍，20 世纪 80 年代以来，敖汉旗及其周边发现了大量辽代壁画墓，当地的考古工作者以三甲树脂作为黏结剂揭取了大量的壁画.

❼ 茹士安. 介绍我们处理古墓壁画的一些经验 [J]. 文物参考资料，1995 (5)：77 - 79；孟振亚. 山东嘉祥英山一号隋墓壁画的揭取 [J]. 文物，1981 (4)：36 - 38. 寺院壁画的表面加固也使用胶矾水，见祁英涛. 永乐宫壁画的揭取方法 [J]. 文物，1960 (21)：82 - 86.

是聚乙烯醇缩丁醛❶。在利用三甲树脂作为黏结剂的时候，表面的封护也多使用三甲树脂。

揭取之后的壁画在进行背面处理时一般来说都只保留白灰层，所以首先要选择加固背面的材料。20 世纪 50 年代使用的石膏和木骨架，其弊端已经得到普遍的认识，现在基本上不再使用了。20 世纪 60 年代还使用过生漆贴布，发现永泰公主墓之后开始使用环氧树脂❷。70 年代以来，环氧树脂和铝合金龙骨架成为加固材料的主流，但由于环氧树脂的不可逆性，壁画的再修理成为难以解决的课题，同时环氧树脂不透水，而且有变形张力。在使用环氧树脂和玻璃纤维布加固之前先要采用聚醋酸乙烯酯乳液、熟石灰膏及麻刀等混合材料对白灰层进行补缺和修整❸。陕西历史博物馆罗黎先生等还曾利用氢氧化钙吸收空气中的二氧化碳生成坚硬的碳酸钙这一机理对壁画的白灰层做过渗透性加固试验❹。

1993 年，陕西省文物保护中心在对彬县出土的五代冯晖墓壁画表面进行加固时第一次使用了非水溶性加固剂 Paraloid B72，并对其性能作了简单的介绍❺。

2. 搬迁、复原墓葬

汉代及魏晋南北朝时期出现了大量在砖上直接刷白灰后绘制的墓室壁画，这类壁画不宜揭取，而大多数的墓葬环境又不适合壁画的保护和管理，墓葬整体迁移技术便应运而生。墓葬整体的搬迁以河南省洛阳市所做的工作最多，但关于搬迁技术及方法的报告几乎没有发表，对其得失还难以评价。不过，墓室

---

❶ 胡继高. 敦煌莫高窟壁画修复加固工作的检讨与展望 [J]. 文物保护与考古科学，1989，1 (2)：10－18；李西兴. 陕西唐代墓葬壁画 [M]//陕西历史博物馆馆刊（第二辑）. 西安：三秦出版社，1995：258－262；郑克祥. 壁画揭取与保护 [M]//原州联合考古队. 北周田弘墓——原州联合考古队发掘调查报告 2. 东京：勉诚出版，2000：66－69.

❷ 高松塚古墳综合调查会. 高松塚古墳壁画调查报告书 [M]. 京都：便利堂，1973.

❸ 胡继高. 敦煌莫高窟壁画修复加固工作的检讨与展望 [J]. 文物保护与考古科学，1989，1 (2)：10－18；白崇武，等. 彬县五代冯晖墓壁画加固技术小结 [J]. 考古与文物，1994 (6)：16－19.

❹ 罗黎，等. 唐墓壁画加固的方法研究 [M]//陕西历史博物馆馆刊（第一辑）. 西安：三秦出版社，1994.

❺ 中国社会科学院考古研究所. 考古工作手册 [M]. 北京：文物出版社，1982；王浩天，李春雷. 江苏徐州狮子山汉墓陶兵马俑的表层加固实验 [M]//中国社会科学院考古研究所. 考古求知集. 北京：中国社会科学出版社，1997.

的搬迁多是为了地点的安全和管理的便利，从文物保护科学的角度考虑得较少。根据文物保护原则，在通常情况下不主张壁画墓的搬迁复原，因为壁画墓在迁移过程中一定会产生不可弥补的损失。

1972 年，在甘肃省嘉峪关市新城乡和果园乡发现了一个分布长达 20 公里的魏晋时期的古墓葬群，8 座墓葬经过了清理和发掘，6 座墓中出现壁画，共有壁画 600 余幅❶。因该墓群位于戈壁滩上，气候虽干燥，但昼夜温差大，墓门一经打开，温湿度很难保持，画面容易返碱，出现白色斑点。如果封闭墓门，则因湿度过大，又易生长霉菌。加之墓群距居民点较远，无人看管，既不安全也难以管理。为此，选择了内容丰富、技法严谨的五号墓，搬迁到了兰州市的甘肃省博物馆内。搬迁过程中拆除下来约 9000 块墓砖，经过整理和登记，首先对破碎和断裂的壁画砖利用环氧树脂进行黏结，而后选择乙基纤维素对画面进行渗注加固。建筑形式方面，在考虑了兰州的气候条件及对外开放等问题后，选择了半地下复原的形式。经过 20 多年的开放和观察，墓室壁画没有发现霉迹，墓室本身也没有出现变形等情况❷。

1985 年，山东省济南市发现一座元代壁画墓，壁画内容丰富，保存比较完整，当时在应急保护措施的基础上分期实施了封闭式就地保护工程。1993年 3 月，为配合山东省一项重点工程建设，济南市博物馆再次承担了该墓的保护工程。迁移之前，用胶矾水（桃胶、明矾）、聚乙烯醇和聚醋酸乙烯醇加丙酮分三次对壁画表面进行了封护加固。墓室的搬迁采取了整体吊运的方式❸。这种整体迁移的方法避免了拆迁和复原时对壁画砖的损伤，但其应用的范围应该限于规模比较小的墓葬。

今后，随着文物保护意识的全面提高，以及科学技术的进步，通过搬迁和复原保护墓室壁画的方法，其应用的可能性应该会越来越小。搬迁之后墓室壁画的保护和修复也是一个重要的研究课题。

3. 原地保护

以上介绍的嘉峪关魏晋壁画墓群，除一座搬迁至兰州并复原外，包括有名

❶ 甘肃省文物工作队. 嘉峪关壁画墓发掘报告 [M]. 北京：文物出版社，1985.
❷ 薛俊彦. 嘉峪关魏晋壁画墓五号墓的搬迁与半地下复原研究 [J]. 文物保护与考古科学，1997，9（1）：32 - 38.
❸ 何洪源，等. 试谈壁画墓整体迁移保护及若干技术 [J]. 北方文物，1999（4）：105 - 108.

的酒泉市丁家闸十六国壁画墓❶在内的墓群依旧在原地保护。这些壁画墓距离地表在 8～14 米，发掘之前处于一个相对稳定的环境中，画面清晰、色泽鲜艳。发掘清理之后，由于环境突然改变，内外空气交换，墓室的温湿度发生显著变化。同时，由于常年对外开放，又缺乏足够的保护措施，一些常见的壁画病害如盐析、起甲脱落、霉菌侵蚀等时有发生。1987 年，甘肃省博物馆承担了国家文物局科研项目"潮湿环境下壁画加固保护与霉菌防治研究"，选定酒泉、嘉峪关壁画墓为研究对象。根据考察的结果，酒泉十六国壁画墓在发掘后即进行了修缮保护，虽有人参观，但基本上是封闭的，加之墓室较深，与外边的空气对流小，霉菌及污染等病害较少。而嘉峪关魏晋壁画墓发掘后一段时间暴露在大气中，墓室敞开，空气对流自由，霉菌的种类也自然增多❷。1961 年11 月，河南省密县打虎亭汉墓发掘之后，由于长期对外开放，墓走廊、大厅和四个小室的墙壁和天井上，凡是有壁画的地方均有霉斑着生，各部分霉斑数量和颜色大致相同❸。20 世纪 70 年代以来，河北省宣化地区发现了大量辽代壁画墓，多数也是在原地保护。

高句丽古墓在历史上大多被盗。早在高句丽统治时期，其与辽东军队作战失利时，常常发生古墓被盗事件，有壁画的也一并被破坏。直至近代，盗墓情况依然存在。可以说人为的破坏是造成高句丽墓室壁画毁坏的主要因素。高句丽壁画墓以公元 5 世纪为界，分为前后两个时期，前期以封土石室墓为主，墓室多建在地上或半地下，后期墓葬结构趋于工整，墓室多建在地下。高句丽壁画墓主要分布于我国吉林省的集安和朝鲜民主主义人民共和国的平壤一带。集安地区气候温和，降水量大，而高句丽古墓的结构又造成雨水和地下水渗透等问题。集安全年中除了 12 月平均相对湿度在 78.6% 以外，其他月份平均相对湿度均在 80% 以上，最潮湿的 7 月平均相对湿度高达 96.5%。月平均相对湿度超过 90% 的有 7 个月（4—11 月），占全年的 58.3%。另外，年均气温也相

❶ 甘肃省文物考古研究所. 酒泉丁家闸十六国壁画墓［M］. 北京：文物出版社，1989.
❷ 郑国钮，马清林. 甘肃酒泉、嘉峪关壁画墓霉菌分离鉴定与防治研究［J］. 文物保护与考古科学，1996，8（1）：43－50；马清林，等. 微生物对壁画颜料的腐蚀与危害［J］. 敦煌研究，1996（3）：136－144；马清林. 微生物对壁画的危害与防治·青铜器保护修复与科技辩伪［D］. 兰州：兰州大学，1997.
❸ 陈红歌，贾新成. 密县汉墓霉变壁画霉菌的分离鉴定［J］. 敦煌研究，1996（3）：145－148.

对较高，霉菌极宜生长。为了解决霉菌的问题，吉林省文化厅科技研究所和吉林省博物馆曾采用氯化汞做清除霉菌的试验❶。由于高句丽文化的研究受到朝鲜、韩国及日本等国的重视，高句丽壁画墓的保护工作也相对做得比较多，除了对壁画表面进行封护加固（主要使用三甲树脂）外，还加强了墓室本身的结构、墓葬周围环境的整备，以及对参观人数进行控制等。但是，墓葬周围环境的管理及墓室内部温湿度的控制依然是难以解决的课题❷。同时，一些化学制品的使用也需要做进一步的研究和试验。

朝鲜有名的高句丽壁画墓德兴里古坟和江西大墓等，由于当时受到金日成总书记的重视，对墓葬周围环境的整备非常有力，并对内部的壁画采取了一定的保护措施❸。

（二）日本

日本出土的墓室壁画以高松冢壁画古坟为代表，现在都采取原地保存的方式。以下选择几个有代表性的例子加以介绍。

1. 装饰古坟

装饰古坟的保护在日本也经历了一个漫长的过程。许多古坟虽然被国家列为保护单位，但一直到20世纪60年代初，基本上没有切实的保护措施。1961年，朝日新闻西部本社的玉利勋先生调查了福冈和熊本两个县的20多座装饰古坟，将墓葬的保存状况在报纸上做了连续报道，引起了社会各界的强烈反响。之后，不仅美术史学界，考古学界和文物保护工作者也开始加强对装饰古坟的研究和保护❹。

---

❶ 李正平. 集安高句丽墓室壁画霉菌清除技术报告［J］. 博物馆研究，1991（1）.

❷ 耿铁华"集安高句丽古墓壁画及其保护"、张学岩"高句丽大型方坛阶梯石室墓的构筑与保护"、孙仁杰"谈高句丽积石墓的保护管理"、迟勇"高句丽封土墓的保护与管理"，均载于《高句丽研究文集》，延边大学出版社1993年出版。李正平. 吉林省古墓壁画保护措施的探讨［J］. 博物馆研究，1996（1）.

❸ 張相烈. 朝鮮民主主義人民共和国における遺跡保存について［M］//杉山信三，小笠原好彦. 高句麗の都城遺跡と古墳. 東京：同朋社，1992；朝鮮民主主義人民共和国社会科学院，朝鮮画報社. 德興里高句麗壁画古墳［M］. 東京：講談社，1986；朱栄憲. 高句麗壁画古墳について［M］. 平壤：朝鮮画報社，1985.

❹ 玉利勲. 装飾古墳・保存の足どり［M］//図録. 装飾古墳の世界. 東京：朝日新聞社，1993.

福冈县桂川町王冢古坟是 1934 年在采土工事中发现的，当年就被列为文部省史迹。第二年对石室的入口进行整修，之后因为漏水、墓石裂隙等，有过不断的补修。1940 年，文部省下令，停止了一般性的对外开放。1942 年，灭菌处理之后对墓室采取了密闭的措施。1975 年提出保护规划，1982 年开始实施，直到 1993 年整个保护规划才算完成。因为王冢古坟的最后整备是在高松冢古坟之后，在制订保护规划时首先对高松冢古坟和虎冢古坟❶做了现地调查，确定了以保存保护为第一目的，同时在以不影响石室内部为前提的条件下可以对一般公众开放。所以，与高松冢古坟不同，新建的设施中增加了观察室（参见"王冢古坟断面图"）。同时，石室内部温湿度的调节不利用空调，完全由墓葬自身自然调节。石室内部的相对湿度常年保持在 95% 以上，最高温度为 21℃（11 月左右），最低温度为 16℃（3—4 月）。一年之中温度变化控制在 3℃左右，基本处于安定的状态。值得强调的是，整备之后的王冢古坟基本恢复到了当时建造的环境，为墓葬的保护创造了应该说是最良好的状态。空调设备只在将观察室的温湿度调节至与石室内部一致时才启动❷。

在保护和整备装饰古坟的时候，与日本的墓葬规模及经济实力有关，为了控制墓室内部的温湿度，有些安装了空调装置❸。不过，随着对文物保护认识的提高，现在更加注重的是对周围环境及坟丘的整备，通过改善周围环境而使墓室内部环境恢复到原来的状态。

2. 高松冢古坟

高松冢古坟是贯彻无条件使墓室内部条件尽量接近发掘调查以前的环境条件保护思想的最好例证。

高松冢古坟壁画被发现之后，相关部门为了制订保护计划，不仅召集了日本全国各方面的专家学者，而且邀请了法国、意大利及韩国的学者，听取他们对保护和修理的意见。最后决定就地保护，设置保护设施，并对壁画进行加固。修理壁画的目标确定为加固疏松化及密度降低的白灰层，黏结将要剥落的

---

❶ 大塚初重，小林三郎. 虎塚壁画古墳（勝田市史別巻）[M]. 桂川町：桂川町教育委員会，1979.

❷ 桂川町教育委員会. 国指定特別史跡王塚古墳——発掘調査及び保存整備報告 [R]. 1994.

❸ 熊本県文化財調報告第 68 集《熊本県装飾古墳総合調査報告書》，熊本県教育委員会，1984 年。

部分，以达到永久保存的目的。修复壁画的方针为：

1）利用丙烯树脂（Paraloid – B72）黏结和强化白灰层。

2）用注射器或毛笔将合成树脂加到白灰层的里面或基底部。

3）不在白灰层表面涂或喷合成树脂。

4）白灰层的强化和黏结控制在最小限度。

5）淤水造成的画面上的污染一般不做清理❶。

壁画的修理前后进行了近 5 年。古坟的整备花了近 10 年时间，保证了墓室内部温度的最大变动幅度为 3.5℃（14.5 ~ 18℃）。

（高松冢作为日本文物保护界的骄傲，于 2003 年之后出现了很多的问题，现在依然在解体修复中。）

3. 龟虎古坟

龟虎古坟的保护工作还属于发掘保护的前期调查阶段。

龟虎古坟的保存环境没有高松冢古坟好，所以通过微型摄像机可以观察到石椁内部淤泥的情况。淤水好像多次流过壁面，有些部位有很厚的淤泥。现在最重要的问题是防止石椁漏水和石椁内部保存环境的安定。首先，在发掘调查墓葬周围之后将坍塌了的坟丘再恢复起来。因为封土层变薄，外界的气候逐渐影响到了石椁内部。加筑封土，不仅可以防漏水，而且可以为墓室创造一个密闭安定的环境。为了调查石椁内部并对壁画进行修理，将来一定需要打开石椁。为了保证内部环境不发生大的变化，需要设置与外界隔绝的作业空间。

现在可以看到墓室地面有很多剥落的白灰，将来是否有可能将其恢复原位？这就需要研究如何慎重地捡起地上的破片。由盗洞流入的淤泥中很可能包含了很多重要的信息。这些都是没有正式发掘前就需要考虑和研究的内容❷。

❶ 渡辺明義. 高松塚古墳壁画の保存修理計画と実施の概要［G］//文化庁国宝高松塚古墳壁画—保存と修復—. 昭和 62 年.

❷ 沢田正昭. キトラ古墳保存研究の最前線［C］//日本文化財科学会. 考古科学の最前線—飛鳥に迫る文化財科学—. 2001 年度日本文化財科学会公開講演；明日香村文化財調査報告書第 3 集《キトラ古墳学術調査報告書》，明日香村教育委員会，1999 年.

三、关于墓室壁画保护修复的几点认识

(一) 保护修复的哲学与理念

不同的国家，因为文物的构造和材质不同，其保护哲学与技术当然也会有所不同。即使是同一个国家，不同的修复人员也会有各自的修复理念。我们必须相互尊重，不同的意见也应该有一个能够自由讨论的空间。

以壁画来说，壁画与建筑物本应是一体，观赏壁画必须要在一定的建筑空间里。在美术馆的展室中观赏到的粘贴在护墙板上的壁画原作已经不是原来意义上的壁画了。在原地保护并能够对观众展示是最理想的方法，但现实的条件又不能不考虑。欧洲国家一般也将壁画揭取下来，再复原陈列在博物馆中，专家学者对这种方法也曾有过很大的争议❶。陕西的唐墓壁画现在都是揭取后保存的，这是不是唯一的方法？已经积累了近 50 年文物保护经验的今天，是否可以做一些新的探索？我们在保护和修复墓室壁画的时候，对文物保护的哲学和理念等问题也应该给予适当的关注。

(二) 墓葬保存环境的调查与揭取后壁画的保护环境

安定的环境是文物得以保存的最基本的条件，所以博物馆在保管和展示文物的时候都会设定一个适合文物的环境。国际博物馆协会 (ICOM) 曾对世界各国的博物馆和图书馆的陈列室、库房的环境条件做过一次调查❷。10 个国家、33 个机构的调查结果表明，大多数的温度在 15 ~ 20℃，湿度在 50% ~ 60%。当然，地域不同，对环境条件的设定也不同，如美国俄亥俄州的 Memorial Art Museum 设定的温度是 7 ~ 18.5℃，湿度为 55%，这是因为木材等需要相对低温的保存条件。而日本对博物馆陈列室和库房推荐的平均环境条件是温度 20℃，湿度 55%。这也说明，文物的保存环境在理论上可以设定一个适当

---

❶ 岩崎友吉. イタリア、フランスの壁画調査概要 [G] //文化庁. 国宝高松塚古墳壁画—保存と修復—. 昭和 62 年；宮下孝晴. 病んだ壁画の修復と保存 [G] //文化庁. フレスコ画のルネサンス. 東京：NHK，2001.

❷ G DEGUICHEN. Climate in museum [R]. ICCROM, Rome, 1984, 66 - 67.

的数值，但材质不同、地域不同，许多时候是需要特殊对待的。

墓室壁画能够保存到今天，也是由于其安定的环境。一般来说墓室中的湿度都比较高，绝对不是保护文物所要求的良好条件。但是，如果按照为壁画保存所设定的理论环境条件，让刚出土的壁画迅速干燥，对出土壁画来说不会只产生好的结果。

为了实现墓室壁画保存环境的安定性，有必要在发掘前对墓室内部环境状况进行调查，并根据调查的结果制订壁画保护的措施或方案。

为了配合敦煌机场的改扩建工程，1995年甘肃省文物考古研究所在佛爷庙湾墓群区发掘清理了西晋、十六国时期及唐代墓葬600余座，其中包括5座西晋时期的壁画砖墓，清理后的壁画砖现在均保存于甘肃省文物考古研究所❶。由于保存环境发生较大变化，壁画砖已经出现了比较严重的褪色和泛碱问题❷。

揭取之后的壁画保存在一个什么样的环境中比较合适？是否所有的壁画都可以设定在一致的环境条件下？经常遇到的情况是，即使是同一个墓葬，不同位置壁画的材质、制作方法也会出现不同。墓室中的壁画和墓道上的壁画在漫长的岁月里所处的环境应该有区别，对待这些不同环境中保存下来的壁画，应该采用不同的保护手段和保护环境。

（三）墓葬周围环境的整备

原地保存的壁画墓，最大的难点就是保持墓室内部环境的安定性。墓室内部壁画的加固、封护等固然重要，墓室外部周围环境的整备更加重要。首先要对墓葬周围做比较详细的探察和发掘，尽可能地探明墓葬周围最初的状况，依据发掘和探测的资料对周围环境进行整备。密闭的条件下，墓室内部经过一段时间后便会形成一个相对安定的环境。如果没有一个安定的环境，一味地对壁画本身进行修理和加固，其作用不会太久。

---

❶ 甘肃省文物考古研究所. 敦煌佛爷庙湾西晋画像砖墓［M］. 北京：文物出版社，1998.

❷ 1999年10月笔者在甘肃省文物考古所调研时所见。

（四）壁画材质的调查分析与加固材料

对壁画材质进行调查和分析，是制订壁画保护措施的基础。同时，材质分析还可以帮助解决壁画制作工艺等方面的问题。关于墓室壁画颜料的分析，虽然有学者指出已经没有必要❶，但颜料的分析并不只限于颜料的成分。通过对颜料纯度进行分析，我们可以了解当时颜料工艺的发展水平。日本曾对法隆寺壁画的颜料用量做过调查和分析。如果我们能够对每座墓葬的颜料用量作出分析，不但可以了解当时颜料生产的规模，而且可以了解颜料的流通情况等。

壁画加固材料的研究一直是壁画保护中最重要的课题。高松冢古坟在壁画加固和修复时曾使用了不同浓度的 Paraloid – B72，到现在效果还是比较理想的❷。但是日本也同样出现过用 B72 修理彩塑失败的例子。敦煌研究院苏伯明❸、李云鹤等对 B72、聚乙烯醇和聚醋酸乙烯乳液做过大量的试验和对比研究❹。今后希望相关专家对桃胶及三甲树脂也做一些对比试验。不过，无论是什么黏结剂，除了其本身的特性，使用方法也许更重要。

关于壁画背面的加固材料，或者直接作为壁画的地仗层，环氧乳胶 SITE – FX 是一种可以试验使用的新材料。它最大的特性是，因为有特殊的乳化和固化作用，在确保一定形状的初期反应物出现之前是乳胶溶液的安定状态，之后急遽破坏吐水，形成连续气孔，由此得到适度的吸脱湿性和透水性。这种材料因为可以选择水量、充填材料的量及粒度（构成壁体的土颗粒）大小，可以根据不同的目的做出不同强度和不同吸脱湿性、透水性的固化物❺。这种材料既可以达到要求的强度，又可以达到与壁画材质相近的目的。

---

❶ 谢伟. 唐墓壁画保护的若干问题探讨［M］//陕西历史博物馆馆刊（第五辑）. 西安：西北大学出版社，1998.

❷ 增田勝彦. 国宝高松塚古墳壁画の保存修復［M］//文化財の保存と修復学会. 东京：クバプロ，1999.

❸ 苏伯民，李茹. 三种加固材料对壁画颜色的影响［J］. 敦煌研究，1996（2）：171–179.

❹ 李最雄，西浦忠辉. 敦煌壁画加固材料的选择实验［J］. 敦煌研究，1988（3）：60–63；李云鹤，等. 聚醋酸乙烯和聚乙烯醇在修复壁画中的应用研究［J］. 敦煌研究，1990（3）：101–112，121–122；李实，等. 聚乙烯醇和聚醋酸乙烯乳液在特殊环境中的光照老化实验［M］//敦煌研究院. 敦煌研究文集石窟保护篇（下）. 兰州：甘肃民族出版社，1990；汪万福，等. 几种壁画修复材料物性指数的实验测试［J］. 敦煌研究，2000（1）：87–94.

❺ 肥塚隆保. 塑像・壁画・遺跡などの保存修復材料—エポキシエマルジョン "サイトFX" について.

（五）发掘与保护

提高考古发掘工作者对文物保护的意识是非常重要和急迫的任务。近 50 年来，有关墓室壁画的考古报告中，对于壁画的记录和描述大多限于美术史学和考古学的范畴。除了中日原州联合考古队发表的《北周田弘墓——原州联合考古队发掘调查报告 2》（日本勉诚出版社 2000 年出版）中附有揭取和修复壁画的详细报告外，在发掘报告或简报中就连壁画是否揭取这样的问题也很少提及。因此，当我们希望对墓室壁画的保护工作进行考察时，几乎没有第一手资料可寻。

在今后的考古报告中应该增加壁画保护的有关资料。例如，已经揭取的壁画要记录揭取的方法、揭取所用的材料、揭取的部位及没有揭取的部分等。

文物保护和修复人员也有义务对壁画揭取及修复工作做详细的记录，形成档案，以便将来再修复时作为参考。

（本文为 2001 年 7 月在陕西历史博物馆主办的"唐墓壁画
国际学术研讨会"提交的论文，此处有修改）

东亚传统纸张保护项目的意义及中国实践

今天在此处，我希望向参与联合国教科文组织协调下的"东亚传统纸张保护项目"的各个机构表达我的感激之情。这个项目到今天为止已经持续了7年。我们做了7年，7年的努力使我们取得了一些成绩。虽然当下也面临着一些问题和挑战，但只要大家继续携手努力，我相信我们会做得更好。

这个项目的发轫，耿莹先生在她的发言中也讲到了。在2005年的一个寒冷的冬日，日本国宝修理装潢师联盟一行到了北京。他们在这些年的修复过程中发现了一个非常大的问题，就是在历史上有一些中国的古画传到了日本。修复这些作品需要一些在日本难以得到的材料，他们希望了解在中国是否还现存有这样的材料。这也成为他们进一步深入调查的初衷。

我不是非常了解这一领域，所以寻求了中国科学院自然科学史研究所专家的帮助，也同北京的故宫博物院做了交流。大家逐渐达成了共识，并在2006年召开了第一次国际学术会议。对于这次会议的规模，我们最初的设想是30~40人，没想到报名者有120名之多，我们只好临时更换会场。虽然有这个小插曲，我们还是成功地召开了第一次国际学术会议。

这次会议给了我们信心，也坚定了在东亚各国之间进行更多交流的决心，这就是我们今天这个项目的缘起。后来，我们接洽了华夏遗产基金会，他们也慷慨地向我们的项目提供了资金支持。2008年项目正式启动后，今天在场的嘉宾参与了其中的很多活动，我在这里不再赘述。会议的会场主要设在中、日、韩三国，不过大家知之甚少的蒙古、朝鲜也做了很多工作。这也让我们了解到这两个国家为纸张保护事业做出了很多努力。2012年，我们在南京博物院的会议上成立了东亚纸质文物保护专业委员会。联合国教科文组织的项目结束时，委员会将承担起未竟的事业。我们希望这个组织能够在将来发挥更大的作用。

联合国教科文组织的绝大多数项目，特别是文化方面的项目，最核心的目标是要维护人类的文化多样性。通过对世界遗产或非物质文化遗产的保护，起到维护文化多样性的作用，从而加强不同国家、不同民族、不同地区之间的相互了解，最终达到和谐相处的目的。人类的和平与发展同时也是联合国所有组织的核心目标。虽然我们的纸张保护项目规模比较小，但很好地体现了东亚各个国家的文化特色，所以这个项目也就切合了维护文化多样性的主旨。

回首我们最初的愿景，是希望通过东亚五国之间的合作与交流，促成一个统一的纸质文物保护操作手册及操作指南。然而在实践中，我们发现这一点是难以达成的。因为虽然在造纸和纸张保护上各国有很多共性，但每个国家都有其自身独特的个性。最终我们的决议是，五个国家各自撰写本国的纸张修复与保护导则，这样既能表现各个民族和国家的个性，也能展现彼此之间的共性。这正是文化多样性的集中体现。读者们特别是其他领域的读者在利用这些导则的时候应该能够看到中、日、韩、朝、蒙五个国家虽然用的纸、材料和技术都有相当多相同的地方，但是每个国家也有自己的特点。就像今天韩国代表在他们的致辞中讲到的，通过这个项目，他们逐渐认识到自己国家文化的重要性和技术的重要程度。我想这是我们这个项目最重要的意义之一。

联合国教科文组织发表过《世界文化多样性宣言》，也在 2005 年决议通过《保护和促进文化表现形式多样性公约》，但这个公约并不广为人知，然而我个人觉得它比《世界遗产公约》和《非物质文化遗产公约》更有意义。该公约在社会上被了解得并不多，可能是因为它没有一个实际操作的手段。但是从事文化行业的人应该都知道这个公约，也知道在合约商定时反对国只有美国和以色列。这应该是东西方文化不平等的问题的表现。联合国教科文组织希望改变这样的文化不平等。大家可能有切身的体会，我们看到很多美国大片在院线的播放都十分火热。可想而知，我们现在或主动或不自觉地接受的美国文化有多少。实际上，中国文化乃至整个东方文化在美国、在欧洲的传播都是很少的，公约正是想解决这样的文化交流问题。

东亚之间也存在文化交流的不平等。我们这么一个看似很小的项目，从它的深远意义上来说，对增进东亚各国之间的理解、维护世界文化的多样性是有所帮助的。我们也希望它对国际文化遗产保护领域做出贡献，得到大家的认可。这是本项目的意义所在。

当然，我们还有很多的课题，由于时间仓促，我只整理出三个想法，还不是很成熟。但是我想，这7年在这么少的经费下，我们靠中国国内很多机构及日本、韩国、蒙古、朝鲜的支持，集中了很多人力来完成这个项目，就是希望这个项目可以继续走下去，也希望在座的各位能够继续支持这个项目。除了人力和经费上的支持，我们更需要大家的智慧。

接下来是我们要讨论的课题。第一点是我们要维护和尊重知识产权，并在这个前提下逐步公开和互相交流技术。在文物保护技术方面，我们拥有知识产权，也尊重他人的知识产权，但是这种技术上的交流恐怕是必要的。如果没有技术的公开和交流，我们就达不到互相的理解。这就需要每个国家及每位技术工作者保持一个良好的心态：如果敞开你的胸怀，你也能收获更多的东西。

第二点是希望各国能够通过更进一步的合作和交流最终达成一个共识。这个项目的最终目标是希望国际社会特别是美国和欧洲国家，一些大量拥有东方的纸质文物、收藏大量作品的国家也产生一个基本的认识，在面对东方遗产的时候遵循一个保护的基本法则，而并不仅仅是依靠某一种所谓的国际原则来判断。为了达成这个目标，我们彼此之间需要更多的交流与理解。

第三点应该是技术层面的东西。在技术层面，我不是专家，我所能考虑到的，一方面是修复材料。今天来自韩国的代表也讲到了修复材料的困境，我想除了我们中国，日本、蒙古、朝鲜也同样面临着这样的问题。有些修复材料现在已经找不到了，而这些用来修复和保护书画作品的东西在原来可能轻易就能得到。这不仅有社会原因，也有环境的原因。自然环境的变化使得材料也产生了变化，而社会的变化，特别是制作工艺和流程的变化可能也会给我们带来一些问题。另一方面是人才培养，人才培养是一个大问题。我从杜伟生老师那里得到启示：我们传统的师徒式传承和现代的学校教育到现在并不能够很好地结合。有些国家如日本，一直传承得比较好，比其他国家进步一些。在传统的传承过程中，现代学校培养的人怎么和传统师徒式的传承结合，这条路在中国现在很难走。有人说师徒传承就是好于学校，也有人说学校更好，莫衷一是。杜老师认为二者各有利弊，我想这种结合也是我们每个人需要思考的。大学毕业，有了一定的知识，进到实际的工作场所，却可能很难非常快地解决实际的技艺问题。毕竟技术是靠技艺，而不是靠简单的知识学习就可以完成的。

关于共性和个性的问题要一分为二去看。东亚各国之间当然是有共性的，如文物保护的技术、方法，包括审美情趣。但是东亚各国也有区别。这种区别到底有多大？哪些方面应该保护，哪些方面不应该保护？当看待一件文物或一项文化遗产的时候，我们对这种共性怎么看，又怎么考虑个性？如果面前的是一件书画艺术品，我认为我们要把书画的装裱、修复，包括书籍的装帧仔细分开，也就是把它文物的属性与其纯粹地作为书籍的特点区别开来。这样，可能在原则的制定上才会更切合实际。有些人经常把书画的装裱和修复混在一起，觉得能做书画装裱的人就能做修复。我认为，现代书画装裱的审美取向和文物遗产的修复之法是有差异的。所以，在接下来的工作中，我特别希望我们五个国家之间能有更多的交流。我们把各自国家优秀的东西保护得更好，就自然能够让我们之间具有共性的东西为世界所认可，使我们东亚共同的宝贵的文化能屹立于世界之林。

（根据笔者 2015 年"第六届东亚纸张保护学术研讨会"

发言稿整理，此处有修改）

中国文物保护的现状与课题

在中国，文物的传统修复技艺早在 19 世纪中叶就已趋于成熟，并具有一定的规模。20 世纪初期，大量文物修复和仿制人员从故宫走进社会，在北京、西安、苏州等地逐渐形成了具有不同特点的文物修复作坊，至今对中国的文物修复工作还具有一定的影响。古建筑保护作为专门的科学起始于 20 世纪初。1929 年，以现代科学方法从事研究的学术团体"中国营造学社"成立，把文物古建筑的保护和研究工作提高到专业科学的水平。但对于文物科技保护事业，真正的发展则始于 20 世纪五六十年代。进入 21 世纪以来，中国文物保护工作有了长足的发展，并得到了整个社会的关注，如何建立具有中国特色的文物保护与修复体系也成了近年来学术界关注的重要话题。

一、中国文物保护的历程

1. 初始时期：20 世纪上半叶

中国文物保护的历程大致可以分为五个阶段。中华人民共和国成立之前，即 1949 年之前应该是第一个阶段，属于文物保护的萌芽期。1930 年公布了《古物保存法》，但是除了周口店北京人遗址及河南安阳殷墟外，科学考古发掘工作基本没有展开，对于地面文物建筑的保护也停留在对古建筑的调查和研究上，近代意义上的保护技术基本还没有出现。

2. 科学技术的介入：1950—1965 年

20 世纪 50 年代至 1966 年，随着基本建设和考古工作的展开，大量出土文物的保护对科学技术产生了需求，开始提出了现代科学意义上的保护，并与传统保护工艺进行结合。为了了解西方的保护技术，我国第一次派出了王丹华、胡继高等专业人员前往波兰学习文物保护技术。同时，一些东欧国家的保护技术也开始被介绍到中国。这一时期在古建筑的维修及石窟寺和古遗址的保护方面、在传统技术和现代科技的结合方面积累了相当多的经验，并且初步形成了具有中国特色的一些保护方法。例如，在石窟寺保护方面出现了化学灌浆、锚固、表面防风化、防水技术等，形成了一套石窟保护的技术和方法。1956 年文化部古代建筑整修所成立，这是中国第一所专门的文物保护科研机构。1959年，该所建立了化学实验室。20 世纪 60 年代初，中国历史博物馆、故宫博物院、上海博物馆、甘肃省博物馆等建立了文物保护实验室。

3. 特殊时期：1966—1976 年

1966—1976 年的 10 年是第三个阶段。这个阶段非常特殊，大部分文化活动都停止了，但是湖南长沙马王堆汉墓的发现在当时不仅重新推动了全国各地停滞多年的文物考古工作，而且由于出土文物的特殊性，当时动用了全国各个方面的力量进行保护。特别是对古尸、丝织品及饱水漆木器的保护，应该说达到了比较高的水平。马王堆出土文物的保护工作一直延续到了 21 世纪，它所产生的影响也会在今后的实践中得到体现。

4. 发展时期：1977 年—20 世纪 90 年代

1977 年—20 世纪 90 年代初期可以说是第三个阶段。1978 年之后，中国进入了一个经济快速发展的时期，文物保护工作得到了空前发展和重视。随着国家的逐步开放，文物保护方面的国际合作也开始增多。专业的文物保护研究与技术人员在这一阶段大量增加。敦煌、山西、河南、河北、北京、陕西、南京等地成立了专门从事文物科技保护和修缮工作的研究所。文物保护界开始成立一些全国或者地方性的专业协会，分门别类举办培训班，如文物建筑修缮保护、青铜器修复、陶瓷器修复、书画装裱、金属文物检测培训班等。文物本身材质的特性以及外部环境因素对文物破坏的研究开始得到重视，文物保护工作进一步走向科学化。大学中开始开设文物保护及相关专业，更多的专业工作者走出国门学习国外先进的文物保护技术和理念。

该时期在国际交流方面最值得关注的是敦煌研究院和西安文物保护中心。敦煌研究院在与日本文物保护界的交流中培养了一批具有现代保护知识、技术和国际视野的人才，对敦煌研究院成为中国文物保护的重要基地起到了非常重要的作用，对当时的中国文物保护界产生了重要的影响。西安文物保护中心在与意大利政府的合作中连续举办了不同材质的文物保护修复培训班，培养了一批文物保护技术人才。不过这一时期的国际交流更多的是停留在了解国外的技术和研究状况层面，缺少与中国实际情况的交融。

5. 创新时期：21 世纪以来

进入 21 世纪以来，中国文物保护技术进入了一个全面发展并具有一定创新的时期。随着国家在文物保护领域资金投入的增加，国家、省市一级的文物保护机构开始配置先进的文物检测仪器和修复设备，在重视开发新的保护材料和保护工艺的同时，传统保护技术和方法、一些传统的制造工艺得到了重视，并与现代科技相结合，应用于实际的文物保护工作中。各种质地的出土文物、馆藏文物的保护、修复技术取得长足进展，有些成果具有一定的创新性。饱水漆木器的脱水修复、敦煌莫高窟的起甲壁画修复技术、秦始皇陵铜车马修复技术、曾侯乙编钟的研究与复制等是其中具有代表性的科研成果。

国际交流在这一时期呈现出一种新的现象。随着本国文物保护技术的发展，在与国外的广泛交流中，文物保护的理念、哲学也成为重要的话题。在借鉴国外经验的基础上，政府管理部门组织制定了一系列的法律法规和标准，为中国文物保护技术的发展提供了基本的保证。特别是由国际古迹遗址理事会（ICOMOS）中国委员会组织中外专家制定的《中国文物古迹保护准则》，不仅标志着文物保护技术已走向科学化和规范化的轨道，而且表明了中国文物保护技术和方法已经开始寻求中国特色。最近几年中国召开了多次文化遗产保护的国际会议，其中心目的就是希望找到一个在文物保护的理念和哲学层面东西方平等对话的平台。

二、中国文物保护的现状

1. 法律法规及标准逐步完善

1930 年制定的《古物保存法》是中国文物保护史上最早的一部法律，内容涉及古物的定义、保存方法及考古发掘等。1931 年又公布了《古物保存法实施细则》，增加了保护历史建筑等方面的内容。但是由于之后中国一直处于战乱，以上两部法规基本上没有得到实施。1949 年中华人民共和国成立之后，陆续颁布了一系列有关文物保护的法规，并于 1961 年 3 月 4 日由国务院颁布了《文物保护管理暂行条例》，在文物保护法颁布之前起到了非常重要的作用。条例还明确指出在文物保护和修复过程中要遵守恢复原状、保存现状的原则。

1982 年 11 月 19 日全国人民代表大会常务委员会通过了《中华人民共和国文物保护法》，结束了中国没有一部正式的文物保护法的历史。1992 年又公布了《中华人民共和国文物保护法实施细则》。之后，针对文物保护的具体问题，国家文物局制定了《文物保护科技管理办法》和《文物保护科技成果应用指南》等，为中国文物保护技术的发展提供了基本的保证。2004 年，在国家文物局的组织下，由国际古迹遗址理事会（ICOMOS）中国委员会制订出台了《中国文物古迹保护准则》，标志着我国文物保护技术走向科学化和规范化的轨道。国家文物局制定了涵盖人文社会科学、自然科学、工程与技术科学的《文物保护科学和技术研究课题管理办法》《文物保护科学和技术研究课题招标评标暂行办法》《文物保护科学和技术评审与咨询专家暂行管理办法》《文物保护科学和技术研究课题评审程序暂行规定》《文物保护科学和技术创新奖励办法（试行）》《国家文物局重点科研基地管理办法（试行）》《文物保护行业标准管理办法（试行）》七项部门规范性文件；明确了文物保护行业标准归口管理范围，文物保护技术标准已列入国家标准系列，筹备成立了全国文物保护标准化技术委员会；对已往课题进行系统梳理，制定发布了《2004—2005 文化遗产保护科学和技术研究课题指南》；初步形成了适应文化遗产保护科技发展的管理体系。

2006 年 11 月 7 日，国家文物局公布《文化遗产保护科学和技术发展"十一五"规划（2006—2010 年）》，为中国文物保护技术的发展制定了基本的目标。规划中对文化遗产的内涵作了描述："文化遗产包括可移动文物与不可移动文物，也包括相关无形文化遗产。文化遗产保护包括对文化遗产的历史、艺术、科学价值的调查、评估、认定、研究、展示和传承，对文化遗产本体的保存、保全和修复等，以及对文化遗产相关环境的控制与治理。文化遗产保护科学和技术包括人文社会科学、自然科学、工程与技术科学等一切与文化遗产保护相关的科学和技术。"可以说，这个规划是中国文物保护界对文物保护工作最新、最完整的一个认识。规划还提出了具体的发展目标：力争至2100年，实现文化遗产保护的整体科技水平提升到一个新的高度，全面提升自主创新能力，建设创新型行业。具体包括：基本建立与文化遗产保护科技发展要求相适应的政策体系；初步形成由国家级文化遗产保护科研机构、行业重点科研基地以及文物博物馆单位和其他科研部门构成的三个层次的科技创新体系；初步建立"文化遗产保护科技基础条件平台"；建设结构优化、能基本满足文化遗产科技保护发展需要的人才队伍；形成一批具有广泛推广价值的共性技术；基本建立文化遗产保护的管理及技术标准体系，完成一批急需的基础性、关键性技术标准的制定工作；逐步建立文化遗产保护的有关技术、产品等的准入制度；提升科技投入与产出效益，初步建立科技示范体系，完成一批先进科技成果的推广和转化。

由于文物保护和修复工作的特殊性，制定本行业的标准和规范成了近年来中国文物保护界的重要工作。为此，成立了全国文物保护标准化技术委员会（National Technical Committee on Cultural Heritage of Standardization Administration of China），并在中国文化遗产研究院（原中国文物研究所）设立标准化委员会秘书处，组织各方面的力量进行行业标准的制定，负责不可移动文物、可移动文物、文物调查与考古发掘、博物馆、文物保护以及文物、博物馆信息化领域的标准制定和修订工作；重点开展名称、符号、代码、术语和分类等基础标准、业务管理工作规范和质量控制、文化遗产保护修复档案记录等管理标准的制定工作；逐步建立试验方法、新技术、新产品、保护工艺和工程质量等方面的技术标准。目前，已经有一些标准开始试用。

根据文物保护修复的特殊要求，最近几年来，在国家文物局的主持下，还先后制定了文物建筑、可移动文物保护修复资质管理办法，公布了甲、乙两个等级的具有文物修复资质的几百家单位。

2. 建立了一批国家级的文物保护基地

根据"整合、共享、完善、提高"的建设原则，国家文物局启动了文化遗产保护科技基础条件平台的建设，建立了以共享为核心的文化遗产保护科技制度体系，并计划于2010年初步形成适应文化遗产保护科技创新和事业发展的支撑环境。目前，整合了以中国文化遗产研究院为代表的国家级文化遗产保护科研机构、重点科研基地和社会相关科技资源，完善了现有文化遗产保护科研机构功能；重点建设了 10 多个国家文物局重点科研基地，陆续扶持了 30 个基层文博单位与社会科技资源组建的科研联合体，初步建立了试验基地与大型科学仪器设备、标本资源、科学数据、科技文献、成果转化公共服务及科技网络环境六大共享平台。

重点科研基地是国家文物局组织的文物保护领域的高水平基础研究、应用技术研究、管理科学研究，以及聚集和培养优秀科学家、开展学术交流的重要阵地。科研基地的主要任务是围绕历史文化遗产保护领域科学和技术发展战略，针对该领域的重大科技问题开展创新性研究。在管理方式上，采取国家文物局、省市文物局及依托单位三级管理，如古代壁画国家文物局重点科研基地，依托单位是敦煌研究院，但要接受国家文物局、甘肃省文物局和敦煌研究院的共同管理。现在已经在上海博物馆、秦始皇兵马俑博物馆、天津大学、西安文物保护中心、湖北省博物馆等单位分别设立了馆藏文物和保存环境、陶瓷、古建筑等重点科研基地。被依托的科研基地需要定期进行汇报，并且由专家委员会进行评估后发布公告。2008 年 4 月评估的三个科研基地中，最高分是敦煌研究院，为 90 分，最低的是湖北省博物馆，只有 60 分，刚刚合格。

3. 文物保护修复技术发展迅速

经过改革开放 30 余年的发展，中国的文物保护技术已经取得显著的成果。许多科研项目得到了国家及行业内部的认可，大运河整体综合性保护研究、中华文明探源综合研究、大遗址保护科技研究、铁质文物保护综合研究、脆弱馆藏文物保护关键技术研究、馆藏文物保存环境及控制技术研发、遗址及考古发掘现场保护关键技术研发、信息技术在文化遗产保护中的应用研究等综合课题取得了阶段性的成果。在出土大木构件原址保护、金属器保护、纺织品保护等方面攻克了多项技术难题。20 余项科技成果获得省部级以上奖励，"秦俑彩绘保护"获 2004 年度国家科技进步二等奖，"剂量饱和指数法测定瓷器热释光年代""集安高句丽遗产地保护规划和工程""敦煌莫高窟第 85 窟保护修复研究""蓟县独乐寺维修工程"等 19 项成果获"文物保护科学和技术创新奖"。在文物保护修复工程中，跨学科合作逐渐成为业界遵循的一般方法，打破了过去行业或者部门单独承担的习惯。陕西秦始皇陵遗址区保护、西藏布达拉宫保护工程，以及诸多名城、名镇、名村保护实践中，综合运用考古、规划、生态、环境、地质、物理、生物、化学、农林等科学技术，取得了丰硕的成果；馆藏文物保存环境标准研究取得重要进展。以西安、洛阳等为例，针对城市化加速进程中汉魏洛阳城、隋唐洛阳城、汉代长安城、唐代大明宫等大遗址综合保护所面临的问题和科技需求，从社会、经济、管理和法规等方面分析重大文化遗产地及大遗址调查、评估、认定、规划、实施等过程中出现的问题及原因。整理国内外保护实例和相关文献，归纳和总结成功经验，加大综合性保护技术研究、基础理论研究及管理研究力度，探究重大文化遗产地及大遗址保护与利用协同发展的模式，提出系统解决方案，建立并实施重大文化遗产地及大遗址动态管理与监测系统，提高风险抵御和安全防范能力，使得以往仅仅注意遗址本身的保护和修复的做法得到了改变。

在重视新的科学技术、积极开展新材料和新工艺研究的同时，古代科学的传统技术也开始得到重视。如唐代的石雕上使用表面涂料和白灰浆、土遗址中木锚杆的锚固技术、科学与艺术融为一体的唐宋时期排水防渗系统，以及轻质、透气的锤灰表面彩妆层等，都在文物保护修复中得到借鉴和继承。传统工艺的抢救、保护与科学化也被国家列为文化遗产保护科技工作的一项重要而紧迫的任务。一方面，传统工艺属于重要的保护对象；另一方面，不少传统工艺仍在文物保护与修复中发挥有效的作用逐渐成为共识。此外，对青铜器、瓷器、漆器、书画、木作、彩绘装饰等保护与修复所需的传统工艺采取了优先抢救的保护行动。

4. 人才培养逐步得到重视

由于文物保护修复的技术人才严重缺乏，国家文物局专门设立了教育培训处，负责全国文物保护管理和技术人员的教育培训工作。自 2001 年起，国家文物局每年定期在北京大学、南开大学、复旦大学、西北大学等举办不同层次和不同类型的文物保护管理与技术培训班，培训全国各地的在职工作人员。中国文化遗产研究院设立的文物保护修复培训中心除了承担国家文物局的培训计划外，还与意大利政府共同建立了中意文物保护培训中心。2002 年 2 月中意两国政府签署了中意合作《支持和加强中国文物研究所修复培训中心》的项目谅解备忘议定书。意大利政府为项目提供 146 万欧元的赠款，中国文物研究所为中方项目的执行机构，国家文物局为此提供配套资金 740 万元。2004 年 2—12 月，来自全国 23 个省、自治区、直辖市的 67 名学员在这个培训班接受了为期 10 个月的培训。28 名意大利专家和 18 位国内专家学者分别为学员们讲授了陶瓷与金属、石质、古建筑及考古发掘现场保护等领域的现代文物保护和修复理论、理念及最新的专业技术等。中意合作文物保护修复培训中心在文博行业培训和专业领域发挥着越来越重要的作用，为国内外培训提供了强有力的技术平台。

5. 国际交流进一步扩大

随着世界文化遗产保护事业的不断发展和成熟，中国作为一个历史悠久的文化遗产大国，通过与他国的交流、合作，在文化遗产保护领域积累了丰富的经验，学习到了先进的保护技术和科学的管理方法，并且得到了大量的设备、资金方面的支持。积极开展国际合作，借鉴他人的成功经验，可以减少因走弯路带来的人力、物力、财力的损失，尤其可以减少或避免对文化遗产本身的损害。进入 21 世纪以来，中国文物保护技术的国际交流进入了一个全面展开和更加深入的时期。与美国、德国、意大利、日本等国的合作与交流取得新进展，如中国文物古迹保护准则研究、文物保护修复人员培训、区域考古调查、敦煌石窟壁画保护、西安唐大明宫遗址保护、丝绸之路古迹保护、洛阳龙门石窟保护等，提高了中国文化遗产保护科技水平。与此同时，中国也开始了援助其他国家的工作，如第一次派出文物保护的队伍，无偿援助柬埔寨修复吴哥遗址等。近年来还利用中国文化遗产研究院文物保护修复培训中心为非洲和阿拉伯国家培养技术人才。

三、中国文物保护的课题

1. 文物保护和修复理念与中国特色的建立

随着与文物保护技术发展比较迅速的国家及国际组织的交流不断加强，文物保护和修复的理念日益得到从业人员的重视。特别是一些新概念的出现，对于文物保护产生了很大的影响。从大的方面来看，中国自 1986 年加入《保护世界文化和自然遗产公约》以来，经过 30 多年的努力，至 2019 年已经拥有 55 项世界遗产。世界遗产运动不仅让文化遗产保护的概念走入了一般民众和地方政府管理层，而且文物保护界也开始对文物、文化遗产、文化资源等概念进行讨论。由文物到文化遗产，不仅仅是概念上的变化，还涉及文物保护和管理范围的扩大以及保护规划、保护技术在观念上的更新，文化遗产保护也已经超出了单纯的技术而成为社会问题。然而，在法律的层面上，现在的《中华人民共和国文物保护法》还不具有保护历史街区、无形文化遗产及文化景观等类型的文化遗产的功能，所以在制定相关的保护规划、采取相应的保护技术时往往缺乏法律依据。

对文物的收藏、鉴赏、保护和修理，在中国虽然有着比较长的历史，但是近代意义上的文物保护理念还是来自西方。20 世纪 80 年代以来，随着文物保护工作的开展以及与国际社会交流的加强，西方的文物保护理念在中国逐步得到推广和应用的同时，东方文物材质及传统修复技术的特殊性、发展中国家文化遗产与生活在其中的民众关系的紧密性等问题逐渐显现，这就需要建立一个与西方文物保护理论具有互补性的新理论体系，对文物保护的实践给予指导。例如古建筑中的彩绘问题，村落文化景观的保护问题等，若要遵照"不改变历史的原状"的原则，就难以在实践中真正贯彻。

其实，问题的关键还是在于一个民族、一个国家对于自身的文化遗产是如何看待和认识的。我们传承给后代的文化遗产，最核心的是什么？是构成文化遗产的材料、形式，还是其他？具有中国特色的文化遗产保护体系的建立如果不解决这一根本问题，而仅仅停留在技术层面上的研究和探讨，其路程还会相当的漫长。

2. 大型遗址的保护规划、保护技术及开放展示

进入 21 世纪以后，大型遗址（包括城市考古遗迹）的保护作为国家文化遗产保护领域中最为重要的项目之一得到了前所未有的重视。然而，大型遗址往往面积很大，如西安的秦始皇陵的保护范围有 50 平方公里多，汉长安城遗址有 64 平方公里。在这样大面积的遗址上，除了秦代和汉代的遗迹外，还有之后各个朝代人类活动的遗迹、遗物，以及许多生活在遗址上的现代居民。在制定保护规划的时候，如何把握和处理好各个方面的关系，是一个巨大的难

题。这些遗址由于面积大，需要投入的保护资金也相对较多，因此需要公开展示部分遗址来回应社会公众的需求。但是，这些大型遗址绝大多数属于土遗址，土遗址的展示和保护技术目前还是一个尚待解决的课题。

其实，在大型遗址的保护过程中，首先需要解决的一个问题就是正确的保护理念和修复原则，其次才是材料、工艺等技术层面的问题。任何一项文化遗产都会被烙上若干时代的印记，它不可能只是一个点或者一个面。文化遗产一般产生于某一个具体的时代，但是它们往往在以后不同的时代被加以修缮或改造，与最原始的风格和形态相比有了变化。其中，这些修缮改造的部分有合理的，也有不合理的。但是所有这些也都应该成为这项文化遗产的一部分而加以保护，以保证其历史的真实性和完整性。现在，许多地方在文物修复中都过多强调了恢复其文物遗存的最原始的风貌，而把其后来的时代变化中的部分忽略或擅自修改掉了。例如，很多人在遗产修复时强调注意恢复其历史的真实面貌。但是如何恢复，恢复到什么样才算是历史的真实面貌？采用什么样的办法才能保存好和反映出文化遗产整个过去的历史轨迹和风貌？这都需要我们在保持科学审慎的态度和反复论证的基础上再作出决定。这就要求我们既要有明确的修复理念，也要有与之相配合的技术技能。

3. 与当代人的生活密切相关的文化遗产的保护

1982 年国家公布了第一批 24 个国家级的历史文化名城，1986 年公布了第二批 38 个，1992 年第三批为 37 个，到 2018 年共有 135 个。政府希望通过这一举措保护这些城市中的文物古迹、历史地段和街区。然而，由于历史文化名城保护条例迟迟未能通过，历史文化名城的保护状况并不乐观。大多数的历史文化名城现在仅仅保护了一些国家级、省级或者市级的文物保护单位，城市格局已经全部改观。2002 年开始，又先后公布了历史文化名村名镇，作为国家一级的保护对象。2005 年一些村落和小镇也被列入第六批全国重点文物保护单位。这些公布的历史文化名城名村名镇和全国重点文物保护单位都有一个共同的特点，就是遗产是和当代人共生的，遗产本身是人们的家园。所以，如何处理好文化遗产与人的关系，是这类文化遗产保护的主要难题。在保护城镇、村落的传统格局、遵守文化遗产保护的基本理念的同时，要改善居民的居住环境，还需要在保护规划、保护材料和保护技术等方面做出更多的努力。

另外，在建筑类遗产的保护中，大多数情况下人们更多地注意的是那些可视的、具象的部分，却忽视了那些看不到摸不着的人文因素，而这看不到的部分往往决定着文化遗产的命运，因为这才是文化遗产最具活力和生命力的因子，才是最值得我们关注和重视的。如果不考虑与之相伴的生活群体，不考虑他们的生活方式和态度，不把人作为文化遗产保护中的一部分去整体考虑，具有传统风格的城镇、村落在时代的进程中将难以得到有效的保护。

4. 传统保护技术的传承和人才培养

与其他国家不同，中国的文物保护科技是在传统的古物修复的基础上发展而来的。在很长一段时间里，中国的传统技术在文物保护领域中都发挥了独一无二的作用，在对古物的保护、维护中形成了具有中国特色的独特技术，也因此在文物保护科技的研究和应用方面逐步取得了许多卓有成效的进展。但是随着文物保护的需求不断扩大，特别是对于出土文物及遗迹，现代科技已成为其保护工作中必不可少的一部分，因此有必要对传统技术进行科学的体系化构建及理论化研究。尽管这已在文物保护界达成了共识，但在实际工作中，传统技术和现代科学技术之间缺乏良性互动的情况却很多。在具体的修复工作中，如何充分利用科学研究的成果仍是一大难题。

5. 小结

中国作为世界上最大的发展中国家，不仅在经济、政治和文化方面表现出了发展中国家的特征，在文物保护领域也同样体现着发展中国家的特殊性。在国际前沿保护技术及理念与中国传统文物保护技术进行融合的过程中，必然会产生各种问题，但是这些问题一旦得到解决，中国的文物保护技术及经验就会对其他发展中国家产生积极的影响。

（原文刊载于 2013 年日本中央公论美术出版的

《美术史歴参》一书中，此处有修改）

城市历史遗产的保护与利用

——以扬州和济南为例

一、扬州：以人为本的保护

扬州的历史起源很早，可以追溯到汉代，甚至是更早的新石器时代。从扬州发掘的许多遗址中可以看到层层叠压的历史遗存，唐代的遗存之上还有宋代及之后不同的朝代的，说明这个城市的发展是连续性的，很多历史时期城市的中心都建在同一个地方。类似的现象不仅发生在扬州，世界很多城市发展的中心自古迄今还是在原来的那个点上。为什么会这样？背后肯定有它的原因。

城市如同人类，拥有自己的基因。漫长的城市发展过程中，最终能留下的往往是它的基因，这些基因就是城市的记忆。基因会发生变化，但变化不能太大。当人体基因发生巨变时，会因难以承受而出现病变，唯有逐步演变才适合人体的生长。城市的发展规律亦当如此，如果瞬间大规模彻底变化，犹如人类基因发生突变，将会导致诸多的问题。城市的文化遗产保护很大程度上是为了维护城市的延续性，简而言之，保护是为了保留人类发展中的记忆。这种记忆好比人类的记忆，是一个积累的成长过程。如果没有了记忆，我们就不知道自己是谁，也不知道身边的人是谁。一个城市失去了记忆，就会导致身份遗忘、历史消失的问题。

提到扬州，许多专家都说它是瘦西湖，至今仍然保留了很多历史街区等。扬州若是瘦西湖，其保护工作相对比较容易做。但现代扬州城市中的历史街区还包括了大运河，所以它的保护工作是非常困难的，目前为止还没有一个国家可以提供很好的保护实例和经验，告诉我们如何解决这个问题。

扬州市政府部门为大运河的保护做了很多工作，整治了环境和河水，取得的成绩是有目共睹的，但同时也产生了一个问题：游客坐在船上游览大运河时，感觉大运河除了水之外，它的形状与一条城市大道的区别不大。由此可见，有关单位在规划设计时没有充分考虑到河流的特性。大运河最大的问题还是保护，就是如何规划、怎么做。扬州牵头以大运河申报世界遗产的行动有利于提高人们对大运河价值的认识，但申报世界遗产并不容易，需要向国际社会做出保护和管理的承诺，申报成功后也将面对更多的保护问题。

历史是不断变化的，大运河是在几千年的发展过程中形成的，见证了从汉代到隋唐的建造与利用的历史。历史的事实是不能改变的，历史的车轮也无法倒退，各个历史时期建造的东西各有它的历史价值，在制定保护规划时不能只考虑某一个历史时期的风貌特点。所以，伫立于大运河旁的有些工厂、作坊是不是一定要迁走，需要谨慎评估。当然，那些会影响环境、污染环境的工厂，要求其搬迁是可以接受的。但是有些工厂即便已经停产了，也并非一定要搬迁，只要其所保留的建筑物还能利用、见证某一段历史，就可以保留下来，这比全部拆光去造假景区，如假的明清景观，更符合历史的真实性。

像我国这样的发展中国家的历史街区保护具有很大的挑战性。例如现在扬州正在进行的东关街改造，动作非常大，个中的原因很多。但是，历史街道瞬间有很大的改变，其实并不符合保护的概念。这种对于历史街区的改造，并非经由漫长的历史演变而来，很难经得起历史的考验。历史遗产肯定是经过长时期的建立，而非一天两天就能够制造出来的。

扬州在保护文化遗产方面做出的成绩是值得肯定的，所保留的四大块历史街区面积不小，让人欣慰。我们总是在讲中国历史悠久，文化遗产丰富，但是现在中国的历史城市，除了平遥、丽江，其他保留比较完整的历史城市就不多了。许多城市中的历史街区在 20 世纪八九十年代时拆掉了，扬州能够保留下这么多历史街区并不容易。现在扬州已经把有条件作为历史街区的遗产连同瘦西湖一起申报世界遗产，并列入中国申报清单，这是值得骄傲的。但是这项工作非常艰巨，将来如何把各方面的关系处理好，颇具挑战性。

现代化发展过程中，保护城市历史文化遗产到底有什么作用？除了作为历史的标志、旅游的资源之外，它们对这座城市还有没有别的价值？为什么要保护这些历史街区？这是我们从事文化遗产保护工作的人需要回答的问题。虽然我们常常在谈保护的重要性，但仔细思考，我们往往很难回答。

很多时候，对于历史街区，究竟应该保护还是拆除，应该如何决策？对于文化遗产，我们到底是为了谁而保护？是为了国家、为了民族、为了旅游者，还是为了当地的居民？我们很多时候并没有很好地回答这个问题。

人是文化遗产的灵魂，如果剥离了人的因素，没有人在遗产地发生作用，遗产的很多意义就会消失。所以，文化遗产保护首先要以人为本，更多地关注生活在其中的人跟历史街区的关系。我个人最反对以保护文化遗产的名义让老百姓迁移出历史街区，这是保护历史街区时最简单的做法。如果是为了降低不适宜的人口密度，可以适当迁出一些居民，以便改善居民的居住环境。遗憾的是，现在不少地方的保护规划是外迁全部的居民。

被迁走的居民在原来老街区所能享受、使用的资源没有了，他们的子女和后代都会受到影响，许多城市已经开始出现这样的社会问题。历史街区一般位于城市的中心，因而拥有许多优势，如优质的学校和医疗资源等。生活在老街区的孩子虽然生活条件差一些，但却能就读好的中学，将来也有更多机会上好的大学。迁出老街区之后，学校可能不如市中心的学校好，也许他们的将来就会发生很大的改变。将老街区的居民迁出，表面上看是做了一件好事，可是将来几年、几十年下去，就会看到它可能引发的问题——贫穷人家更加贫困化。

在保护的过程中，需要充分考虑生活在历史街区里的人，他们还要在里面继续生活。例如，东关街现在为旅游者服务的那些商铺，过去是与在街区中生活的人息息相关的，街道上的设施和商铺都是为了满足当地人的需要。改造后的街道店铺与生活在里面的人看不出任何关系，只有离开主要街道的少许餐饮店跟居民还有一点关系。为了发展旅游，提供必要的设施是需要的，但是不能只为外来者考虑，这样的发展并不健康。

保护历史城市，发展旅游成为很重要的一个因素，导致保护的目的往往是吸引更多的游客。但是我们应该充分认识到只靠旅游收入解决不了在这里的人的生活问题。我们不能只看表面上的旅游收入，而是需要深入了解生活在历史城区的人们的生活状态究竟如何。历史城市的保护和利用极其复杂，需要有综合的措施。扬州的发展也是如此，需要考虑到各个方面，而非只是寄望于旅游业。

关于扬州的非物质文化遗产——传统工艺的推广，如果希望通过市场化来振兴，恐怕是比较困难的。例如扬州的剪纸，市场化的前景可能并不乐观。一是剪纸的价格一般不高，所带来的经济效益也不大。二是剪纸在日常生活中使用较少，不是消耗品，市场化并不容易。类似这样的文化遗产，应该列为非物质遗产来保护，而非寄望于市场化。即使市场化成功了，其原有的内涵也很有可能会变调，最终成为不是我们所希望保护的样子。

二、济南：基于核心价值的发展模式

在过去的两个世纪，城市的居住人口剧增，形成了人口稠密地带。人类对于学问、知识的探寻，对艺术、文学、音乐的追求主要在人口密集的城市展开，未来城市将成为全世界 70 多亿人口中大部分人口的居住地。随着以城市化为特点的全球化的发展，显然需要在全球范围内迅速采取一致的战略性行动，来保护我们的文化资源，并使这些基础资源在尽可能长的时间内得以维持。到了 21 世纪，在探讨在一个日益全球化的世界如何才能生存，如何才能使一些国家的文化不受另一些国家强势文化的吞并威胁中，文化的角色显得至关重要。全球化有其两面性：积极的一面是，它能促进文化的发展，给地域文化以新的内容和新的机遇；消极的一面是，它具有极其强大的破坏力。特别是与强势文化相比，处于弱势的地方文化如果没有自觉的保护和发展意识，就会在文化趋同的洪流中失去文化特色，丧失竞争力。

城市和村镇是人类文明发展的集中体现，是居民之间会晤和交流的产物，是公民文化特性的象征。城镇是昔日文化、经济和社会的见证，也是建设未来的灵感源泉。联合国教科文组织坚决承诺，确保所有的社区继续过上高质量的生活，而不以牺牲有别于其他地方的传统特征以及人们居住的家园为代价。1972 年公布的《保护世界文化和自然遗产公约》就是一个应运而生的将遗产保存与发展结合起来的有效的法律框架，同时也是一种新型的保护模式。历史城市如济南也应该基于本身的核心价值，探索适合自身的保护和利用模式，为生活在历史城区的居民谋求最大的福祉与利益。

城市历史文化在当代城市选址理论、规划建设、传统文化教育、旅游资源开发等方面为我们留下了丰富的遗产，值得珍惜和保护。历史名城济南地理位置重要，湖光山色秀美，文化底蕴深厚，晚清时期自开商埠以后又形成了新的时代特色。但是，在新的历史发展时期，如何处理发展优先和继承传统的关系，如何保护历史文化和山水风貌，是济南城市现代化进程中不可回避的问题。

回顾改革开放30多年来济南城市的发展，在保护历史文化遗产方面有许多值得我们总结和汲取的经验教训。以下是我对于济南城市历史文化遗产保护的一点观察。

1）文化遗产特别是民间文化在现代社会中非常脆弱，需要我们倍加珍惜和爱护，因为它一旦消失便无法挽回。因此，城市管理部门应该深刻认识到城市中的文化遗产对一个城市科学发展的意义，而不能只把历史文化名城作为一个标签。

2）济南城区中现存的历史街区可以作为旅游资源利用，但是也要认识到它作为一个城市发展的基因意义更为重大。因此，在开发利用的时候，政策上要更多关注生活在历史街区里的居民，因为他们才是历史街区的灵魂。如果把历史街区、历史建筑看成一种标本或者是博物馆，生活在街区的居民就会变成"演员"，其价值也将因此降低。

3）如果有充分的依据，可以适量恢复和重建一些历史街区和历史建筑，这对于我们认识济南城会有帮助，但是不宜过多，特别是在材料和技法的采用上，一定要尽可能遵循历史，假古董是经不起历史的考验的。保护时要注意保护历史建筑群和自然名胜的周边环境，避免周围高层建筑林立，失去历史的风韵。例如，我们看大明湖，不是只为了看看湖中的几个小岛或者是小岛上的建筑，作为游客，可能更想在湖中小岛上领略或欣赏大明湖烟波浩渺一望无际的景色。

4）文化遗产的保护要遵循国家和国际上最基本的法律法规，以及一些公认的理念。济南千佛山上隋代开凿的佛龛、佛像，由于采用了完全不符合文物保护修复原则的做法，已经面目全非，失去了本身的价值。

5）济南作为中国近代工业产生与发展的重要城市之一，具有较为丰富的工业遗产，如何保护和利用这些丰富的工业遗产，也是值得重视的。

（本文综合整理自笔者《文化遗产保护也要以人为本》和
《考察济南后的几点感想》两篇演讲稿）

贵州乡村遗产的保护与发展

一、贵州的乡村遗产保护实践

（一）我国乡村遗产的保护现状

我国乡村数量庞大，自然和人文资源丰富，发展潜力巨大。近年来，国家相继出台了一系列关于村落保护的通知和文件，依据各类标准将一部分村落列入了保护名录当中。例如，由住房和城乡建设部、文化部和国家文物局等七个部门联合公布的《中国传统村落名录》，自 2012 年以来已公布 4 批共 4153 处传统村落；由住房和城乡建设部与国家文物局共同组织评选的 6 批中国历史文化名村共 276 处；由国家民族事务委员会命名的 2 批中国少数民族特色村寨有 1057 处。

名录的公布表明我国村落保护迈出了实质性的一步，并形成了世界上规模最大的村落文化保护群。但是在很长一段时间内，村落保护并不是文化遗产保护领域的"显学"。一方面，与人们对乡村遗产的价值的认知相关，村落本身的复杂属性给人们带来了理论和实践研究的困难；另一方面，村落虽然是我国农耕文明的历史见证物和不可再生的文化遗产，但是它依然需要回应乡村在当代的发展诉求，这就使得村落保护往往要让位于村落发展，无形之中将村落的保护和发展对立了起来。

以传统村落的保护为例，作为由住房和城乡建设部等七个部门联合制定的保护名录，各个部门对于传统村落价值的认知就各有侧重。有学者指出，由于在民居与聚落、村落和城镇、文物与遗产上存在一些模糊的认识，2012 年颁布的《传统村落评价认定指标体系（试行）》（以下简称《指标体系》）过分强调了建筑，而忽略了居住在这些建筑中的文化传承的主体——村民以及村民的活动及组织、村民赖以生存的土地和产业（农业）。但是《指标体系》发出了一个积极的信号，即将"非遗"作为评价认定中的关键指标之一，与聚落、建筑两个因素并列。之前从事民居建筑研究的学者们显然没有把非物质文化遗产放到这么重要的位置。

可以说，人们对乡村遗产的价值认知仍处于一个动态的变化过程中。在很多情况下，由于遗产保护对象不明确，核心价值阐释不到位，村落保护常常缺乏"抓手"或者"变味"。例如，贵州黔东南州的一些侗族传统村落中，木构干栏式建筑的风貌维护曾被认为是村落保护的重要抓手，但是在实践过程中，不仅"风貌保护"这一说法缺乏理论和法规支撑，更和村民的生活产生了巨大的冲突。又如，国家级非物质文化遗产侗族大歌的保护，除了旅游表演，似乎找不到更好的传承路径。

这些问题表明，一方面，村落保护中有"各自为政"的危险，即将村落的价值分解成各个部分，进行专门保护，而各部分之间又缺乏联系，一直强调的整体性保护存在困难。作为传统村落评价认定的三个重要因素（聚落、建筑和"非遗"），如果只是把每一个单独拎出来进行保护，必然会对村落的整体价值认知产生影响，往往顾此失彼，造成结构性失衡。基于这三者进行统领的核心价值阐释就变得尤为重要。另一方面，保护要有抓手，但也要有理论支撑，理论支撑的落脚点是各利益相关方对价值判断达成的共识，否则保护也只是"一厢情愿"。

相较于一般的文物建筑，活态的乡村遗产还存在发展的需要。当前，乡村呈现出两种典型的发展趋势：一是东部沿海地区的乡村与城市越来越趋同；二是西部地区外出人口过多、流动过快，导致乡村发展的内在动力不足。

因而在现阶段，部分乡村在发展过程中，不仅传统文化的传承面临断层，背后更涉及人才不断流失、经济缺乏活力、环境遭到破坏等一系列问题。

（二）贵州的乡村遗产保护实践

贵州是一个多民族的省份，有 53 个少数民族，其中包含 17 个世居少数民族，在第一至第四批《中国传统村落名录》中，贵州有 546 处村落列入。贵州村落保护在全国起步较早，20 世纪 80 年代中期出台的《贵州省文物保护管理办法》规定，"对具有地方特点和民族特点，并具有研究价值的典型民族村寨，要加以保护"。一些村寨得以保存，其文化也随之最大限度地留存下来。

从 20 世纪 90 年代开始，贵州的乡村遗产保护与利用工作开始进入国际化视域，以生态博物馆的建立为标志，至今已持续开展了 20 余年。1995 年，中国和挪威两国政府联合在贵州省六枝特区梭嘎乡建立了中国乃至亚洲第一个生态博物馆——梭嘎苗族生态博物馆。至 2005 年，贵州在全国率先建成了六枝梭嘎、花溪镇山、锦屏隆里和黎平堂安四座生态博物馆。

在法律层面，贵州于 2003 年实施了《贵州省民族民间文化保护条例》，2005 年出台了《贵州省文物保护条例》，2012 年出台了《贵州省非物质文化遗产保护条例》，均从法律层面强化了乡村遗产的保护。2015 年，《贵州省人民政府关于加强传统村落保护发展的指导意见》下发，贵州省成立了传统村落保护发展工作领导小组，设立省传统村落保护发展扶持资金。2017 年 8 月，贵州省第 12 届人民代表大会常务委员会第 29 次会议通过了《贵州省传统村落保护和发展条例》，从法律上进一步规范了传统村落保护与发展的管理。

在实践层面，贵州的乡村遗产保护实践工作是全国介入团队最多、持续时间最长、最受关注的，涌现出一批以旅游、艺术、社区营造、文化中心、非物质文化遗产、生态博物馆等为抓手的多种不同形式的乡村遗产保护实践案例。2008 年提出"贵阳建议"之后，正是基于对村落文化景观研究方法的共同认可，贵州逐渐组建了几支具有代表性和典型性的乡村遗产保护实践团队，试图找到一条非旅游化的发展道路，以村落文化景观的保护方法为理念，把生态博物馆或社区文化中心等载体作为记录、传承文化传统的阵地，培育村寨精英，探索村落发展的内生动力。这些实践案例包括黎平地扪村和茅贡镇实践、荔波水利大寨实践、榕江大利村实践、黎平堂安村实践、印江合水村实践、雷山控拜村实践、剑河展留村实践、台江反排村实践、安顺云山屯实践等。

此外，由于黔东南是全国地级市中传统村落数量最多的地市，自 2015 年开始已连续举办了 3 届"中国传统村落·黔东南峰会"，每届的主题均以"保护·传承·发展"作为关键词。回顾历届峰会，各个领域的专家学者从旅游、文化等不同角度探讨了乡村保护、传承与发展的问题。而 2009 年召开的生态文明贵阳国际论坛是以生态文明为主题的国家级、国际性高端峰会，它对生态文明的探索对于贵州的发展定位具有重要影响，一些前沿的理念和解决方案都对乡村遗产的实践产生了直接或间接的影响。

可以说，贵州的乡村遗产保护实践有着自身鲜明的特点，这既和它本身乡村数量庞大、类型多样、文化丰富相关，又与它经济发展不平衡的社会现状联系在一起。其中所反映的问题既具有代表性，又呈现出复杂多元的维度，保护和发展的矛盾在这里尤为尖锐，亟须人们对其进行进一步的研究与讨论。

在这样的背景之下，贵州乡村的发展一方面要继续发掘和保护自身独特的自然和文化资源，另一方面也要寻找价值输出的通道，增强内在发展动力。乡村的保护与发展事实上是问题的一体两面，但无论是保护还是发展，都离不开对乡村遗产核心价值的把握。

（三）乡村遗产的核心价值辨析——基于"贵阳建议"的讨论

村落保护是泛指，具体要保护的是其中的文化遗产，即乡村遗产。乡村遗产不是一个严格的术语，它是将文化与自然遗产概念引入乡村的结果。上文提到，已有的村落保护往往是将各项因素分开进行专门保护，村落保护对象本就庞杂，如果没有一种认识和方法论将其掇合在一起，就会出现"各自为政"的结果。在已往对乡村遗产的讨论中，乡村遗产本身并不能作为认识论或方法论来使用，仍需借助其他工具帮助认识。例如，谭刚毅等在《历史维度的乡土建成遗产之概念辨析与保护策略》一文中就通过对"乡土建筑"到"乡土建成环境"等概念的辨析为"乡村遗产"规定了对象和范围，对其进行"查漏补缺"。又如，罗德胤在《中国传统村落谱系建立刍议》中提出要想建立传统村落谱系，第一要素必须超越于聚落、建筑和"非遗"这三者，并注意到《巴拉宪章》中提出的"文化重要性"概念，实际上是试图从更高的文化维度来对乡村遗产进行整体统筹。

从文化景观的视角认识乡村遗产的价值，尤其要重视从时间和空间上探索人与自然的互动关系。联合国教科文组织在 1992 年提出了"文化景观"的概念，指出要在遗产的保护和合理利用中使其可持续发展。根据《实施世界遗产公约操作指南》中对文化景观的定义和分类，村落属于有机进化类景观中的持续性景观，它是历史演变发展的重要见证，同时它的演变过程也从未停止。

景观是可见之物，但背后反映的是不同时代遗留的痕迹。2008 年 10 月在贵州贵阳召开的"村落文化景观保护与可持续利用国际学术研讨会"上，与会者讨论并通过了"关于'村落文化景观保护与发展'的建议"（"贵阳建议"），从文化景观的角度出发达成了共识，即村落文化景观是自然与人类长期相互作用形成的共同作品，是人类活动创造的并包括人类活动在内的文化景观的重要类型，它体现了乡村社会及族群所拥有的多样的生存智慧，折射了人类和自然之间的内在联系，区别于人类有意设计的人工景观和鲜有人类改造印记的自然景观，是农业文明的结晶和见证。村落文化景观展现了人类与自然和谐相处的生活方式，记录着丰富的历史文化信息，保存着民间传统的文化精髓，是人类社会文明进程中宝贵的文化遗产。村落文化景观所蕴含的自然和文化多样性是未来理想生活的活力源泉，具有重要的文化象征意义。

可以说，在人与自然的互动基础上去探讨村落的生活方式、生存智慧，是发掘乡村遗产核心价值的重要途径。这就要求对作为资源的乡村遗产进行一个全面的梳理，乡村遗产作为一个地理区域，不仅包括文化和自然资源以及其中的生物，还包括与其相关的历史事件、活动、人物或以其他方式展示的文化和美学价值。

对于仍然处于变化之中的乡村来说，乡村遗产所蕴含的生存智慧仍然要在村落的发展中发挥作用。人与自然的互动不仅停留在过去，还将延续至未来，这也就为村落的发展提供了可以借鉴的资源和方法。

二、楼上村的核心价值分析

（一）楼上村的历史沿革

石阡县楼上村是贵州众多乡村遗产保护实践案例中的一个，其保护实践开始于 2016 年。正是在总结贵州众多乡村遗产保护与发展探索的经验和吸取既往教训的基础上，才有了楼上村在整体保护、系统性价值阐释方面的理念。有别于贵州其他大多数乡村遗产保护实践中的少数民族村寨，楼上村是一个以汉族移民为主的山地聚落和以周氏家族为主的血缘村，至今已有500多年的历史，村民世代以农业生产为主，耕读传家，人地和谐，人才辈出。

2008年村民编辑的《楼上周氏族谱》中记载，楼上周氏是明朝进士周国照的后人，原籍是在江西南昌府丰城县，后因周国照出仕四川省威远县，居住在该县罗阳乡大坡里晒金坡，后移居潼川州乐治县仁义乡天井池坝。在讳九如、九思先辈因动乱逃至贵州镇远县西里二甲板桥钟场坝居住之后，越数世，周伯泉在弘治六年（1493年）来到了寨纪，即今天的楼上村。

根据楼上村的历史演变，其发展过程可以大致划分为形成期（明代）、发展期（清代）、成熟期（20世纪初至20世纪末）、转折期（进入21世纪后）。从四世祖周国祯起，周氏聚居在楼上村的生活就逐渐稳定下来。经六世祖周易到清末，楼上村持续繁衍壮大，成为贵州少数民族环境中的一个汉族单姓宗族聚落。中华人民共和国成立后，随着经济的发展，道路交通条件逐渐得到改善，乡村小路变成与外界通达的公路，但在特殊时期村里的公共建筑遭到了一定的破坏。楼上村200余栋民居中，明代建筑有5栋，清代建筑有58栋，民国建筑有34栋❶，均是以三合院的家庭生活空间为主，民居和聚落对外总体呈现一种高度的均衡性和相似性。

进入21世纪后，随着社会经济及文化的快速发展，楼上村的空间形态受到变动的社会和文化的影响。楼上村的发展是随着农田生产展开的，梯田耕作始终是村落发展过程中重要的生产活动。但是随着农业经济收益逐渐降低，一方面村内外出务工的人口越来越多，另一方面村民也不再像先祖那样依靠田地生存，对田地的珍爱已不如前。梓潼宫所在龟山附近的农田离灌溉水源较远，劳作辛苦，需要花费较多人力，稻田逐渐变成苞米地；靠近廖贤河的田地渐渐出现了抛荒的迹象；西侧新村的农田因为梯田的堡坎毁坏，无人修整，田地也渐渐荒芜。

---

❶ 数据来源于《石阡温泉群国家级风景名胜区楼上古村落景区旅游服务村修建性详细规划（2015—2025）》第6页。

（二）村落文化景观的研究视角

对于乡村遗产的价值研究，根据"贵阳建议"，以村落文化景观的视角来考察楼上村。村落文化景观是人与自然共同作用的典型代表，包含着众多物质与非物质因素以及复杂的相互关系。村落文化景观至少可以分为三个层次——地理载体、生物圈层、人文圈层，三者叠加，成为完整的文化景观单元。楼上村民生产方式中的农耕直接影响了物质要素中的地理载体和生物圈层，形成了大面积的梯田景观。而生活方式中的宗族结构、文化教养、信仰体系、衣食住行等行为方式则主要影响了物质要素中的生物圈层与人文圈层，影响了植物与动物的种类、各类建筑物与构筑物等要素。传统人地关系是楼上村遗产价值的重要组成部分，村落文化景观所承载的物质、非物质的要素及其相互关系包括：

第一，楼上村的选址与水的利用是密切相关的。逐水而居是人类文明发展过程中的显著特征，但相比通常在河边谷地选址的村寨来说，楼上村的选址和发源与喀斯特地形的天然涌泉的关系更为紧密。山泉水不仅能提供清澈优质、富含矿物质的饮用水与生活用水，而且富余的水量足以灌溉农田。这也是村落选址在与廖贤河保持较近距离的山坡处，从而避免洪涝灾害的根本原因。

第二，从生产方式上看，在传统农耕时代，稻作文化是支撑楼上村生存和发展的根基。楼上古寨先民们以天福古井和龙洞湾两处水源作为稻作灌溉的来源，并将廖贤河以北、土层较深厚的坡地改造成适合稻作的梯田。在梯田田埂上种植了乌桕树，将水稻秸秆绑在树干上自然晾干，到了冬天就可以把秸秆作为牛的饲料；而乌桕树本身也是生产蜡油的重要原料来源。水牛和黄牛是梯田中主要的耕地牲畜，而牛粪可以肥田。距离水源地较远的耕地被开垦为旱地，主要用来种植小麦、玉米和蔬菜。村落北面的树林是建房所用木材的主要产地，也是各类食用和药用植物的产地。由此可见，村落中主要的生产空间都进行了复合利用。作为动物蛋白的来源，猪和羊被圈养在三合院建筑的厢房底层，而廖贤河是捕冷水鱼的重要场所。

第三，从生活方式上看，村民饮用水和生活用水主要依靠天福古井，树林中的杂木是燃料的主要来源，房前屋后的阳山竹林是制作农具和生活用具的重要材料来源。村民利用本地生产的杉木、松木、柏木、马桑木来建造木结构的三合院建筑，院落中间是用来晾晒稻谷、生活用品的晒场，也是邻里交往的重要公共空间。为躲避战乱和匪患，村落北部高地建有屯堡；村口有大面积的风水林；梓潼宫与周氏宗祠香火不断；墓地的建造讲究风水，墓碑朝向与廖贤河对岸的山体形态有密切关系。由于耕读文化传统的保留，楼上村村民文化素养较高，至今仍有每家每户自己写春联的传统。

第四，从时间维度上看，楼上村整体景观的季节性特征比较明显。春季，万物复苏，满眼新绿；夏季，梯田中的水稻层层叠叠、苍翠欲滴；秋季，乌柏、银杏、栗树等色叶树种的叶子变色，层林尽染；冬季，竹林、松柏常青，落叶树枝干遒劲。

（三）楼上村的核心价值

文化景观的特性是历史上各个时代物质与非物质要素相互作用、积累、叠加的总和，因此，文化景观是活态的，而且依然处于持续演变的过程中。而从文化遗产的角度看，某种文化景观的成熟与定型是在漫长的历史时期，人与自然因素达到平衡与稳定时产生的结果。

文化景观视角下的楼上村，其核心价值不再是传统观念中的古建筑群，而是乡村在演变过程中所形成的人地关系以及由此衍生出的文化的总和。楼上村的独特性还在于它是我国南方喀斯特地貌之上、亚热带季风气候之下，在汉族传统耕读文化与西南少数民族文化的长期互动、交融之中形成的景观生态聚落。村落选址、建筑格局与人地关系不仅是对以汉文化为代表的中国传统哲学体系的充分表达，更是中原居住文化与当地气候环境的完美结合，体现了少数民族地区汉族移民的生存智慧，也印证了明清以来我国西南地区建设与移民的社会史。楼上村自周氏定居以来聚族而居，基本延续传统农耕生产生活方式，其建筑形式与布局既反映了西南山地建筑的典型特征，也表达着汉族的传统宗族文化。由民居与梯田构成的聚落景观是人类与自然在长期互动中形成的杰作，周围的山水环境与中国古典绘画、文学作品中所描绘的山形水态高度相似，表达着东方的山水审美标准，对未来人居环境的可持续发展模式具有重要的启示。

三、楼上村的保护与发展

（一）楼上村的保护历程

2004 年 6 月，贵州省国土资源厅工作人员完成了楼上古寨的地籍勘测。7 月，贵州省文物局委托省文物保护研究中心和石阡县文物管理所通过查阅资料、走访、实地勘测等方式取得了楼上村古建筑群的数据和相关信息，建立了集文字、照片、图纸于一体的反映楼上村古建筑群的史实及价值的记录档案。2004 年 12 月，石阡县人民政府将楼上村古建筑群列为县级文物保护单位。同年，完成了梓潼宫正殿、两厢、后殿、戏台、天福古井等维修工程。2004 年，完成了《石阡县楼上古寨历史文化街区保护规划》，并于 2005 年 3 月通过论证，为古建筑群的保护、管理和合理利用奠定了基础。2005 年，石阡县人民政府计划发展楼上村旅游，提出村寨整体保护的方案，公布了楼上村的重点保护民居，民居建筑的翻新被禁止。2006 年 6 月，楼上村古建筑群被贵州省人民政府列为第四批省级文物保护单位，主要包括梓潼宫古建筑群和周氏宗祠，尚未包含古民居。2008 年 10 月，楼上村被住房和城乡建设部、国家文物局列为第四批中国历史文化名村。2012 年 12 月，楼上村被列入第一批《中国传统村落名录》。2013 年，楼上村古建筑群被列为第七批公布的全国重点文物保护单位，其保护内容增加了原来挂牌的 5 处古民居，以及未挂牌的天福古井。

在楼上村保护与发展的过程中，石阡县各部门均给予了高度的关注，并投入了许多资金。2004 年开始，为了发展旅游，石阡县及上级主管部门陆续在楼上村投入资金，用于改善基础设施。2004 年 8 月，由县财政投入 20 万元对古寨内梓潼宫正殿、两厢、后殿、戏台、天福古井等进行维修；2005 年，由上级相关部门投入 60 万元，对古寨内的环境进行了整治；2006 年，贵州省建设厅投入 24.8 万元，对楼上村的道路、排水系统等进行整治；2009 年，县人民政府投入资金 20 万元对楼上村古建筑群周边环境进行了整治；2013 年，石阡县文物局开始向国家文物局申报文物保护修缮项目，并申请了 3000 多万元的文物保护专项资金支持；2016 年，县文管局投入 400 多万元对楼上村寨内及周边的石板路进行修整，改善村落整体的给排水，铺设消防管网。

（二）村落整体保护的理念

根据全国重点文物保护档案，楼上村古建筑群的文物构成包括祠堂、寺庙等公共建筑，古墓葬、石碑、古桥、古井、屯堡遗址等，民居建筑只有年代较早、装饰较完整的 5 处。基于对楼上村核心价值的研究，在申报项目之初，即考虑要将除全国重点文物保护单位（以下简称"国保"）建筑以外的其他民居建筑群纳入保护与修缮的范围，原因如下：

1）文物价值。国保范围内的 5 处民居是夹杂在楼上村其他民居之中的，建筑形制基本一致，如果只保护这 5 栋民居，会显得非常孤立。如果不从整体上保护民居建筑，楼上村古建筑群的文物价值会大打折扣。

2）社区关系。整个楼上村有 100 多户居民，属于体量较大的村落，如果仅保护 5 处国保范围内的民居，则势必引发社区关系的紧张，所以要想把国保建筑保护好，就要兼顾公平原则，将其他民居纳入保护范围。

3）文物安全。楼上村 5 处国保民居是散布在其他民居建筑中的，彼此紧密相连，若其他民居发生安全事故，势必会危及国保民居的安全，继而威胁整个村庄的安全，这也是必须实施整体保护的重要原因。

在贵州省文物局的指导下，基于整体保护的理念，逐渐将核心区的其他 68 栋古民居纳入文物修缮、文物"三防"、环境整治的项目中。2014 年 5 月，国家文物局启动全国重点文物保护单位和省级文物保护单位（以下简称"国保省保"）集中成片传统村落整体保护利用工作，在 2015 年批示的《关于国保省保集中成片传统村落楼上村古建筑群保护修缮和环境整治工程立项的批复》中，楼上村被列入国家文物局第二批国保省保集中成片传统村落整体保护利用项目，进一步明确该工程"主要内容为楼上村古建筑群 68 座民居类文物建筑保护修缮和保护范围内的环境整治"。

楼上村的书院也属于村里的公共建筑，但由于建造年代较晚，尚未纳入国保范围，从整体性保护的角度出发，相关部门将同一个项目结余的资金用于书院的修缮，同样的方式还用于梓潼宫和戏楼周边环境的恢复和整治。楼上村的防雷也采用整体统筹考虑的方式。如果按照传统方式，在每个国保单体建筑安装避雷带,一是影响美观,二是其他民居若遭雷击失火,势必危及整个村落,所以在村子周边不影响整体风貌的地方安装了 3 棵避雷树。

(三)以保护为主的多规合一

对应楼上村所拥有的"中国历史文化名村""中国传统村落""全国重点文物保护单位"三个头衔,均需编制相应的保护规划。一般而言,文物保护规划最为严格,也应当是其他专项规划的标准与参考。然而,楼上村列入国保单位的时间晚于列入历史文化名村与传统村落的时间,在编制文物保护规划时,名村保护规划与传统村落保护发展规划已编制完成。此外,还有石阡县、国荣乡发展总体规划、脱贫攻坚规划、旅游发展规划等,均与保护规划息息相关(表1)。

表 1 近年来编制的与楼上村保护和发展相关的规划和文件

编号	规划名称	编制时间	委托单位	编制单位
1	《石阡县国荣乡楼上历史文化名村保护规划(2006—2020年)》	2010 年 10 月	—	贵州省城乡规划设计研究院
2	《贵州省石阡县旅游发展规划(2011—2020年)》	2011 年 12 月	石阡县人民政府	贵州大学旅游与文化产业发展研究院/贵州江天规划设计院有限公司
3	《石阡县县城总体规划(2011—2030年)》	2012 年 12 月	—	贵州省城乡规划设计研究院
4	《石阡县国荣乡楼上村传统村落保护发展规划(2014—2030年)》	2014 年 8 月	—	北京瑞德瀚达城市建设规划设计有限公司
5	《全国重点文物保护单位楼上古建筑群环境整治工程勘察设计方案》	2015 年 2 月	石阡县文物管理局	贵州卓城规划设计有限公司
6	《石阡温泉群国家级风景名胜区——楼上古村落景区旅游服务村修建性详细规划(2015—2025年)》	2015 年 4 月	石阡温泉群风景名胜区管理局	贵州大学勘察设计研究院/贵州卓城规划设计有限公司

编号	规划名称	编制时间	委托单位	编制单位
7	《石阡温泉群国家级风景名胜区总体规划（2016—2030年)》	2016 年 5 月	贵州省住房和城乡建设厅/石阡温泉群风景名胜管理局	贵州省建筑设计研究院
8	《石阡县国荣乡总体规划（2016—2030 年)》	—	—	贵州省城乡规划设计研究院
9	《石阡县国荣乡楼上村易地扶贫安置点修建性详细规划》	—	—	—
10	《石阡县国荣极贫乡定点包干脱贫攻坚实施方案（2016—2018 年)》	2016 年 10 月	—	石阡县人民政府
11	《全国重点文物保护单位——楼上村古建筑群保护规划（2017—2035 年)》	2017 年 9 月	石阡县文物管理局	复旦大学国土与文化资源研究中心/贵州省文物保护研究中心
12	《石阡国荣田园综合体总体规划》	2017 年 9 月	—	贵州大学勘察设计研究院

以上每项规划的编制目的不一样，政府主管部门不一样，委托编制的单位不一样，所以在规划的文本内容上难免会有冲突之处。但总体来看，凡涉及楼上村核心区的，都包含在划定的保护范围内，制定了严格的保护要求，协调区也都规定了相应的控制要求和审批流程。所以，从保护的层面看，各规划的总体原则基本保持一致，但具体到保护对象的认定、核心价值的评价、保护范围的划定、利用与发展模式的选择等方面，各规划之间的冲突还是比较大的，尤其在国荣乡脱贫攻坚的压力之下，旅游发展规划与保护规划之间存在较大的冲突。

文物保护规划在编制之初即希望按照价值整合与"多规合一"的研究方法，充分借鉴中国历史文化名村和传统村落保护规划的经验。从文物保护规划的范围和意义上看，这些内容已经超越了传统文物保护规划的范畴，是一种整体保护理念的落地，是对已有的各种保护规划的综合总结和提升，体现了"保护为主，多规合一"的理念。在文物保护规划编制完成之后，石阡县组织了与保护规划相关的文物、住建、旅游、文管、环保、乡镇等各部门进行评审，获得了高度认可。在楼上村的保护中，文物部门依靠自身力量以及地方政府的高度重视，整合了政府的行政、人力、物力资源，做到了对文物的整体性保护，确立了以文物和文化引领发展的思路。

（四）基于核心价值的保护对象认定和保护范围划定

我国当前的文化遗产保护工作受国际保护理论与规范影响很大，普遍采用基于价值的保护方法（value – based approach），价值评估指导保护对象的认定和规划保护措施的制定。文物保护规划的价值评估遵循《中国文物古迹保护准则》对遗产价值的阐释，将价值拆分为历史、艺术、科学、社会、文化五大类进行分类评估。当乡村遗产被公布为文物保护单位时，仍将其视为传统意义上的不可移动文物，文物本体局限于建筑单体或群组、遗址（含墓葬）等类型，相关可移动文物可以作为附属文物。但这种价值评估与文物本体认定的方法显然不适用于活态类型的乡村遗产，所以在楼上村的规划中提出了一种新的基于乡村遗产价值重估和活态遗产特征的保护对象认定、保护范围划定的方法。

（1）保护对象的重新认定

将楼上村视为一处活态遗产（living heritage❶），因此它的价值与遗产构成必然要超越传统文物保护规划中的价值类型与遗产构成范畴。楼上村的价值研究是基于文化景观理论，通过对整体社会史的解读，将楼上村的建造过程纳入大的历史背景、人与自然的互动关系之中的。从历史与景观两个角度切入，分析楼上村与周边村落的历史关系和社会文化联系，解读这个汉族移民村落如何既延续自己的传统又不断适应当地的环境。因此，规划对象包括建筑空间、田园山水与自然环境，研究范围也将周边其他村落纳入，从区域统筹发展的角度思考楼上村未来保护与发展的关系。

（2）保护区划的扩大

文物保护规划中的保护区划可分为保护范围与建设控制地带两个层级，类

---

❶ 关于 living heritage 的概念与方法可参见：BAILLIE B. Living heritage approach handbook ［S］. Rome，ICCROM，2009.

似于世界遗产的核心保护区与缓冲区❶：在划定保护范围时，将整个村落的核心区均划入其中，不仅限于国保名单上的几处重要建筑。在划定建设控制地带时，将楼上村周边以梯田、水渠、树林为代表的体现生产功能的文化景观划入禁建区，将周边自然山水划入环境协调区。这种保护范围和建控地带的扩大符合基于价值的保护方法，但给地方政府的产业发展和旅游开发增加了压力，对文物部门的管理也提出了更高的要求。

（3）乡村遗产价值的系统性阐释

基于楼上村开发管理的现状，文物保护规划不仅重保护，更突出价值展示与阐释的意义。让遗产"活起来"，不仅要延续遗产的传统功能，更要让不同的遗产社区与利益相关者全面认识遗产的价值，探寻村落型遗产利用的多种途径与方式。当然，这些利用手段是以文物保护与民生改善为基础的，因此文物建筑的保护、景观环境的维护与基础设施的改善是文物保护规划的重点，在此基础上通过对其他相关案例的探究提出针对活态村落型遗产的管理、展示与开发方式。

（五）基于区域整体发展的"1+8"产业规划

楼上村所在的石阡县国荣乡是贵州省的20个极贫乡（镇）之一，脱贫攻坚的压力非常大。贵州省的很多乡镇受自然地理条件、物产资源、交通区位的影响，发展旅游成为脱贫致富的一条非常重要的道路。2016年11月，贵州省旅游发展委员会就曾组织召开全省20个极贫乡（镇）旅游扶贫工作座谈会，研究如何支持20个极贫乡（镇）开展乡村旅游扶贫相关工作。

早在2005年，楼上村就提出了整体保护、发展旅游的思路，曾进行了多次尝试，但旅游业一直不见起色。直到2017年，在新的脱贫攻坚规划下，楼上村的旅游发展才再次被提上日程。在这期间，旅游发展与乡村遗产保护始终处于对立面，矛盾冲突时有发生。2010年前，省旅游发展委员会根据旅游规划，要在楼上村梯田景观核心区内的楠桂桥（原寨门入口处）以内修建旅游公路，连接老新村；2016年，又提出要在梯田核心区的当门田里修建规模很大的旅游广场，在征询各部门的意见时均遭到文物部门的反对，因此未能实

---

❶ 2016年版《实施世界遗产公约操作指南》。

施。由此可见，楼上村核心区内的风貌及周边田园山水的文化景观能保存至今实属不易。

2017 年开始，在新的扶贫政策和领导班子带领下，国荣乡制定了"1+3"产业发展规划。这是一种以茶叶为主导，大力发展乡村旅游业、苗木苗圃及特色种养殖的模式。围绕"1+3"产业发展，国荣乡又提出了"个、十、百、千、万"工程，包括打造一个田园综合体，引进十个企业，成立百个专业合作社，种植千亩花卉苗木，形成万亩茶园，养殖十万羽特禽、蛋鸡，培养百万棒食用菌。通过土地流转、百姓土地入股、贫困户分红等政策措施，这些产业发展正在逐步落地，其中经果林、花卉苗木、茶园、食用菌等已建成一定规模。

针对国荣乡南部 8 个乡村的脱贫攻坚与产业发展，领导班子编制了新的《石阡国荣田园综合体总体规划》，其范围涵盖国荣乡南部的 8 个乡村，包括处于核心位置的楼上村，以及周边的登坪、新寨、群丰、代山、葛宋、新阳、葛容，再加上属于葛容的高桥自然村（列入《中国传统村落名录》），由此形成"1+8"的整体产业发展模式。通过将楼上村与周边村落看作一个整体来规划未来的产业与旅游业，楼上村跳出了自身发展的"瓶颈"，从而避免了在楼上村有限的范围内发展旅游业与遗产保护之间的冲突，为未来的保护与发展打开了新的思路。

（六）面向未来的乡村遗产的保护与发展

古代乡村社会活动范围有限，形成了"十里八乡"的传统，楼上村及周边的登坪、新寨、群丰、代山、葛宋、新阳等村均位于廖贤河及其支流形成的河谷地带内，是天然的人类活动走廊。各村落间相距 2 ~ 3 公里，总体的自然地理条件接近，小气候环境和地质条件基本一致，动植物尤其是农作物品种保持一致。

楼上村位于国荣乡所属河段的中心位置，坐落在廖贤河北岸半山腰的坡地上，河边有开阔的缓坡地带，被开发成梯田，寨内有龙洞湾、野猫洞等较大的几股泉水，能满足生活和灌溉的需求。历史上的楼上村与周边的代山、登坪等村的周姓具有血缘关系，村民为抵御土匪还修筑了共同的防御设施；楼上村与其他村落也因联姻而形成了亲缘关系；从历史上的交通来看，国荣乡南部村寨赶集的范围包括石阡、中坝、国荣、甘溪，其中楼上村位于交通中心，很多过境交通都要经过楼上村，形成了以楼上村为参照的地理认知体系；楼上村原有较大的碾坊和油榨坊，周边村落也会经常来此进行榨油等生产活动；楼上村与周边村落在传统信仰方面保持一致，南山寺是这一地区佛教信仰的中心；楼上村"耕读传家"的教育传统对周边村寨也产生了一定影响。由此可见，楼上村自古以来便处于周边村寨的核心位置，楼上村与周边村寨在未来的发展中也将秉承"1+8"的模式，互相依托、互为补充。

（1）基于对楼上村的价值研究，保护其建筑群和梯田、山水形成的文化景观

2017 年开始的扶贫产业均布置在楼上村周边的村寨，周边村寨经过土地流转，大力发展花卉苗木、经果林、茶园、食用菌等产业，通过产业升级，可以有效地增加百姓的收入，但也因此改变了传统的稻作农业景观。对楼上村的农业，则以保护为主，除了核心区的建筑群以外，周边的山水田园均纳入保护范围，核心区的梯田也将继续种植传统的水稻等农作物，以保证楼上村文化景观的完整。正是因为周边村落的产业升级，才使得楼上村有机会继续保持传统的稻作农业景观。

（2）以楼上村为中心，在文化引领下带动周边村寨旅游的整体发展

旅游业仍是该区域未来重要的产业，以前的旅游发展思路一直是围绕楼上村自身在做文章，楼上村在发展的同时将会剥夺周边其他村寨发展旅游的机会。如今"1+8"的发展模式是以楼上村的文化景观为中心，通过系统性阐释其核心价值来带动楼上村及周边区域旅游的发展。沿着廖贤河河谷正在修建的旅游电瓶车道，从中坝温泉小镇一直延伸到葛宋村，沿线的村寨均将获得旅游发展的机会，同时也将大大缓解仅在楼上村发展旅游所带来的交通、餐饮、住宿、环境等压力。

（3）以楼上村为核心，成为周边村寨乡村价值和乡村产品输出的窗口

楼上村是周边村寨中最具有知名度和旅游价值的村寨，以楼上村的景观和文化作为名片，在楼上村建立百村市集，成为对外展示和输出乡村价值的窗口，周边村寨的农产品、手工业品等均可以集中在楼上村的百村市集上进行销售。

（4）以生态博物馆的理念进一步加强楼上村及周边村寨的乡村遗产保护

在楼上村建立生态博物馆，将楼上及周边的村寨均纳入生态博物馆范畴，周边的山水田园、建筑遗址、非物质文化遗产以及村寨里生活的人均是生态博物馆的有机组成部分。通过长时间的在地的文化记录、整理、研究以及乡村创意产业的培育，对内进行文化的传承，对外进行文化的传播，从而持续地探寻活态的乡村遗产的保护与发展的路径。

四、结语

乡村遗产是贵州省最重要的文化资源之一，是旅游和经济发展的重要推手，而贵州的乡村遗产保护实践在全国范围内开展较早，介入团队最多，倍受外界关注。此外，贵州省和黔东南州政府也高度重视传统村落的保护、传承与发展，并召开了3届"中国传统村落·黔东南峰会"，下发了《贵州省人民政府关于加强传统村落保护发展的指导意见》，颁布了《贵州省传统村落保护和发展条例》，从法律法规层面对传统村落的保护进行了强化。

经过20余年不间断的工作和探索，贵州的乡村遗产保护实践既积累了成功的经验，也有失败的教训。例如，贵州在乡村文化记录、整理、传播以及非物质文化遗产保护、环境治理、基层社区组织建设等方面取得了一定成绩，但在乡村产业发展、乡村建筑群风貌控制、乡村人才培养等方面则不尽如人意，尤其是存在乡村发展的内在动力不足的问题，尚没有特别成功、有效的案例可供借鉴。此外，贵州的实践案例在乡村遗产价值阐释方面也乏善可陈。

文化景观作为"人与自然的共同作品"，为人们认识乡村遗产的核心价值提供了一个新的视角。楼上村乡村遗产保护与发展实践案例的经验可总结为四点：一是采用了文化景观的方法研究乡村遗产的核心价值；二是在核心价值保护的基础上重新确定保护对象，采用整体性保护的理念，将除建筑群之外的山林田园景观划入保护区，并得到了当地政府和各级文物部门的认可；三是在扶贫政策支持下采用"1＋8"的"田园综合体"整体发展模式，在楼上村周边村寨进行产业升级布局，保护了楼上村文化景观的同时也带动百姓集体脱贫致富；四是未来的楼上村与周边村落的发展将再次以楼上村为核心，通过建立百村市集，采用生态博物馆的工作方法，以楼上村为窗口，逐步形成文化引领下的乡村价值和乡村产品的输出渠道，从而解决乡村发展的内生动力问题。

　　未来，贵州乡村遗产保护与发展的持续探索希望能够在传统村落保护与发展方面为国家提供一些成熟案例，这对国家乡村振兴战略的实施是十分有益的。更为重要的是，如果能够在以贵州为代表的中国西南地区乡村遗产保护和发展中探索出成熟的方法，形成中国经验，或将对东南亚特别是亚太地区乡村问题的解决发挥积极作用，并产生一定的国际影响。

　　　　（本文合作载于 2018 年 8 月第 3 期《贵州民族大学学报》，此处有修改）

参考文献

[1] 孙华. 传统村落保护的学科与方法——中国乡村文化景观保护与利用刍议之二 [J]. 中国文化遗产，2015（5）：62 – 70.

[2] 罗德胤. 中国传统村落谱系建立刍议 [J]. 世界建筑，2014（6）：104 – 107.

[3] 谭刚毅，贾艳飞. 历史维度的乡土建成遗产之概念辨析与保护策略 [J]. 建筑遗产，2018（1）：22 – 31.

[4] 杜晓帆. 村落文化景观的保护与可持续发展 [J]. 今日国土，2006（Z4）：23 – 27.

[5] 张永姣，方创琳. 空间规划协调与多规合一研究：评述与展望 [J]. 城市规划学刊，2016（2）：78 – 87.

[6] 袁明. "多规合一"背景下哈尼梯田遗产区传统村落保护与更新设计探讨 [D]. 昆明：昆明理工大学，2016.

[7] DE LA TORRE M. Values and heritage conservation [Z]. The Getty Conservation Institute, Los Angeles，2000.

[8] DE LA TORRE M. Assessing the values of cultural heritage [Z]. The Getty Conservation Institute，Los Angeles，2002.

乡村遗产的整体性保护与可持续发展

如果从文化景观的视角来看待乡村遗产，我们必须采取整体保护措施，包括农田、水系、山川环境和非物质文化遗产，甚至是生活方式，也就是一个活态的文化遗产。活态文化遗产的特征是什么呢？其发展和变化是必然的，不变是相对的。我们不能希望它永远停留在某一个历史时期。例如，当一个村落开始做遗产保护，或者说准备搞旅游开发，就人为地让所有的存在停留在某一个历史时期，这是不可行的。即使是一个遗址，也是在长期的历史发展过程中形成的，而并不是在某一个历史时刻形成的，所以我们面对一个经过几百年、上千年形成的村落时，要保护的是一个历史的过程，而不是一个历史的断面。但往往很多时候我们把村落保护、把城市保护变成了一个断面，所以才出现了造假古城的现象。有的人或者是有的开发商常常想把城市恢复到某一个历史时期，于是造了假城。近几年，造假的现象开始向农村蔓延。下文以鲍家屯、紫鹊界梯田、油岭瑶寨为例探讨乡村遗产的整体性保护与可持续发展问题。

一、鲍家屯：让发展走在历史的延长线上

关于鲍家屯本身的价值，我想从保护的角度提一点建议。

在紫鹊界梯田保护研讨会的时候，刘庆柱老师说过一句话，我觉得特别好，他说"我们是走在历史的延长线上"。这是谁都不能否认的，我们人类一直是在这个延长线上行走，我们也希望一直沿着这条线前进。所以，虽然是走在历史的延长线上，但并不意味着我们不往前走，而只要保留历史的东西，守住一个点，永远过着某一个时代的生活。例如，保护鲍家屯的文化遗产的目的，并不是让鲍家屯的人们永远穿着明代的衣服，过着明代人的生活，这肯定

不是遗产保护的目的。保护遗产的作用和根本目的，不是要停止或者放慢前进的步伐，也不是突然脱离轨道到别人的延长线上去，而是希望我们走在自己的这条线上。脱离轨道可能会一时冲得很快，但是不一定有好的结局。我们现在所走的一些路，似乎并不是在我们自己的延长线上。

今天，我们保护鲍家屯的根本目的还是希望能够保持历史的延续性，希望能够沿着自己的历史轨迹往前走。即使是在快速地发展，但最后还能追溯我们自己的历史。遗憾的是，在遗产保护方面常常会出现一些违背历史发展规律的事情。一些部门对文化遗产保护不够重视，不懂得如何保护，没有把传统文化作为我们这个民族生活方式的重要组成部分。在设计我们的中国梦的时候，如果我们的传统文化在这个梦里连一个闪烁的片段都没有，那我们的遗产保护对于中国梦就一点意义都没有了。

鲍家屯古代水利工程已经是全国重点文物保护单位，但一些专家在审核国保申报材料时却把与水利工程不可分离的碉楼、民居和环境全部去除了。该地区文物管理所的所长和省文物保护中心的负责人和我谈到这个事情时表示非常不理解。在申报第七批国保单位的时候，贵州是把鲍家屯水利工程和村落、碉楼、民居连在一起考虑的。他们不是现在申报世界遗产时所谓的捆绑，而是因为这本来就是一个整体。然而，一些审批第七批国保单位的专家说，水利工程就是水利工程，不要把那些不相关的内容划进来。所以，就这样生生地把一个整体割裂了。如果是在 10 多年前，这样的做法不足为奇，也很正常。但近 10 年来，当我们对文化遗产的内涵和外延有了诸多新的认识和共识后，这样的处理方法就不能不让人觉得遗憾了。

如果我们对文化遗产没有自觉和认知，对于遗产的认识不到位，在现实工作中就会出现一些错误的导向。我在内江资中参观过那里非常有名的文庙。一般大成殿里的孔子像都是坐像，而由于孔子的老师苌弘出生在这里，为了表示对师长的尊敬，给孔子塑了一个站着的像，这在全国是唯一的。资中文庙也是全国重点文物保护单位。在我们参观的时候，有几位当地文物管理部门的人员和参加保护地域建筑文化的专家在大成殿前抽着烟。我一一跟他们说，为了安全，请不要在古建筑里面吸烟。且不谈对传统、对孔子的敬畏之心，他们对自己要管理和修缮的古建筑都没有保护的意识。

　　现在的情况是，一些领导进到孔庙的时候没有多少敬畏和谦卑之心，没有多少发自内心对孔子的认可，甚至有的干部还总是叼着烟、背着手。如果自己都不尊重，又怎么要求外来的人对孔子顶礼膜拜呢？但是现在确实存在这样的状况。

　　回到所讨论的话题。我希望将来村里的民居、碉楼及环境都能够纳入保护的范围。虽然现在的整体环境没有那么好了，但还是很美的。社会在发展，老百姓要改善生活，这也是必然的。所有的变化都是历史，我们都应该尊重和接受。现在，村子里面的老建筑已经被要求保护，虽然产权归村民所有，但他们并没有拆，可见村民对自己的文化还是很认同的。将来无论是以什么样的形式或方法，把村落现有的这些状况保留下来，也是很有意义和价值的。希望村子里不要再增加新的建筑，更不要重建没有依据的建筑和设施。对于已经存在的新建筑，贴了瓷砖的暂且就贴着，那也是一个历史，没有必要铲除后再贴上石板，因为即使贴上了石板，体量也不一样了。

　　希望将来审批第七批国保单位的时候能把村庄里的碉楼、民居及周边环境扩展进去，让鲍家屯古代水利工程成为与人、与环境有机联系的、具有完整体系的文化遗产。

二、紫鹊界梯田的保护与可持续发展

　　我到过紫鹊界四次。紫鹊界近年来积极投入申报世界遗产的工作，包括举办论坛、邀请不同领域和不同研究方向的专家从不同的角度来考察紫鹊界。这里我从文化遗产的层面考虑，有以下三点思考：

　　第一，从联合国教科文组织的角度来说，为什么关注这个遗产地？最大的原因就是今天大家多次提到的一个概念——"活态文化遗产"。"活态文化遗产"作为概念可能会有争议，但是作为对一类文化遗产的表述，内涵则是比较明确的。众所周知，这类遗产保护的难度、保护的复杂性是别的文化遗产所不能相比的。过去，我们谈到文化遗产的时候，往往更多的是考虑那些静态的建筑遗产，如故宫。对于这种类型的文化遗产，如何保护的问题相对来说比较容易解决，当然也存在其他一些保护理念和技术上的问题。现在，文化遗产保护面临的一个最大的问题是活态的遗产保护，遗产的拥有者还生活在其中，他们的生活是为了自身的生存和发展，并不是为了保护遗产。在亚太地区，特别是在发展中国家，保存着大量的活态文化遗产。当把它们列为文化遗产的保护对象时，目前国际上还很难找到一种比较好的保护方式可以参照。用什么样的方式来保护，还需要我们去探索。这也是联合国教科文组织关注这件事情的最根本的目的。

我多年来的主要工作一直在贵州，希望在村落文化遗产保护和社区发展中找到一条可行之路。这样的工作需要长期的努力。通过一个长期的调查、研究和总结的过程，也许我们能够寻找到一个可行的保护方案。正是抱着这样一种期待，虽然紫鹊界我来过几次，但还是愿意来，我感受到当地政府也在关注它的保护和可持续发展的问题。紫鹊界是典型的活态文化遗产，或者说是文化景观。无论我们是把它当成旅游资源，还是当成一种可供文化产业开发的资源，或是看作文化遗产，该区域还只是新化当地的一个镇、一个乡、一个村，是当地居民赖以生存的地方。我们今天看到的水车镇就是老百姓世世代代生活的一个场所。徐嵩龄先生说这里的梯田可以追溯到 2000 多年前，是瑶族的先人创造的文化，现在又是汉族人民生活在这里。但是无论怎么说，2000 多年来，这里都是他们这些普通人生产生活的一个场所，这一点我觉得首先不能忘。即使它可以是一项文化遗产，但这里的主人首先还是生活在当地的居民。我们在保护和利用他们世世代代创造并保留下来的文化遗产时，首先应当考虑的是当地人的利益。我们希望与当地人共同保护他们创造的遗产，但是也会有非常多的困难。我们把紫鹊界梯田当成文化遗产去看的时候，其实当地的老百姓是不把它当成遗产来看的，它只是他们获取生存物资的一个资源。2000 年来，这里的人们是靠梯田才得以生存的。现在，随着社会的发展，年轻人走出去了，梯田有一些荒芜，人们不需要这些资源也可以生活。而这时我们希望他们能够把这个资源保护下去，我认为这种矛盾可能是更大的一个难题。将来如果这里没有一个很好的有机机制，光靠外力的推动来维持 8 万多亩的梯田，绝对不是一件容易的事情。我们希望紫鹊界将来能够为我国保护活态文化遗产积累经验，希望我们通过众多的实践后能够形成比较好的保护理念和模式，然后在国际社会进行推广。曾经是濒危遗产的菲律宾安第斯山上的稻米梯田所遇到过的问题，在我国的村落文化遗产保护中同样存在，包括我们的近邻日本、韩国，也同样面临着这一问题。1997 年菲律宾安第斯山稻米梯田成为世界文化遗产，梯田、稻作方式及当地原住民独特的生活方式令世界瞩目。但是它成为世界遗产之后两年就变为濒危遗产，经过国际社会、菲律宾政府及当地人民的努力，2010 年才摘掉了濒危遗产的帽子。造成其濒危的主要原因并不是没有旅游、没有游客，由于成功申报世界遗产，那里的旅游业发展非常快。但是，遗产的主体——梯田仍旧荒芜，或者出现破坏性的保护。关键的问题就是，当维护梯田由原来生存的需求变成向游客展示时，维护的动力和成本就成了首要的问题。

希望通过这些案例，我们能够总结出适合这些活态文化遗产的保护方法，而总结出的方法中也希望看到紫鹊界的经验。

第二，我们关注紫鹊界还有另外一个原因，就是申报世界遗产与遗产地保护和发展的现实问题。"申遗"作为近年来遗产领域的一个专用词语，现在社会上也广为流传。另外还有一个词，就是"申遗专家"。我们现在去一些遗产地，经常听到介绍"申遗专家"的意见。应该说，国际上只有遗产保护专家，而没有遗产申报专家。关注世界遗产，关注全球农业遗产，本来是好事，没有错，但是如果只把申报遗产作为追求的终极目的，就不能不让人觉得遗憾了。我们希望申报成功，把成功作为目标，无可厚非，但是不能把目标作为目的。现在，世界遗产申报在中国非常火热，仅预备清单中的遗产地就远远超过了100 个。依照世界遗产委员会的全球战略，事实上大多数正在申报的遗产地在很长的一个时期内是列入不了《世界遗产名录》的。那么，面对这样的遗产地我们应该怎么做？从政府到专家，如何对这些遗产地的保护和利用制定相应的策略或给出指导意见，我认为这更加重要。

申报世界遗产过程中如何应对审查，是每个申报国家都会面临的问题。但是，无论申报哪类遗产，做好基础研究和环境治理才是最重要的，也是最基本的，而不能仅仅将申报遗产当作终极目标。申报遗产的过程应该成为一次对文化遗产核心价值重新认识和梳理的过程。欧洲的文化遗产特性跟我们的有所差别，因此《世界遗产公约》在其诞生之初就有其局限性。但是我们在申报遗产的时候一定不能够为了满足一些规则而将遗产本身的价值降低。例如，对于同一种类型的文化遗产，是各自单独申报好，还是联合申报好？我认为，首先要关注的不是谁有条件尽快申报成功，而是如何更好地体现同一种遗产类型的集体价值。中国有许多梯田，每个地方都有它的特殊性，南方地区的哈尼梯田、紫鹊界梯田、龙脊梯田等能不能作为一个体系来看待？一个体系的价值是不是会大过每一个单一的梯田？但是一提到这个事情，负责哈尼梯田申遗的人就非常紧张，不愿意跟其他梯田一起联合申遗，怕被拖了后腿。如果能够把我国南方梯田的整体体系的价值研究清楚，再去确定申报遗产的范围，可能对遗产价值的认识会更全面，也可以更好地了解遗产的完整性。某些专家动辄讲国家利益，我认为这才是更大的国家利益。

我特别希望在申报遗产的过程中，从地方政府到社区、专家都有一个正确的认识。申报遗产不可能一蹴而就，而是一个长期的过程，所以专家和指导部门对遗产地应该有一个更明确的态度或指导性意见。如前所述，中国现在在世界遗产申报预备清单中的遗产地已经超过了 100 个，而根据世界遗产委员会的全球战略，很多遗产地在很长一个时期内进入不了《世界遗产名录》。如何让这些遗产地的管理者和所有者对自己遗产的价值充满信心，并且不影响当地人的正常生活和经济的发展，同时对遗产保护有很好的效果，是一个应该引起相关部门及专家等关注的问题，这个问题比一些已经进入申报程序中的遗产地更重要，因为它涉及的面更广。

第三，是紫鹊界申报遗产本身的问题。目前最重要的一点是基础研究，我们把自己的遗产地研究透，把自己的遗产地和其他类似的遗产地的差别找出来是最关键的。如果我们不扎在梯田里面做基本的研究，对紫鹊界梯田价值的认识就不会提升多少。下一步最关键的是要组织更多专家、更多学术团队来做基础研究，这是一个相对长期的工作。经过长期工作得出的结果，其效果也一定是长期的。这样的结果对这个地区价值的传播和它的影响力的传播要比我们关注申报世界遗产或其他遗产的价值更高。

陈耀华博士提到《奈良真实性文件》中最有特点的两个方面，一个是信息的真实性，另一个是功能和感觉。的确，《奈良真实性文件》一个最大的贡献就是强调了信息的真实性，强调了功能和感觉，强调了感情、感觉。过去，在文化遗产保护中很少有人会考虑感觉、感情。所以，他强调这两点非常好。

我要补充的是完整性的问题。文化遗产领域对完整性的理解似乎有一些问题。世界遗产的评审过程中，针对文化遗产的完整性在 2005 年才成为必须满足的条件，也就是说自 2005 年开始文化遗产才必须要符合完整性的要求。在这之前，2002 年只提出了文化遗产应该满足完整性这一概念。在更早的 20 世纪 90 年代，对文化遗产也提出过完整性。但是，遗产保护专家经常说的真实性、完整性这两个概念，完整性到底是指什么呢？其实完整性最初只是对自然遗产的要求。为什么对自然遗产提出这样的要求呢？我想大家比较容易理解，如果一个自然遗产地、一个风景名胜区，它的水系、它的整个生物系统等是成系统的，这个系统就不能被破坏，如果被破坏了，遗产的完整性自然也将破坏，所以完整性是对一个系统的要求。而文化遗产很难保证完整性，如考古遗址就不可能是完整的。对于考古遗址谈论完整性时我们是在强调其管理体制的完整性，并不是遗址本身的完整性。对于紫鹊界梯田来说，因为它是文化遗产中的文化景观类型，是自然与人类共同的作品，所以一定要符合完整性要求。它的自然属性要求它必须满足完整性的条件。例如，紫鹊界梯田的水系及生物多样性的问题，水系和生物多样性应该是划定紫鹊界梯田保护范围的关键，并不是依据一个美学的或者是地域的概念来划出保护范围。我强调完整性，其实也是希望能对紫鹊界做更多的基础研究工作，把其遗产的要素真正搞清楚，这样才能有利于管理规划的制定。我们也就可以理解为什么对于文化遗产讲完整性时，更多的是强调其管理体系上的完整性，因为只有管理体系保证了完整性，才能达到世界遗产延续性的要求，也就是能够可持续地保护。

关于梯田经济的可持续发展问题，这里给大家介绍来自法国的经验。20 世纪 70 年代，法国对环境破坏有了更深刻的认识的同时，对食物的安全性要求也提高了，并开始重视山地农业遗产，因为只有山地农业才有可能真正实现有机生产，对物种进行保护，保留传统的农业产品，也才有可能保留有机的农业产品。但是其产量和价格需要调整，才能满足当地的发展需求。这期间法国政府给予了有力的支持，包括品牌形成过程中政府也给予扶持。最终山地农产品的价值和价格逐渐被社会认可，山地传统农业得以维持，并得到可持续的发展。这样一个例证也提醒我们，在研究好自身的同时我们还需要研究国外的经验，这些都应该属于基础研究。

三、油岭瑶寨的启示

广东连南油岭是我国传统村落的一个缩影。站在远处看感觉它很美，但是进入村里面却处处觉得缺乏活力，走出村子的时候感觉到的又是无奈。我不知道能为它做什么，我们所做的保护工作将来对这个村的人到底能产生多大的作用。我到过很多村落，其中有一些村落都会给我这样的感觉。

环境在改变，老百姓的状态也在改变。如果前提是为了文化遗产保护，或者还有更高的目标，如希望将来申报世界遗产，可能现在南岗村很多的动作就太大了一些，还需要做一些其他的考虑，一些做法也需要调整。

从保护的角度来说，我们保护的肯定是价值，尤其是核心价值。往往谈到一项遗产，讲述其核心价值的时候，我们很容易就能梳理出几种价值。但是，真正要实施保护的时候，核心价值又似乎难以把握。我们陈述一项遗产的价值很容易，但真正要落实到保护时又非常难。

这次我参观了油岭和南岗两个村落，我认为它们的价值可能附着在两个方面：

一方面是可视的，是我们能够明显看见的价值，也就是物质形态的价值。面对一个村落时，我们首先看到其物质形态，也就是村落中的房屋、田地、河流和山川。虽然有些破败，但那些老建筑依然非常美。特别是油岭，虽然遭受过冰雹的侵害，房子破坏严重，南岗也有很多房子坍塌，但是当它们进入我们的视野时，我们所感受到的依然是美。

那么，美的原因是什么呢？为什么觉得这些破旧的房子美？无论是它的建造材料，还是它局促的居住空间，都不能说是上乘，但是为什么能产生美感？这种美感从哪儿来？当我们走到山下和村边，看到新盖的和近十几年建的那些房子，为什么没有觉得那么美？无论是使用的材料还是技术，都比以前进步了很多，但是那些房屋组合在一起的时候为什么不觉得美？我想可能这正是我们应该去挖掘和寻求的核心价值，而不是仅仅停留在可视的物质形态。

我曾在河南新县参加过一个乡村振兴会议，会场就在新县一个叫作西河湾的村子里。与会者都觉得这里保留下来的老房子非常美，沿着小河边形成了非常美、非常和谐的一组乡村建筑。为什么大家都觉得美？美产生的原因是什么？抛开美的主观因素，客观上来说，产生美的原因可能主要是村民有道德和风俗的约束，当时在建造房子的时候，村民之间应该有一种约束在里面，谁家的房子都不会高于宗祠。邻里之间关系融洽，乡亲之间互相谦让，最后形成了现在这一组非常美的建筑，让观者感觉非常和谐。这些无形的遗产正是村落的核心价值，是我们应该去挖掘的内容。我们不应该只关注看得见的建筑，更应该关注建筑的内涵。

今天看到瑶族的这个寨子，给我印象最深的就是它使用的建筑材料主要是砖和土。从材料中可以看到油岭建于唐代，对此我有一点疑问，便请教吕舟老师，吕老师说可能宋代更准确一点。但不管怎么说，即使是宋代也有 1000 多年的历史了。那么在这 1000 年的发展演变过程中，它最初采用的建造材料是什么？这是需要做更深入的调查研究的。

传统的苗族、侗族的建筑，如广西和湖南的少数民族建筑，都是以木构为主。但是这些年来，很多农民新盖的房屋是砖混结构的。我们一直担心，在这么陡峭的山体上建这么多多层的砖混结构建筑，山体能否承受得了？但今天我们在连南看到的这两个村子的房屋都是以土砖及砖石为主要材料建造的，同样是在陡坡上。是什么原因保证了它们的安全？我认为从建造技艺方面来研究，它们应该也有很高的价值。在这么陡峭的山上，当初人们应该会先勘察地形，再利用他们的建造技艺建立了自己的家园，这些技艺也应该是连南瑶寨价值的一部分。

另一方面应该是无形的，不是我们直接可以看得见的价值，就是人与人之间的关系。我们常讲生活方式是活态文化遗产得以延续的基础，如瑶族人的生活方式，他们对自然和生存环境的态度，应该是我们关注的重要内容。这里的生存环境不能说很好，比平地要差很多，在这样艰苦的环境里面，人和自然的关系，包括人类生存的智慧，特别是土地利用的方式，是非常值得研究的，但是我们往往忽视了这些价值。

生活那么不方便，当初的先民为什么把住宅建到山上？因为他们要生活、要生存，山下最宝贵的土地要用来种田，而不是用来盖房子。汶川地震之后，我们去四川阿坝等很多地方调查文化遗产受损的情况，同时考察一些重建项目。调查过程中我们发现，有些规划师可能为了迎合旅游的某种需求，将村前原有的农田改建成了很大的广场和停车场。在山区，人们对土地的合理利用也是其生存法则，他们最珍惜的就是土地，若只有一点点平地，也用来种田产粮，不会将生产用地拿去盖房子。所以我们才会看到，他们的房子是沿山坡往上盖的，即使他们的生活越来越不方便，但还是会将赖以生存的土地留作农田。

假如我们将来要申报世界文化遗产，刚才讲到的这种对土地价值的认识，或者说是对土地使用的法则，就是非常重要的内容，申报文本就是要对物质形态的瑶寨价值提供重要的补充。另外，只是以我们现在保护的几个村落的建筑形态为主体去申报世界遗产，我认为还有些不够，因为还难以达到世界遗产的标准。这个体量的遗产在中国或者世界上其他地方有很多，如果不跟周围的环境、周围整体的瑶族人对自然和土地或对生活方式的认识联系在一起，我们很难阐述清楚其突出普遍价值。

所以，以上这些内容也是我们应该考虑的重要方面，而不是仅仅局限在建筑本体。居住用的建筑和作为劳作对象的田地是有机的结合，不是割裂的。当然，其他如现在还保留的手工艺也都需要综合考虑。这是我对连南瑶寨价值的两点简单的认识。

如果我们的目的是申报世界遗产，可能做法就和哈尼梯田一样，把它当成一个文化景观去看待，而不是当作一个遗址或者一项单独的文化遗产去考虑。当然，文化景观只是文化遗产中的一个类型，在判断价值和整体上对它的要求还是有所不同的，所以我们只能从文化景观的角度去看待它。

如果从文化景观的角度去看待，我们就必须采取整体保护的方式。最近几年有一些所谓的乡村文化保护团体进入村落，对村落进行所谓的保护，但他们关注的大多只是建筑和所谓的遗迹。即使是在世界遗产地哈尼梯田也是如此，资本进入后，设计师们把哈尼人原来住的房子改造成了精品酒店，认为这是对哈尼族传统建筑的保护。这样的处理方式是非常简单的，但与遗产保护并没有直接的关系。如果只是留下一个外立面，老百姓自己也知道怎么改造。只保留传统民居的外立面，在其内部使用各种设计手段，打造所谓精品酒店和其他商业场所，现在似乎已经成为一种潮流。我总是强调，这样的改造和利用与遗产保护基本没有关系。遗产保护如果只是为了迎合外来者的喜好，在建筑上做一些改造，也违背了我们的初衷，我们的目标不是这个。

遗产保护特别是乡村文化遗产的保护绝对不是仅仅保护几个传统院落或是传统民居那么简单。我们既要保留遗产本身的价值，也要让当地老百姓生活得更好，让乡村社区得到发展。所以，保护应该是一个非常复杂的问题，是个系统的工程，不是一个简单的、只把房子改装一下的事情。但是事实上资本进入后，往往只是改造几间房子，改造几处他们认为有商业价值的房子，而不会关注所有老百姓的房子，结果造成了新的不公平。

有一些村寨，一些所谓的设计师和商业资本进入后，打着恢复风貌的名义造假。这些行为我们不希望在连南看到。假如要申报世界遗产，应该要做减法，而不是加法。

最后，我想再强调一点。我个人一直不使用"古村落"这个词，因为生活在村里面的人没有古人，都是现在的人。不能说有几间相对比较老的房子，就把一个生活着现代村民的活态村落说成是古村落。2004 年，我开始关注世界遗产中的文化景观时就开始就思考这个问题。之后，中国国土经济学会古村落保护与发展专业委员会计划做一个古村落的评选，当时他们请罗哲文先生做指导，罗老委托秘书长张安蒙女士到联合国教科文组织北京办事处讨论合作事宜。讨论的过程中，我提出是否可以不叫古村落，而是借用世界遗产"文化景观"的概念，在全国开展评选村落文化景观活动？罗老在这一点上非常开明，他积极了解文化景观的内涵与外延，最后接受了这个概念，还为"中国景观村落评选"活动题字，并手书了评选条件。这个评选活动至今还在进行中。从那时起，我一直以"文化景观"的理论和方法来观察、研究村落。在文化遗产保护领域，关于乡村有很多叫法，如古村落、乡土建筑、历史文化名村等；全国重点文物保护单位把村落叫作古建筑群。近年来，住房和城乡建设部和文物局广泛开展保护的对象则是传统村落。概念这么多，不要说普通民众，就是专家也很难完全解释清楚。但是我们的保护对象是相同的，应该有一个比较统一的保护理念和方法。我以为村落文化景观作为一个新的概念，其方法论（承认变化，关注人与自然、人与人的关系，整体的保护理念）对于我们保护乡村的活态遗产具有十分重要的意义。

2008 年，我们在贵阳召开了第一次"村落文化景观保护和可持续利用国际学术研讨会"，会议上通过了"贵阳建议"，其中的内容我觉得即使在今天的村落文化遗产保护实践中仍不过时，希望大家能从中得到启发。

关于"村落文化景观保护与发展"的建议
中国·贵州·贵阳，2008.10.26

一、背景

1992 年，在美国圣达菲（Santa Fe）召开的联合国教科文组织（UNESCO）世界遗产委员会第 16 届大会上，与会专家提出，将具有"突出普遍价值"的文化景观纳入《世界遗产名录》。文化景观从此作为世界遗产的重要类型受到世界许多国家和地区的普遍关注。按照世界遗产委员会的解释，文化景观类型遗产体现了"人类与自然环境互动的情况"，包括了"能持续使用土地的特殊手段"，这就是指以农业经济为基础、以村落为中心的遗产类型——村落文化景观。这种曾经广布于世界许多地区的农业社会文化遗产，自工业革命以后，一直受到工业化和城市化的冲击，在当今全球化的浪潮中更面临着传统中断和特征丧失的威胁。鉴于此，在国家文物局、联合国教科文组织中国全委会、联合国教科文组织的支持下，于 2008 年 10 月 24—26 日在贵阳召开了"中国·贵州——村落文化景观保护和可持续利用国际学术研讨会"。我们与会的全体代表就村落文化景观的概念、性质和特点达成了共识，并就村落文化景观的保护与发展提出以下建议。

二、共识

村落文化景观是自然与人类长期相互作用的共同作品，是人类活动创造的并包括人类活动在内的文化景观的重要类型，体现了乡村社会及族群所拥有的多样的生存智慧，折射了人类和自然之间的内在联系，区别于人类有意设计的人工景观和鲜有人类改造印记的自然景观，是农业文明的结晶和见证。

村落文化景观展现了人类与自然和谐相处的生活方式，记录着丰富的历史文化信息，保存着民间传统文化精髓，是人类社会文明进程中宝贵的文化遗产。村落文化景观所蕴含的自然和文化多样性是未来理想生活的活力源泉，具有重要的文化象征意义。

三、建议

1）鉴于村落文化景观的性质和特征，我们倡导保护村落文化景观，应当注重保护村落赖以生存的田地、山林、川泽及其生态环境，保护村落的居住环境，保护村落文化记忆，保持村落发展的基础和动力，实现自然和文化、物质和非物质、历史和现时的整体保护。

2）鉴于村落文化景观是长期历史发展过程中形成的，并仍然在继续发展和不断变化，我们倡导尊重村落文化景观的演变特性，延续村落的文化脉络，维护现代社会文化多样性。

3）鉴于村落文化景观保护和发展的复杂性，我们倡导政府在政策导向、法律体系构建、技术保障与资金筹措、资源整合等方面给予支持和引导。村民是村落文化景观的重要组成部分和保护的主要力量，重视村落发展诉求，维护村落文化景观发展途径的多样性。

（本文根据笔者针对鲍家屯遗产、紫鹊界梯田遗产、
油岭瑶寨遗产的发言稿整理）

作为活态遗产的村落文化景观

　　随着中国城镇化的发展进程以前所未有的速度在推进，乡村的发展模式也受到了外来文化的巨大冲击。文化遗产保护领域，在新一轮城镇化建设和开发的热潮中，如何解决好村落文化的保护和发展问题，是一个具有挑战性的课题。怎样才能让村落文化景观在时代的变迁中焕发活力？制定出一套符合现实状况、可操作性强且具有前瞻性的村落文化保护方案是文化遗产保护工作者的重要任务。

　　联合国教科文组织在 1992 年提出了"文化景观"的概念，并在世界遗产委员会召开的第 16 次大会上将其列为文化遗产范畴一个新的类型。文化景观是在人类社会的发展中产生的，是人们依靠所生存的自然环境，按照自己的需要，利用自然界提供的材料，有意识地在自然景观之上创造出来的。文化景观是附着在自然物质之上的人类活动形态，是人类社会和聚居环境演变的例证。因此，文化景观是不断发展变化的，其发展变化服从于自身的规律，它的形成也是一个漫长的过程，每一个时代都对文化景观有所影响。当然，每个时代的人都是按照其文化标准对文化景观施加影响的。由于民族迁移等因素，一处文化景观往往并非由一个民族创造。不同集团的人具有不同的文化背景，其创造的文化景观也各有明显的特征。文化景观比较形象地反映了人类最基本的需求——衣、食、住、行和娱乐，其中除了一些形象的、看得见的事物之外，还有许多看不见的东西。文化景观中往往包含着文化的起源、扩散和发展等多方面有价值的证据，其中既有空间上的变化，也有时间上的变化。空间上的差异反映的是各集团在景观塑造上体现的各自的文化特点，时间上的判别则反映过去居住在该地区的文化集团的变迁和发展。文化景观随着历史的发展而变化，也体现着不同的时代特征，但它们彼此之间具有一定的承继性。人创造了文化，一切文化现象的形成都是由人及其生活和行为方式构成的，所谓一方水土养一方人就是这个意思。文化的特异性因此而形成，文化景观的独特魅力正在于此，这在村落中体现得尤为明显。

一、日本村落文化景观保护的案例与经验

活态文化遗产的保护与可持续发展是世界各国普遍存在的难题，哪怕是文化遗产保护做得比较成功的日本也依然存在着问题。

白川乡位于日本中部的岐阜县白山山麓，是个四面环山、水田纵横、河川流经的安静山村。白川乡展现出的人与自然和谐相处的独特建筑形式非常适合该地区的大家族居住。1995 年 12 月在德国柏林召开的联合国教科文组织第 19 届世界遗产委员会会议决议，将日本"白川乡五屹山的合掌村"列为世界遗产。这是日本第六个入选为世界遗产的地方，代表着国际上认同日本长久以来致力于保护自然人文风貌的努力，认同这个每年吸引世界各地数以百万计的游客慕名而来的山村，并和日本共同保护这项世界遗产。

"合掌造"是这个山村的特色，也是日本传统的乡村建筑。"合掌建筑"指的是将两种建材合并交叉成三角形状，并用稻草或芦苇来铺屋顶，呈"人"字形的屋顶如同两手合握一般，于是房子被称为"合掌造"，在白川地区又称为"切妻合掌建筑"，村庄则叫作"合掌村"。其两边的屋顶成三角形，像是一本打开的书，这也是为了适应白川地区冬季白雪茫茫的自然条件而发展出来的。另外，合掌屋大多为南北方向，这是考虑到白川的风向，为了减小风力，且调节日照量，使建筑内部得以冬暖夏凉。

20 世纪 60 年代，日本经济的快速发展对白川乡造成了很大的冲击，许多年轻人离开家乡去东京谋生，村落景观面临危机。而白川乡五屹山的合掌村能够得到较好的保护，得益于当地村民的自治组织。他们出于对自身文化的尊重和自信，从 20 世纪 60 年代开始，通过村规民约对村落的建筑和环境进行了有效的控制和保护。时至今日，虽然旅游业对村落的影响日益增大，但是村落景观的保护依然主要依靠当地村民的自治组织。白川乡合掌造最可贵之处莫过于它的生命力。它并不像许多其他世界遗产地那样变成纯粹的观光地，至今依然

有上百名村民居住在白川乡，村民们在这远离都市喧嚣的世外桃源坚守着一份质朴与宁静。

位于奈良南部的明日香村是日本文化较早的发祥地之一。从5世纪开始，朝鲜居民向这里移居，他们带来了优秀的农耕技术和绢织物，并与当地居民一起把日本从氏族社会推进到了封建律令国家。这里保留了日本最早的寺院飞鸟寺和许多古坟。但是由于经济发展比较滞后，村里许多年轻人去往大城市，只剩下老年人守着村子。后来，考古发现和政府对该地区旅游经济的开发改变了这种情景，不少年轻人选择回到村里生活，他们也逐渐认识到文化遗产的价值，所以整个地区又开始展现出活力。从这个例子可知，把握好经济发展和文化遗产的关系非常重要，然而能做到两者兼顾的例子并不多见。

2011年日本地震后发生海啸，气仙沼市是受灾最严重的区域之一。2015年3月，我到日本仙台参加联合国防灾会议时，有幸前往气仙沼考察。虽然当时地震已经过去了4年，但当地的住房状况、商业街区等并没有得到很大的改善，与汶川两年就建成全新的面貌截然不同，很多地区的人还住在临时住宅里，商店也是临时建筑，有些店铺就是用帐篷搭建的。尽管如此，我发现他们已经开始靠一些基金会的支持和自己仅有的力量修缮一些有历史的店铺，同时一些非物质文化遗产活动也在恢复。当时我非常感慨，就询问一些当地居民："当你们自己的生活还没有安定，自己一家还没有住处的时候，为什么同意首先修缮这些老店铺？"当地的老百姓说："因为我们只有看到这些店铺重新建立起来，两三百年前的房子重新在这里竖立起来时，才会觉得我们的先人选择在这个地方居住是没有错的，我们才可以有勇气在这里继续活下去。如果没有这些东西，我们会觉得先人选错了家园，会离开这里。"这给了我很大的启发，文化遗产不是只有物质形态的价值和外界关注的那些价值，在社区复兴过程中，社会层面、精神层面和知识层面的价值更重要。

二、村落文化景观的活态性依托于人

中国西南地区拥有大量的民族聚居村寨，不同民族的文化背景使得人与自然的互动方式存在差异，在此基础上形成的各个村寨也各具特色。在这些村落里，居民的日常生活、风俗习惯、节庆体系、手工艺和农耕经济形态等都与生活环境和起居空间密切结合。在空间上这些村寨折射着各族群的文化起源与特点，在时间上则反映了各自不同的变迁历史，形成了具有独特风格的文化景观。由于受到全球化浪潮的冲击，这类村落正面临着传统中断和特征丧失的威胁。在中国与世界语境下，保护好民族文化和地域文化遗产，并在保护中谋求文化脉络的延续与村落的可持续发展，已经成为当下遗产保护领域的一个普遍性难题。首先，以往"古村落"或"民族村寨"的概念并没有考虑到对文化景观进行保护，也缺乏相应的政策、法律、理论与方法支撑；其次，对少数民族文化遗产的认识更多地关注非物质遗产而相对忽视其物质的部分；最后，村落居民作为该区域发展的根本动力与文化主体，其利益和发展权被长期忽略。

在时代和生活方式的不断推进中，村落文化景观也在发生着明显的变化。其实，从本质上来说，这种变化来自人的变化，因为人是时代的产物，也总是主动或被动地选择或被选择，所以人无法逃离时代而独立存在。文化在传承和延续的过程中也必然要打上不同时代的烙印，甚至要面临不同时代对它的选择，某种文化的产生和消失大概也正缘于此。在目前的文化遗产保护中，我们往往过多强调了表象的、物质的一面，忽视了贯穿于其中的历史文脉和人文元素，这两者之间的关系正如肉体和灵魂，它们是一种相辅相成、不可或缺的组合。那么，如何使具有传统风格的村落文化景观在时代的进程中不至于彻底消失，而是能够找到一条有效的保护之路呢？

村落文化景观包含其建筑形式、相关的民情风俗及村民的行为习惯、生活方式等，是该地区社会发展的历史积淀，是地域文化的外现。对这类文化景观的保护，我们首先要考虑生活在其中的主体——村落居民，因为他们才是村落发展的根本动力。与我们对表面的或具象的文化遗产保护和建设相比，怎样看待人的发展是一个更为重要和有意义的课题。所以在保护的过程中，必须在既保护村落文化景观又满足百姓追求现代生活的前提下，考虑与之配套、相互协调的建筑新建或改造方案，否则村落文化景观是难以保住的。人是文化遗产保护中的灵魂，当地村民是村落文化景观最为重要的构成部分，只有通过他们所进行的文化遗产保护才是有价值、可实施的。

三、尊重村民主体的需求

基于对村民主体地位的认知，我们对村落文化景观的认识已经从单纯的遗产保护转向了以社区发展为中心的理念。在贵州地区，苗族、侗族及其他少数民族的村寨是我们要保护和传承的主体之一。这些年，除了一些传统的保护方法外，我们一直希望能够在某一个村落，通过它原有的产业，通过它自身的机制发展，最终达到一个遗产保护和社区发展共融的局面。在贵州省东北角有一个村子叫兴旺村，隶属于铜仁地区的印江县合水镇。村中除了土家族还有苗族和汉族，是一个民族杂居的村落。这个村落除了自然景观很美之外，还有一个重要的产业，也是在中国历史上非常重要的工艺——造纸。至今，村里还保留了几百户传统的手工造纸作坊，并且还在生产。过去，农耕和造纸是这个村落的基本生活形态，也是村民主要的生活来源，但现在发生了一些变化，这种传统的形态只有部分村民在维持，并且还在继续消失。我们的团队，包括贵州省文物局、全球遗产基金会等机构，希望通过一个项目，通过造纸和其他一些产业能够帮助这个地区更好地发展，也就是希望村子在发展的同时能够传承自己的传统。

我们的工作方法还是非常符合当今国际上的规范的，团队包括政府人员、志愿者、NGO（非政府组织）、基金会和专家，与村民的交流也尽可能符合民主的要求。组织会议时，村民中有村委会的代表，有手工艺人的代表，也有造纸组织的代表。经过多次考察，2012年我们在这个村子召开了由上述人员参加的座谈会，希望了解村民最需要什么，我们可以怎么去帮助他们，最终希望社区能够有一个更好、更融洽的发展。会议之前我们又一次考察了这个村子，但是每一次考察我都感受到村民并不知道我们来做什么。每当我们要离开的时候，村民的态度就像一位站在门口的老人一样，有些不知所措，也不知道来的这些人问了这么多问题到底是为什么，要做什么。问过问题，我们就都离开了，老人自己孤单地站在门口的身影给我留下了很深的印象。每到傍晚的时候，这位老人会把养在河沟里的鹅、鸭赶回家去。平时这位老人可能很容易就打捞起自己的鹅、鸭，但是因为我们这些外来人在场，特别是有外国人在照相，她很紧张，半天也捞不起一只，这还是在没有很多游客的时候。我在想，对于村里的居民来说，我们这些外来者到底意味着什么。

村中保留了很多的传统建筑，但是多数已经没有人居住了。我们希望能够传承村子的传统文化，包括建筑文化，但是村子中更多的是新建造的房屋。我感觉到村民的新生活和我们要做的事情相距非常远。那天，我们的团队和村民召开了一个会议，会议开了很长时间，我们讲了很多道理和理念，向村民代表、村政府的代表及造纸行业协会的代表征求意见。当我们问他们最需要的是什么，他们只说需要钱。我们知道他们是需要钱，也知道钱很重要，但是我们拿着这些钱，如何与村民的想法及产业发展的实际相结合，才能真正解决当地的发展问题和我们所追求的文化传承问题？这给了我一个非常深刻的教训，就是我们面临的问题困难程度远比想象中的大。

再看一个不同的案例。韩国历史村落安东河回村和庆州良洞村于2010年进入《世界遗产名录》，两个村子都受到了儒学的深刻影响。庆州是一个有着非常悠久的历史的区域，良洞村距离庆州比较近，只有不到40分钟的车程，仍保留着非常传统的文化和村落景观。整个村落非常干净，茅草屋保留了很多（其实村民也不在茅草屋里生活了，现在茅草屋的修缮得到了韩国政府的支持），还有许多各种瓦顶的砖木石结构的房子，基本上每家每户都有一个院落。成为世界遗产之后，这里的旅游业变得非常热闹，我去的那一天已经是傍晚，游客依然非常多。当时这个地方不收门票，也没有任何旅游服务设施，村子里很少有人经商，也没有人售卖当地的产品，只有一两户人家开了家庭旅馆。大多数家庭的院门前都拉着一根绳子，上面挂着一个牌子，用韩语写着几行字。我很好奇，就问随行的韩国朋友，他们有些不好意思地告诉我，上面写着的意思基本一样，就是"这是私家院落，请勿入内"。我也通过韩国朋友做了一些调查，调查后得知，村民们非常后悔申报世界遗产，这里在成为世界遗产之前，他们过着非常安静的生活，成为世界遗产之后，大量游客涌入，以往的生活不复存在。我们到那里时几乎没有见到当地的村民，他们都不愿意出来，因为游客都要给他们照相。由于我一直关心这个村落，几年之后我又去了一次。村子还是那样宁静，村民和他们的生活状态几乎也还是看不到，但我发现了一个变化，就是有一个院子里面提供一些为旅游服务的工作，开始收门票，门票很便宜，折合人民币 20 元钱左右。显然，门票绝对不是单纯为了经济收入，门票的收入也不可能解决他们的经济问题，收门票更多地是为了限制游客随意出入。还有一个大的变化，就是村民的防范更严了，原来的一根根绳子都变成了木门，显示了对外来人非常强烈的不欢迎态度。这个案例让我们反思，文化遗产如何去鉴定？当一种生活方式成为遗产后，什么都可以用来展示吗？

四、把握变化和发展的"度"

在中国这样的发展中国家，如果我们对遗产价值的认知完全按照国际社会通用的，特别是世界遗产保护章程所规定的那些要求，即真实性、完整性和延续性来做的话，可能会遇到很多发达国家没有遇到过的问题，最终难以达到保护文化多样性的目标，所以我们使用了文化景观的概念。这个概念给我们带来的一个最大的变化就是承认了这类文化遗产是在不断地发展和变化的，也就是说，发展和变化成为我们需要考虑的核心问题，这在过去我们考虑文化遗产时是很难去想象的问题。因此，对于村落文化遗产的保护而言，我认为如何很好地解决人与自然、人与人、人与物、物与事的相互关系是一个最根本、最基础的问题，如果我们解决不好这四个关系，就很难落实村落文化遗产的保护工作。

我们保护村落文化遗产的目的是什么？如何保护？与很多的文化遗产地不同，我们也肯定不能像对待绝大多数的文化遗产地那样维持现状。我们最终的目的是让文化遗产的价值得到提升的同时社区也得到全面发展。这是和其他文化遗产类型在保护方法与理念上完全不同的方向。在村落文化遗产保护中，发展变化是一个前提，但是在这个变化和发展的过程中，文化遗产保护能做什么呢？我认为控制发展和变化的度应该是文化遗产保护工作者的责任，但是度又很难去把握、去解释。怎么把握这种度，可能是我们文化遗产保护工作者需要长期考虑的问题。我们在制定保护规划和发展规划的时候，度把握好了，就能够为社区的发展做出贡献。另外，我们永远不能忘了在与现代人的生活有关系的文化遗产中，人永远是核心。如果不以人为前提来考虑遗产的保护，那我们的工作可能难以持续。

　　因此，对于村落文化景观的保护，首先要形成一个基本的保护理念和原则，在以尊重人文环境为主的前提下确立保护的方向。例如，绝大多数中国传统村落建筑是土木结构，我们是要以保护其整体风格为主，还是要以保护其建筑形制甚至材料为主呢？我们必须清楚在遗产中哪些需要重点保护，哪些是可以放弃的。其次，根据中国村落景观的特点和地域性，逐步建立一套自我的保护方法，其中要有长期目标、短期目标和应急机制。当然，这需要经验的积累。中国地域广阔，自然环境差异也大，所以在具体实践中应该总结出一套具有中国特色的保护方法。

（本文根据笔者《文化景观的理念和乡村文化遗产保护》和《作为活态遗产的村落文化景观》两篇发言稿整理）

让文化遗产保护回归初心

自 1988 年联合国教科文组织提议，将丝绸之路作为对话之路列入世界遗产申报项目展开研究，到 2014 年已经经历了 26 年漫长的岁月。对丝绸之路的研究、对丝绸之路价值的认识，特别是把它当成遗产来看待时，我们也逐渐提高了对世界遗产的认识。过去，我们更多是从文学上，或者是从更宽泛的层面去看待丝绸之路，也比较容易理解。2013 年，我到日本参加一个会议，当时主办方让我介绍丝绸之路申遗的情况，因为当时我并不了解中国申报世界遗产的整个情况，不得已我讲了一个题目《愿景与困境》，大意是说文化遗产保护的愿望是非常美好的，但是遇到了很多的困难，未来面临的问题可能还非常的多。

我当时提到，如果不把莫高窟和龙门石窟作为丝绸之路申报世界遗产的一部分去看待，丝绸之路中国段的价值会降低很多。如果我们实事求是地看待丝绸之路，敦煌莫高窟当然是丝绸之路重要的一个节点。没有敦煌莫高窟的丝绸之路，其真实性和完整性就会有所欠缺。

如今丝绸之路虽然已经申遗成功，但是我希望通过各方的力量，通过各种努力，能够继续让丝绸之路的完整性得到更好的体现。当然，这需要通过扩展项目，把丝绸之路上一些非常重要的节点纳入《世界遗产名录》。不能因为现在的保存状况，或者因为我们申报过程中的一些困难就将其放弃。如果我们把这些重要的节点放弃了，只选择容易通过的遗址点，丝绸之路作为人类最伟大的世界文化遗产之一，其价值就不能真正得到体现。我们在申报遗产的时候一定不能为了符合一些规则而将遗产本身的价值降低。我们首先要关注的不应该是符合规则、快速申报成功，而是如何更好地体现同一种类型遗产的集体价值。丝绸之路如此，将来要申报遗产的各地具有同类型的遗产的也是如此。类似的问题也出现在中国南方梯田遗产的申报中。如南方地区的哈尼梯田、紫鹊界梯田、龙脊梯田等类型相似，能不能作为一个体系来看待？一个体系的价值是否比单一的梯田更大？但是实际情况往往是有些地方不愿意联合申遗，怕被拖了后腿，耽误了申报的进程。其实，如果能够把同类型遗产的整体体系价值研究清楚，再确定申报遗产的范围，对遗产价值的认识会更全面，也可以更好地了解遗产的完整性，符合更大的国家利益。以上是我想表达的第一点。

第二点，世界遗产发展到今天，从最初在 1972 年成为联合国教科文组织的重要项目到现在，当初倡议的人绝对没有想到今天它会变成一个政治性很强的项目。最初，世界遗产委员会更多的是希望为人类留下一块生态或者文化生态环境的净土，其背景就是西方快速的工业化对自然环境和人文环境产生了巨大的影响。经过联合国教科文组织长期的沟通和努力，各个成员国逐渐达成了共识，最后通过了《保护世界文化和自然遗产公约》。经过 40 多年的发展，世界遗产却趋向政治化，联合国教科文组织对这个问题也感到非常困惑，不希望它变成政治化的产物。联合国教科文组织的目标不是通过政治的手段，而是通过科学知识和文化教育来解决世界和平的问题。所以，对于丝绸之路及其他的世界遗产，我们不要将其抬高到政治层面去谈。我们是一个主张平等的国家，丝绸之路很长，中华文明很悠久，即便如此，当我们面对其他可能没有创造高度文明的国家时，也应该持平等的态度。我想只有保持这样的态度，我们的扩展项目或者我们申报世界遗产的步伐才可能走得更加顺利。

第三点，我同意陈同滨所长提出建立丝绸之路保护联盟的建议。当然，这种形式要落实在文物保护系统上非常困难，但可以作为一种尝试。其实，旅游部门已经做了非常多类似的工作。例如，我们的长城保护，虽然有一个总体的保护规划和条例，但由于行政和地域的原因，目前仍然缺乏真正意义上的整体保护和展示利用。如果缺乏统一的、协调的管理，将来就会出现问题。旅游部门成立了一个长城联盟，其目的固然是旅游管理和营销，但是这对于整体的利益平衡以及让各地区的长城发挥其应有的价值具有一定的借鉴意义。大多数国家在面对考古遗址的保护和利用时都会面对很多的困难，因为很多遗址并不能成为旅游的对象。把所有的文化遗产都作为旅游资源、都要求它产生经济效益是不可能的。即使是已经成为世界文化遗产的丝绸之路，也并不是所有的遗产点都可以创造经济价值。关于丝绸之路，我们应该分清楚哪些可能产生一定的经济价值，或者是旅游价值，哪些对于国家和民族具有重要的精神和历史价值，但可能无法产生任何的经济效益，而作为民族的遗产又必须保护好。这是我们应该有的基本态度。特别是我国是一个泱泱大国，更有魄力来做好这件事情。如果丝绸之路的遗址点都想依赖经济的回馈达到保护的目标，我觉得太困难了。并不是所有的文化遗产都可以拿经济方式换算。如在大遗址保护的过程中，个别的遗址通过对遗址环境的整治和土地的出让带来了周边地产经济的繁荣，但是如果所有的大遗址都将它作为一种模式照搬，必然会走向失败。如果我们也抱着这种态度考虑丝绸之路，我想我们的保护和展示会走向一个大家都不愿意看到的结果。

自 1985 年中国正式加入《保护世界文化和自然遗产公约》以来，中国世界遗产保护工作已走过 30 多年，但我们对待遗产保护普遍存在重物质（遗产）本体、轻精神文化的倾向，对理论层面、形而上的哲学层面思考不足。所以，我们急于申报世界文化遗产，我们重视其带来的经济价值甚于其他价值。其实，真正支撑我们走下去的往往是蕴藏在文化遗产中的精神力量，而这种精神力量反过来才会真正促进文化遗产的保护与传承。丝绸之路中国段欠缺了重要节点，反映出我们对文化遗产的思考不足。今后，我们应该从简单的概念认知提升到哲学层面的认知，真正认识文化遗产保护的本质，契合国际上保护文化遗产的目标。为此，作为文化遗产保护工作者，我们要时刻问自己为什么要保护文化遗产、为谁保护等一系列本质问题，并深刻思考其哲学层面的内涵。

为何保护？保护文化遗产其实就是在保护一个地域和民族由来已久的、独特的生活氛围，以及人文环境和文化历程，所以保护它就是在保护文化多样性。2001 年第 31 届联合国教科文组织大会通过的《世界文化多样性宣言》即把文化看作一个社会或族群的一整套精神的、器物的、智力的和情感的特征，除文学艺术之外还包括生活方式、共同生活准则、价值体系、传统和信仰等。《世界文化多样性宣言》指出："文化在不同时代和不同地方具有各种不同的表现形式。这种多样性的具体表现是构成人类的各群体和各社会的特性所具有的独特性和多样化。文化多样性是交流、革新和创作的源泉，对人类就像生物多样性对维持生物平衡那样必不可少。"所以，我们必须保护、改善和传承那些记录着人类经验和理想的一切形式的文化遗产，以便促进多种多样的创造力，鼓励文化间的对话，使不同国家、不同地区、不同民族得到全面、均衡的发展，从而加强彼此之间的了解，最终达到和平的目的。

为谁保护？保护文化遗产首先要考虑生活在其中的主体——居民。人是文化遗产保护中的灵魂，生活在遗产地的人们才是本区域发展的根本动力，正是因为他们的存在，才构成了活态遗产历史城市和村落今天特有的环境和文化表征。因此，处理好人与土地、人与自然环境、人与人的关系，才是活态文化遗产的核心价值。只有通过他们所进行的文化遗产保护才是有价值、可实施的。所以，我们所强调的文化遗产可持续性发展就需要以综合协同的观点，以人为核心去探索可持续发展的本源和演化规律，建立有序的人与环境、人与人和谐统一的关系。

文化遗产不仅记录着我们的过去，也存在于当今社会人们的生活中，更可以为人类未来的发展提供借鉴和有益的参考。初心不忘，我们应该是为促进文化多样性和人类的福祉而保护珍稀的文化遗产，使世界遗产真正成为自然和人文生态的净土。

素心若雪

（代后记）

　　这是我二十二年前写的一篇小文，记述了我在兰州工作时的忘年交刘訢年先生。1986 年 10 月 17 日，时逢南开校庆，我与刘先生相识。当时她已七十又二，无论是外表还是精神，丝毫没有显出老态。其时我刚刚进入社会两年多，又值改革开放的攻坚期，对于人生、社会、未来常常会产生困惑和迷惘。幸运的是，我遇到了刘先生。她成了我青年时期的人生导师，让我对社会、人生和未来有了正确的态度。直到今天，刘先生的教诲还时时警醒我，乃至影响我对文化遗产的理解与认知。我将这篇小文作为后记，不仅是为了纪念刘先生，感谢那段让我成长的岁月，也是为了让读者了解我成长中重要的节点，理解我对文化遗产保护理念形成的缘由。

　　快一年没有给刘先生写信了。有时，看到他们夫妇的相片，我就会想：刘先生在忙些什么呢？会不会因为我不写信而生气？而想归想，到现在信还是没有写。

　　1984 年我从南开大学毕业时，大概是对自己四年来年轻气盛和狂傲的一种教训吧，我被分配到了当时条件比较艰苦的兰州。离开学校前，教研室一位研究过校史的老师为了安慰我，很郑重地告诉我：甘肃省南开校友会的会长是甘肃省副省长的夫人。记得我当时好像很木然，觉得那副省长夫人离我太远了。转眼，这安慰就要过去 14 年了。

　　副省长的夫人，就是刘先生。刘先生，名訢年，1915 年出生于天津市狮子林一个清末翰林家庭。她的父亲刘嘉琛老先生是光绪二十一年的进士，先后出任山西学政和四川提学使。刘先生 1933 年考取南开大学数学奖学金班，因学习成绩优秀，毕业时被国际学术团体斐陶斐（φ. T. φ.）学会吸收为名誉会员，并留校任助教。1938 年受聘于西南联合大学，又先后在四川大学、南开大学、兰州大学和甘肃农业大学任讲师、副教授、教授。1986 年退休之后，倡议并资助建立了兰州市第一个智障儿童辅读班，填补了智障儿童教育在甘肃省的空白。

　　我是到了兰州两年之后才认识刘先生的。

　　经历了毕业这次不大不小的波折，我到兰州后就收敛了许多，工作也肯努力，两年过后竟被评为为甘肃社会主义建设事业做出特殊贡献的人才，私下难免有些沾沾自喜，便又乐意出头露面，去参加一些省博物馆大院之外的活动了。就是那时，我参加甘肃南开校友会的校庆活动，第一次见到了刘先生。当时，刘先生已经七十有二，头发花白，但她举止优雅，谈吐风趣，思维敏捷，使人难以和她的实际年龄联系在一起。在会上，刘先生表扬了我。会后，我挽起刘先生的胳膊，照了一张合影。如果没记错的话，就是为了送那张合影，我第一次去了刘先生的家。

　　那时，刘先生的丈夫朱先生已转任省政协副主席，他们家就在省政府大院的一排平房里。去刘先生家，要进省政府机关大门，大门两旁有武警守卫，戒备森严。平时只能敬而远之的地方，如今在接待室给刘先生打个电话登过记便能步入其间，得意之余竟有些莫名的满足感。不过刘先生的家并不大，一进门是朱先生的书房兼客厅，两侧还各有一间，一间大些的是卧室，另一间是连着厨房的餐厅。后来，我去拜见刘先生的时候，朱先生大多不在家。有时敲门进去后，见到朱先生坐在书桌后看书，他会起身与我打声招呼，而后朝着卧室轻声喊："訢年，小杜来了。"

　　刘先生很健谈，也很幽默。常常刘先生坐在一张小凳上，海阔天空地谈人生，谈家常，谈时事，谈西南联大和南开的名人轶事，而谈话的内容总是乐观和向上的。有一次我问刘先生："您出生在天津，父亲是翰林，也算大家闺秀了。朱先生出生在江苏，又在英国留过学。但你们在武威黄羊镇竟生活了 20

多年，'反右'时被错划成'右派'，'文革'时朱先生又被关进了'牛棚'，还被停发工资。想一想当年在武威黄羊镇的生活，您不觉得冤枉和痛苦吗？"刘先生回答说，"说一点儿不苦是有些矫情，但我不觉得后悔或冤枉。我和朱先生大学一毕业就赶上了日本侵华，为了工作，随着学校辗转于西南各地。你也知道，我和朱先生就是在西昌认识和结婚的。1948年，朱先生从英国留学回来，选择来兰州也是为了工作和研究。朱先生搞的是兽医学，而兰州有国立兽医学院，去武威是随着大学迁去的。至于生活，武威东西很便宜，在当时我和朱先生又算是高工资，即使在三年困难时期，也可以花高价买些必需的食物，所以也算不上苦。"这些话，刘先生讲起来很平淡，而我听得却很沉重。迁到武威的甘肃农业大学，在建设了近30年后，不知为什么，又于20世纪80年代后期全部搬回了兰州。

有一次，刘先生去省博物馆看展览，顺便拐到了我的宿舍。看到我的屋里除了书之外，没有太多的生活气息，刘先生就对我说："这可不行啊！你需要找一个能同你一起生活的人。你自己要多努力，我也去想想办法。"过后不久的一个早晨，我还没有起床，就听到有人敲门，打开门一看，寒风中站着的竟是刘先生。我吃了一惊，问道："刘先生，这么早，有什么急事吗？""为你介绍女朋友，别人要出差，临时决定今天晚上和你见面。我怕白天来不及与你联系，就一早赶过来了。"刘先生很着急地对我说。由于我的原因，这件事虽然没有成，但刘先生却从来没有因此而责备过我。

来日本的前一年，我在南开学英语。暑假回到兰州，刘先生的家已搬到了省政协新建的干休所。每家都是二层的小楼，窗下还有一小块儿空地。我去看刘先生的时候，发现刘先生皮肤黝黑。"您怎么这么黑呀？"

"我每天都要劳动呀。"

"劳动？"

"你不看窗下有块儿'自留地'吗？"

刘先生便带我出去，看她的那块儿地。这自留地面积不大，但种植的东西却很丰富，除了花草和蔬菜，还栽了果树架了葡萄，生机盎然。

"这里的住户都是老干部，很多在南泥湾开过荒，种地内行着哩。我总不能让人家说，还是农大的老师，到底是知识分子，只是纸上的功夫！况且

1975 年在北湾'五七'干校时，我还受过表扬哩！"

我为刘先生的天真而哑然失笑的同时，更为刘先生的认真而感动。无论是社会上的大事，还是家庭里的小事，刘先生总是积极和乐观地去面对，认认真真地去解决。在十几年的交往中，我没有听刘先生抱怨过什么。只有一次，刘先生对我说："我不该选择数学。研究数学，需要更高的抽象思维能力，同时要有集中的时间，而这两方面我都不具备。如果当时学了生物化学等科目，也许会做出一些更实际的成绩来。"

对他人，刘先生很少指责什么，而且十分尊重个人的选择。当时，我决定来日本是很突然的，也没有很明确的目标。但和刘先生谈过之后，刘先生和朱先生都是勉励有加。不过，刘先生对人又是非常有原则的，即使是小如错别字之类的事情，也会认真地给你纠正。在一封来信中，刘先生这样写道：

晓帆：

自你赴日后，共收到你五封信，其中包括一张明信片，还有我们的一张合影。我恐怕只给你写过两三封信吧？"请你谅解"，这是你常说的……（略）

发现来信中常有"告之"字样。"之"字想系"知"字之误。"告知"是要告诉你。"之"是"他"，而不是其他什么人。另外，还有人把"截至"误写成"截止"。如说"截止今日仍未见照片"，应写成"截至今日（为止）仍未见到照片"。"为止"二字可略。不知你是怎样写的？

等着明年二月你回国。祝你在新的一年里，一切如意！

朱先生问好！

刘新年

1991 年 12 月 18 日

刘先生今年 84 岁，在我的师友中现在该是最年长了。最初，我以为自己是刘先生的忘年交，所以对我特别照顾。时间久了才慢慢地了解，凡是与刘先生有交往的人，特别是青年朋友都或多或少得到过刘先生的帮助。这些事情以及社会活动等，刘先生极少和我谈起。就是上面提到的资助智障儿童一事，我也是去年回国时才知道。

作为知识分子，做官能做到朱先生的位置，不能说不高了。可是，刘先生在帮助他人解决困难的时候，从来不利用朱先生的权力或名望。刘先生的家搬到干休所后，房子大了，但也没有什么像样的家具和电器。有一年回国，正赶上物价大涨，见到刘先生时，我有些担心地问："现在东西都在涨价，您的生活不受影响吗？""我和朱先生两个人，可以有 2000 多元的收入，除了日常生活之外，还能有些结余。子女都要买房，我还可以帮帮他们哩！"刘先生坦然地对我说。

是刘先生不了解外界，是刘先生不会享受吗？

去年夏天又有机会去兰州，抽时间去了趟刘先生家。刘先生比前几年瘦了些，但依然十分精神。刘先生留我吃午饭："你也难得回来，我毕竟老了，见一次少一次了，我们多聊聊。"饭菜还是很简单，因为我，刘先生还下厨房多加了一个菜。送我出门时，刘先生对我说："省里终于同意朱先生在明年换届时退下来。退了以后，就搬到离二儿子较近的居民楼去。他们也好照顾我们。"我不解地问："为什么不让儿子搬到您这儿？""我们都不工作了，用不了这么大的房子。至于儿子们，他们没有资格来住。"

朱先生夫妇的廉洁，在甘肃省有口皆碑，但又有多少人能够像他们那样去做？

1998 年 6 月 30 日于神户六甲山　是日酷热

追记：

2010 年 7 月 14 日下午，我从与甘肃省博物馆张立胜副馆长的通话中得知朱宣人先生已经在去年 3 月去世了。放下电话，心里有一种难以言状的痛楚。2008 年我委托在兰州工作的学弟李天铭去问候刘訢年先生时，才知道先生于2005 年已经去世。在信息如此发达的今天，却因我的惰性和我对朱先生夫妇身体状况的过度乐观，以致疏于联系，造成了永远的遗憾。

2004 年 9 月出差路过兰州时，在学妹林健（时任甘肃省博物馆副馆长、现任常州市博物馆馆长）的帮助下，与刘先生取得了联系，曾一同拜见了在疗养院陪护朱先生的刘先生。那天刘先生精神非常好，从言谈举止难以想象已年近九旬。与十多年前和先生海阔天空地神聊一样，两个多小时的拜见中，除了我和林健简单报告了近况外，大到国际、国家及人生，小到我的个人问题，刘先生睿智、豁达和诙谐的谈吐在忍俊不禁之间给予了我们深深的感动。走出疗养院，林健一再感叹受益颇多，并表示今后要多找机会向刘先生讨教。

朱先生夫妇做人的风骨，对我的人生观的形成产生过重要影响。我在兰州工作生活的六年中，与刘䜣年先生的谈心成为我人生成长中最重要的一部分，特别是在我困惑与迷茫的时候。现在，刘先生离开我们已经五年了，我才第一次提笔来表达对她的思念……

我希望刘先生和朱先生在另一个世界能够感受到我的思念，也相信他们一定会原谅我一贯的懈怠！

晚上回家查找以前的通信，找到了刘先生 2002 年 12 月 31 日给我的来信及她和朱先生的合影。信中正好提及了我写的这篇小文，并作诗以回应。现将刘先生来信的一段抄录于此，以兹纪念：

我不久前度过了 87 周岁，面容老了，但精神还好，头脑也还清楚，翻出来 1998 年你写的那篇《素心若雪》，回赠了你一首诗，因不知当寄往何处，至今仍记在本子上，现抄录于下：

　　　　夜半难眠常自问

　　　　何妨琐事上心头

　　　　修身养性终生事

　　　　学会豁达可减愁

第三句也可用"素心尚待勤磨砺"，可又不知道一个快 90 岁的人究竟如何磨砺了？学数学的人，不愿意说空话，但诗人是要说些空话的，所以恐怕此生我永远成不了一个诗人。可我现在正在学诗，你看这种做法是否属于"知难而进"？矛盾！

2010 年 7 月底于北京联合国教科文组织驻华代表处